Die letzten Paradiese Süddeutschlands

Die letzten Paradiese Süddeutschlands

Das Handbuch der Natur- und Nationalparks in Baden-Württemberg und Bayern

Dr. Peter Göbel · Ulrich Gohl · Bernd Weiler · Anne Christine Martin · Stefan Feldhoff · Bernhard Pollmann · Tassilo Wengel

Inhaltsverzeichnis

Einführung   6

DIE LETZTEN PARADIESE

1 Naturpark Hessischer Spessart   10
2 Naturpark Spessart   14
3 Naturpark Bayerische Rhön   18
4 Naturpark Haßberge   22
5 Naturpark Frankenwald   26
6 Naturpark Fichtelgebirge   30
7 Naturpark Steinwald   38
8 Naturpark und Biosphärenreservat Pfälzerwald   40
9 Naturpark Bergstraße-Odenwald   46
10 Naturpark Neckartal-Odenwald   50
11 Naturpark Steigerwald   54
12 Naturpark Frankenhöhe   58
13 Naturpark Fränkische Schweiz-Veldensteiner Forst   62
14 Naturpark Hirschwald   68

Bergquelle am Kammerlinghorn oberhalb der Bindalm: erfrischende Labsal nach einer steilen Bergwanderung

15	Naturpark Nördlicher Oberpfälzer Wald	70
16	Naturpark Oberpfälzer Wald	74
17	Naturpark Oberer Bayerischer Wald	76
18	Naturpark Bayerischer Wald	80
19	Nationalpark und Biosphärenreservat Bayerischer Wald	88
20	Naturpark Stromberg-Heuchelberg	96
21	Naturpark Schwäbisch-Fränkischer Wald	98
22	Naturpark Altmühltal	102
23	Naturpark Schwarzwald Mitte/Nord	106
24	Naturpark Südschwarzwald	114
25	Naturpark Schönbuch	122
26	Naturpark Obere Donau	124
27	Naturpark Augsburg-Westliche Wälder	130
28	Nationalpark und Biosphärenreservat Berchtesgaden	132
	Register	141
	Impressum	144

Nur von sehr kurzer Dauer, aber wunderschön, ist die sommerliche Blütezeit auf den Almwiesen.

Rechte Seite: St. Bartholomä am Ufer des Königssees ist und bleibt die Attraktion im Nationalpark und Biosphärenreservat Berchtesgaden.

Einführung

Die Vielfalt der Naturlandschaften in Deutschland ist ein wahrer Schatz, den es auch für die folgenden Generationen zu erhalten gilt. Der Bogen spannt sich von den Küsten der Nord- und der Ostsee mit ihren Inseln bis zu den majestätisch aufragenden Alpen von Berchtesgaden bis zum Allgäu. Dazwischen dehnen sich die reizvolle Norddeutsche Tiefebene und abwechslungsreiche Mittelgebirgslandschaften.

Fast 30 Prozent der Fläche Deutschlands ist von Großschutzgebieten bedeckt, die seit 2005 unter der Dachmarke »Nationale Naturlandschaften« vereint sind. Diese Dachmarke wurde von EUROPARC Deutschland und dem Verband Deutscher Naturparke mit Unterstützung der Deutschen Bundesstiftung Umwelt, Natur und Reaktorsicherheit sowie des Bundesamtes für Naturschutz und von zahlreichen Bundesländern entwickelt. Informationen über die Naturparke, Nationalparke und Biosphärenreservate sind über das Internet unter www.nationale-naturlandschaften.de zu erhalten.

Den größten Anteil haben die **Naturparks**, die zum Schutz besonders reizvoller Kulturlandschaften geschaffen wurden. Eine schonende Nutzung der Flächen ist im Naturpark erwünscht, ja sogar notwendig. Inmitten dieser reizvollen Erholungslandschaften gebührt den ebenfalls geschützten historischen Stätten und gewachsenen Ortsbildern besondere Beachtung.

Im **Nationalpark** steht der Schutz der Natur im Vordergrund, die entweder nur in geringem Maß oder überhaupt nicht durch den Eingriff des Menschen verändert wurde. Während sich in der Kernzone des Nationalparks die Lebensgemeinschaften mit ihrer Tier- und Pflanzenwelt ungestört entwickeln, greift der Mensch außerhalb der Kernzone im Nationalpark zu Schutzzwecken ein.

Die **Biosphärenreservate** dienen vor allem der Erforschung, wie sich der Eingriff des Menschen auf den Naturhaushalt auswirkt. Diese Gebiete überschneiden sich gelegentlich mit den Gebieten, die als Natur- oder Nationalpark ausgewiesen sind.

In diesem Buch werden die »Nationalen Naturlandschaften« in Bayern und Baden-Württemberg vorgestellt sowie benachbarte Naturparks in Hessen und Rheinland-Pfalz. Das Gebiet reicht von den Mittelgebirgen Hessens bis zum einzigen alpinen Nationalpark im Süden Bayerns, von den Naturparks in Baden-Württemberg und Rheinland-Pfalz bis zu den Naturparks im Osten Bayerns.

Dabei kommt es vor allem darauf an, ihre speziellen Charakteristika vorzustellen und Wege zu zeigen, wie man diese Naturschönheiten auf Spaziergängen, Wanderungen oder Radtouren hautnah erleben und genießen kann.

Unbedingt zu beachten sind beim Besuch dieser Großschutzgebiete die geltenden Regeln, die auf Tafeln an Rastplätzen, Wanderparkplätzen und anderen Stellen sichtbar sind. Prinzipiell gilt, nur auf den dafür ausgewiesenen Flächen zu parken, die markierten Wege nicht zu verlassen und Rücksicht auf Tier- und Pflanzenwelt zu nehmen.

Schachten heißen im Bayerischen Wald die einsamen, verlassenen Hochweideflächen.

Einleitung **7**

Spektakulärer Königssee: Vom Aussichtspunkt Feuerpalfen sind der Eisbach und die Halbinsel St. Bartholomä gut zu erkennen.

Die letzten Paradiese

1 Naturpark Hessischer Spessart
Stille Wälder, liebliche Bachtäler und ein »märchenhaftes« Städtchen

ANFAHRT
Auf der A 66 bis Schlüchtern-Nord oder -Süd; nächstgelegene ICE-Bahnhöfe in Fulda und Frankfurt

LAGE
Im Norden begrenzt vom Kinzigtal und der Bahnlinie zwischen Schlüchtern und Hanau, im Osten, Süden und Westen von der hessisch-bayerischen Landesgrenze

GRÖSSE
730 km²

HÖCHSTE ERHEBUNG
Hermannskoppe (765 m)

GRÜNDUNG
1964

INFORMATION
Naturpark Hessischer Spessart
Georg-Hartmann-Straße 5–7
63637 Jossgrund-Burgjoß

TELEFON
06059/90 67 83

INFOHAUS
In Bad Orb/Wegscheide

INTERNET
www.naturpark-hessischer-spessart.de

Der Naturpark liegt im nördlichen Buntsandstein-Spessart, einem der größten zusammenhängenden Waldgebiete Deutschlands. Obwohl nur wenige Berge 500 m übersteigen, ist das Klima verhältnismäßig rau. Daher und wegen der recht unfruchtbaren Böden findet kaum landwirtschaftliche Nutzung statt. Menschlicher Eingriff hat die ursprünglichen Laubwälder zwar zurückgedrängt, doch seit dem 18. Jahrhundert wurden sie wieder aufgeforstet – und so finden sich heute neben Kiefern, Fichten und Lärchen auch Rotbuchenbestände und die für den Spessart typischen Eichenwälder. Zur charakteristischen Vegetation zählt neben Heidekraut, Waldmeister und Besenginster auch die Heidelbeere. Seltenheiten kann man ebenfalls entdecken, so etwa Fingerhut und Schachblume in den Auwiesen. In den Wäldern leben vornehmlich Rot- und Damwild, ab und zu zeigen sich Dachs, Marder oder Fuchs, auch Wildkatze und Biber. Neben Bussarden und Habichten sind Spechte zu hören – schließlich ist der Schwarzspecht das Wappentier des Naturparks.

Majestätisch thront die Burgruine Schwarzenfels über dem Tal der Schmalen Sinn und bietet einen grandiosen Ausblick.

Ein englischer Park mitten im Spessart Bis zurück ins 8. Jahrhundert reichen die Wurzeln des Luftkurortes **Schlüchtern** ❶ nordöstlich des Kinzigstausees. Um diese Zeit gründeten Benediktiner hier ein Kloster, dessen Ausbau über die folgenden Jahrhunderte vielfältige bauliche Zeugnisse verschiedener Epochen hinterließ. Die karolingische Krypta etwa stammt noch aus den Gründerjahren und gilt als einer der ältesten erhaltenen Sakralbauten Deutschlands. Traditionen humanistischer Bildung pflegten die hiesigen Gymnasiasten im 16. und 17. Jahrhundert auch im Waldpark Acisbrunnen, der am Südwestrand der Stadt hinter dem Bahnhof liegt. Die Acisquelle diente den älteren Gymnasiasten zur »Taufe« ihrer jüngsten Mitschüler. Das weitläufige Erholungsgebiet bietet heute neben Wildgehege, Tümpel, Spielplatz und Kneippbecken auch einen Naturerlebnispfad sowie mehrere gemütliche Rundwanderwege unterschiedlicher Länge. Interessantes und Anschauliches zur Geschichte von Stadt und Kloster sowie eine Ausstellung zu den Märchen-Brüdern Grimm ist im Bergwinkelmuseum im sogenannten Lauterschen Schlösschen zu erfahren (Info: Schlüchtern, Telefon 06661/85 75 0).

Abgelegen, fast versteckt in einem kleinen Tal liegt Ramholz, das man von Schlüchtern aus über den Stadtteil Vollmerz erreicht. Wie ein Herrschaftssitz aus längst vergangenen Zeiten präsentiert sich das Schloss mit den weitläufigen Wirtschaftsgebäuden dem heutigen Besucher.

Der englische Einfluss zeigt sich vor allem auch in dem reizvollen ➠ **Landschaftspark Ramholz** ❷, den der Schlossherr – ganz nach den Ideen und Idealen seines großen Vorbildes Heinrich Fürst von Pückler-Muskau – als englischen Landschaftsgarten gestaltete. Prächtige Solitärbäume, darunter ein Mammutbaum, Alleen, Obstwiesen und Weiher verleihen dem Park seinen eigenen Charakter. Die Wege führen u. a. vorbei an den leider vom Verfall bedrohten Gewächshäusern, dem Flora-Tempel, der Kegelbahn, dem Teehaus und der Familiengruft.

Wo der Teufel und Märchengestalten ihre Spuren hinterlassen haben Hoch über dem Tal der Schmalen Sinn thront die **Burgruine Schwarzenfels** ❸ auf einem schwarzen Felsen. Eine erste Burg ließen die Herren von Hanau im 13. Jahrhundert dort errichten und im 16. Jahrhundert im Stil der Renaissance erweitern.

Geblieben ist vom einstigen Glanz nicht mehr sehr viel: Der Bergfried wurde saniert und dient heute als Aussichtsturm, die Vorburg wird als Kinderschullandheim und als Veranstaltungsraum für Weihnachtsmarkt und Kulturtage genutzt – es empfiehlt sich, im Örtchen Schwarzenfels zu parken.

Als 1584 eine Kuh wie vom Erdboden verschluckt in der ➠ **Teufelshöhle** ❹ verschwand, hielt man dies für ein Werk des Bösen: So kam die etwa 2,5 Millionen Jahre alte Höhle zu ihrem Namen. Im Unterschied zu den Höhlen der Fränkischen und der Schwäbischen Alb erstreckt sich diese Grotte nicht im Weißen Jura, sondern im unteren Muschelkalk. Ein bedeutender Unterschied, denn hier wachsen Tropfsteine wesentlich langsamer: Braucht ein Tropfstein dort für 1 cm mehr als zehn Jahre, so dauert dies im Muschelkalk bis zu 300 Jahren! Zu den Attraktionen der 30-minütigen Führung zählen der 16 m hohe »Dom« mit 11 m Durchmesser, die »Kapelle« mit schleierförmigen Tropfsteinen und ein Stalagmit in Form eines Bienenkorbes. Um zur Höhle zu gelangen, fährt man von Steinau Richtung Ürzell und folgt der Beschilderung zum Höhlenparkplatz (www.steinau.eu).

»Es war einmal …«, so müsste eigentlich eine Broschüre über den Ort ➠ **Steinau an der Straße** ❺ beginnen. Zwar ist das nicht der Werbespruch dieses charmanten Städtchens, dennoch ist hier vieles geprägt von dessen berühmtesten Söhnen, den Brüdern Grimm.

Die Teufelshöhle bei Steinau an der Straße ist mit ihren langsam wachsenden Tropfsteinen eine Seltenheit.

Durch verwinkelte Gässchen, vorbei an reizenden Fachwerkgiebeln, erreicht man den Marktplatz mit dem modernen Märchenbrunnen, verziert mit klassischen Märchenmotiven. Im alten Amtshaus von 1562, in dem die Brüder Grimm einige Jahre wohnten, erinnert eine Gedenkstätte an ihr Leben und Werk. Das Brüder-Grimm-Haus und das Museum Steinau haben von Januar bis Dezember täglich von 12–17 Uhr geöffnet.

Von der **Bellinger Warte** ❻ aus, einem mittelalterlichen Wehrturm, bietet sich eine der besten Aussichten über den nördlichen Spessart, hinab ins Tal der Kinzig und hinüber zum Vogelsberg. Auf dem Rastplatz am Turm kann man auch grillen. Von Steinau kommend, parkt man nach etwa 2 km rechts der Straße, von dort sind es rund 15 Minuten Fußweg.

Herrliche Täler mit seltener Flora und Fauna Eine Vielzahl Feuchtigkeit liebender Pflanzen und Tiere lässt sich bei einer Wanderung durchs herrliche ▶ **Jossatal** ❼ entdecken, darunter manche seltene Art. In diesem Tal sieht man noch verschiedene Krötenarten und Molche, vor allem aber Raritäten der Vogelwelt wie Bekassine und Wachtelkönig, die hier noch optimale Lebensbedingungen vorfinden. Mittels eines ausgeklügelten Bewässerungssystems konnten die Bauern die sogenannten Wässerwiesen früher bis zu siebenmal im Jahr mähen. Das ist an der Oberflächenform der Wiesen heute noch zu erkennen: Sie sehen wie hoch gewölbte Beete aus, am Scheitelpunkt kann man manchmal noch die Mulden der Bewässerungsgräben erahnen. Durch das Tal führt ein Wanderweg (Markierung: rotes Kreuz), der von verschiedenen Wanderparkplätzen aus, u. a. vom Parkplatz Müsbrücke, gut ausgeschildert ist.

Bei Bad Soden mündet der Klingbach in die Kinzig. In seinem idyllischen Tal liegen die **Hirschbornteiche** ❽. Dieses Naturschutzgebiet erkundet man am besten auf einem 60-minütigen Rundweg, der auf einer informativen Wandertafel am Parkplatz Mühlwiese, an der Straße Salmünster-Mernes, beschrieben wird. Hier ist auch alles für eine Rast und für Freizeitaktivitäten vorhanden: eine Grillanlage, ein Kinderspielplatz sowie ein Trimm-dich-Pfad.

Von der Kaiserpfalz zum Quellmoor Ihre Entstehung Ende des 12. Jahrhunderts verdankt die Stadt ▶ **Gelnhausen** ❾ dem Stauferkaiser Friedrich I. Barbarossa. Damals bedeutende Handelswege trafen hier aufeinander, und so ließ der Kaiser auf einer Insel in der Kinzig eine Pfalz errichten. Dazu musste allerdings mit über 20 000 Eichenstämmen der Untergrund gesichert werden. Zehn Jahre dauerte der Bau vermutlich und wurde 1180 fertiggestellt. Man bekommt einen Eindruck von der einstigen Pracht dieser Anlage, wenn man die erhaltenen Reste besichtigt: die Tor-

Heute noch so imposant wie zu Zeiten des Stauferkaisers Friedrich I. Barbarossa: die Kaiserpfalz in Gelnhausen

Mit etwas Glück kann man bei einer Wanderung durch das reizvolle Jossatal seltene Vögel beobachten.

halle, den Palas, den Turm und die mächtige Ringmauer. In dem kleinen Museum zeigt ein Modell, wie die Pfalz früher einmal ausgesehen hat.

Für einen Rundgang in der Altstadt sollte man sich bei der Touristinformation im Rathaus (geöffnet Mo–Fr 8–12 und 14–16.30 Uhr, Sa 9–12 Uhr, Mai–Okt. Sa, So 14–16.30 Uhr) einen kleinen Prospekt holen. Der Weg führt dann vorbei an den prächtigen Fachwerkbauten des Obermarktes zu den wichtigsten historischen Punkten, etwa dem Denkmal für Johann Philipp Reis, einem berühmten Sohn der Stadt und Erfinder des Telefons. Auf dem Weg Richtung Kinzig kommt man am Geburtshaus der zweiten Gelnhausener Berühmtheit vorbei: Johann Jakob Christoffel von Grimmelshausen wurde hier 1622 geboren, dessen »Simplicissimus« vom grausamen Alltag des Dreißigjährigen Krieges berichtet. Weitere Informationen zu diesen beiden Persönlichkeiten sowie zur Geschichte Gelnhausens sind im Heimatmuseum am Obermarkt zu erfahren (geöffnet Mo–Fr 8–12 und 14–16.30 Uhr, Sa 9–12 und 14–16.30 Uhr, So 14–16 Uhr).

Eine Seltenheit im Spessart, dessen sandige Böden sonst das Wasser schnell versickern lassen, ist das **Wiesbüttmoor** ❿. Es steht seit 1953 unter Naturschutz – Beweis seiner Besonderheit, denn viele kleine Quellen schufen in Jahrtausenden diese Natursehenswürdigkeit. Es handelt sich um ein Quell- oder Hangmoor, etwa 1 km lang und zwischen 20 und 100 m breit. Vom Parkplatz oberhalb des Wiesbüttsees geht man am Moor entlang und erreicht einen Beobachtungssteg. Von dort bietet sich ein guter Blick auf die Moorvegetation, und ein geübtes Auge erkennt die unterschiedliche Wasserversorgung an den Grasarten und -färbungen. Hier entdecken Pflanzenliebhaber Rundblättrigen Sonnentau, Weiße Waldhyazinthen, Sumpfveilchen, Scheidenwollgras und Siebensterne.

IM ZAUBERWALD DER BURG BRANDENSTEIN

In der Nähe von Schlüchtern ❶ steht schon seit dem 13. Jahrhundert eine Burg. Viele Umbauten haben die heutige Form entstehen lassen. Nur staubige Geschichte? Nein, diese Burg lebt! Unter dem Motto »Von der Wäscheklammer bis zum Pflug« kann man im Holzgerätemuseum mehr als 800 hölzerne Gerätschaften und Gegenstände aus alten Zeiten besichtigen (Anmeldung notwendig). Der Burgvogt bietet neben allgemeinen Führungen auch spezielle Veranstaltungen für Kinder an, etwa das Hüten der Ziegenherde oder das Basteln im »Zauberwald«, das Keltern von Apfelsaft, das Suppekochen (Bild) oder das Backen im Lehmofen (Burg Brandenstein, 36381 Schlüchtern, Telefon 06661/38 88, www.burg-brandenstein.de).

2 Naturpark Spessart
Der namengebende Specht ist hier in Buchen- und Eichenwäldern zu Hause

ANFAHRT
Auf der A 7 bis Bad Brückenau oder auf der A 66 bis Steinau an der Straße und dann weiter bis Burgsinn; nächstgelegene ICE-Bahnhöfe in Fulda, Frankfurt/Main, Aschaffenburg und Würzburg

LAGE
Nordwestlich von Würzburg, im nördlichen Bayern

GRÖSSE
1710 km²

HÖCHSTE ERHEBUNG
Geiersberg (585 m)

GRÜNDUNG
1963

INFORMATION
Naturpark Spessart
Von-Bodelschwingh-Straße 83
97753 Karlstadt

TELEFON
09353 / 79 33 66

INFOHAUS
In Gemünden am Main

INTERNET
www.naturpark-spessart.de

Das zum Teil tief eingegrabene Tal des Mains umschließt das Naturparkgebiet in drei Himmelsrichtungen: im Süden, Osten und Westen. Weitläufige Laubwälder mit alten Buchen und Eichen sind ein Markenzeichen des Spessarts, wenn auch frühere Abholzungen für die Glas- und Soleindustrie im Norden des Waldgebietes durch Fichtenaufforstungen dominiert werden. Wie es im Spessartwald aussieht, wenn der Mensch nicht eingreift, entdeckt man im Naturschutzgebiet Rohrberg.

Durchbrochen wird die Waldidylle von eindrucksvollen Flusstälern mit geschäftigen Städtchen, die einen Besuch lohnen, etwa Lohr mit seinem Spessartmuseum oder Klingenberg mit Schlucht und Burg. Nicht versäumen sollte man auch das Wasserschloss in Mespelbrunn, das zu den schönsten Deutschlands zählt.

Blühende Wiesen und dunkle Stollen Wenn im zeitigen Frühjahr die Schachblumen auf den Wiesen blühen, zieht es zahlreiche Besucher in den Markt ➡ **Burgsinn** ❶. Bei Obersinn, nördlich des Ortes, beginnt der ausgeschilderte »Erlebnispfad Schachblumenwiesen«. Die violett blühenden Liliengewächse kommen in Deutschland nur noch im norddeutschen Flachland vor. Weitläufige, regelmäßig überschwemmte Wässerwiesen im breiten Tal der Sinn schaffen für diese Pflanzen optimalen Lebensraum. Ein farbenfrohes Naturschauspiel verspricht eine Wanderung oder eine Radtour in den Sinngrund, am besten zwischen Mitte April und Anfang Mai, denn dann kann man auf den über 500 ha Wiesengrund Millionen von Blüten bewundern.

In Burgsinn lohnt sich ein Spaziergang durch den Ort: Das Fronhofer Schlösschen, das Neue Schloss, beide aus dem 17. Jahrhundert, und die langsam verfallende Wasserburg, deren Bergfried aus dem 10. Jahrhundert stammt, erlauben reizvolle Blicke, allerdings nur von außen, zu besichtigen sind sie leider nicht.

Waldidyllen und Flusstäler wie das Hafenlohrtal prägen das Bild des Naturparks Spessart im nördlichen Bayern.

Die dritte im Bunde: Neben Fronhofer Schlösschen und Neuem Schloss lockt Burgsinn mit einer Wasserburg.

Anders in Sommerkahl bei **Schöllkrippen** ❷: Hier ist die Besichtigung der »Grube Schöne Wilhelmine« ausdrücklich erwünscht. Bergwerksbegeisterte haben mit Schweiß und Enthusiasmus eine Kupfergrube, deren Anfänge auf die Mitte des 16. Jahrhunderts zurückgehen, wieder begehbar gemacht. Auf einem 250 m langen Rundweg, 23 m unter der Erde verlaufend, erläutert ein Führer die wechselhafte Geschichte der Grube, deren Wirtschaftlichkeit immer wieder in Frage stand. Eindrucksvoll sind auch die Verfärbungen an den Bruchwänden des Steinbruchs oberhalb der Grubeneingänge. Hier schimmern sogenannte Sekundärmineralien in allen Varianten zwischen blau und grün. (Führungen nur nach Vereinbarung, Telefon 06024/22 04).

Für den Sommer hat Schöllkrippen seit 2003 eine besondere Attraktion zu bieten: Ein Naturerlebnisbad mit Schwimmteich und Wassergrotte. In zwei Regenerationsteichen wird das Wasser biologisch durch Wasserpflanzen gereinigt, chemische Zusätze sind dadurch nicht notwendig.

Nach dem Luftkurort **Heigenbrücken** ❸ wurde eine geologische Folge im Buntsandstein benannt. Vom Wanderparkplatz am Ortsrand aus geht es zum Wildgehege mit einheimischem Schwarz-, Dam- und Rotwild. Ein Wasserlehrpfad beschreibt auf bebilderten Texttafeln entlang dem Bach u. a. Wasserwirtschaft, Wassernutzung und die Welt der Tiere im Wasser. Freunde des Spessartwaldes folgen dem beschilderten Waldlehrpfad.

Eine besondere Art der Wiesenbewirtschaftung, die früher in vielen Tälern des Spessarts verbreitet war, ist im Tal südöstlich von Heigenbrücken noch gut erhalten bzw. wieder rekonstruiert worden. Die sogenannten Rückenwiesen legten die Bauern ab Mitte des 19. Jahrhunderts als gewölbte Flächen an. Durch Gräben auf dem Scheitelpunkt leiteten sie Bachwasser und konnten auf diese Weise bis zu sieben Grasschnitte pro Jahr in die Scheune fahren.

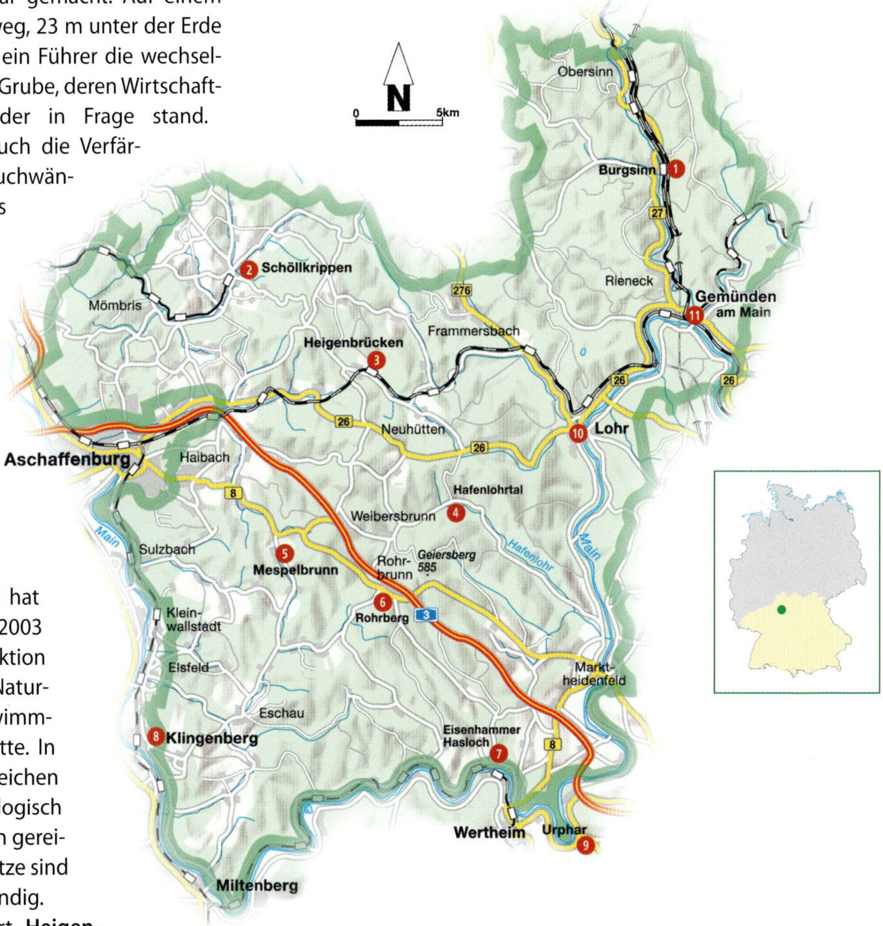

Eines der wenigen weitgehend intakten Spessarttäler, das ➡ **Hafenlohrtal** ❹, erkundet man am besten auf einer Wanderung von Lichtenau bei Weibersbrunn aus. Die Kombination von Wald, Wiese und Bach formt hier

SCHNEEWITTCHEN IM SPESSART

Natürlich ist es nur ein Märchen – oder vielleicht ist doch etwas Wahres dran? Im Spessartmuseum in Lohr ❿ jedenfalls sind ein Spiegel und ein Paar Schuhe von Schneewittchen ausgestellt. Außerdem gibt es einen Schneewittchen-Wanderweg, der von hier über sieben Hügel nach Biebergemünd führt. Ganz in der Nähe, in Steinau an der Straße, sind die Brüder Grimm aufgewachsen. Die Einwohner von Lohr feiern jedes Jahr am 19. Juni den Geburtstag Schneewittchens (Bild), das als Freifräulein Maria Sophia Margaretha Christina von Erthal im Jahr 1726 in Lohr geboren worden sein soll (Tourist-Information, Schlossplatz 5, 97816 Lohr am Main, Telefon 09352/84 84 60 oder unter www.lohr.de).

einen Lebensraum, der so mancher bedrohten Tier- und Pflanzenart noch eine Heimat bietet. An die 400 Farn- und Blütenpflanzen konnten im Tal gezählt werden, darunter etwa Gelbe Schwertlilie und Fieberklee. Bei den Tieren sind es vor allem einige seltene Vogelarten, die mitunter zu sehen sind, beispielsweise Bekassine, Waldschnepfe, Eisvogel und Pirol. Seit Jahren kämpfen die Anwohner der Gegend ebenso wie Naturfreunde gegen eine Maßnahme, die das Idyll des Hafenlohrtals bedroht: Ein großer Teil des Tals soll zu einem Wasserspeicher aufgestaut werden.

Mespelbrunn – vom Weiherhaus zum Wasserschloss

➡ Mespelbrunn ❺ ist zweifellos ein sehr schönes Wasserschloss, doch schon allein der Weg vom Ort durch ein kleines Nebental der Elsava macht Freude, denn er stimmt mit seinen großen Alleenbäumen und allerlei Wasserflächen gewissermaßen auf das fürstliche Kleinod ein. Die Geschichte Mespelbrunns begann um das Jahr 1419 mit einem unbefestigten Weiherhaus, das sich ein Ritter in diesem Tal bauen durfte. Steht man heute vor dem prächtigen Wasserschloss mit seinen Mauerecken, Türmchen und dem lauschigen Innenhof und folgt dem Rundgang durch die reichhaltig ausgestatteten Räume, kann man dies kaum glauben. Die dreiflügelige Gesamtanlage gleicht einem Hufeisen auf fast quadratischem Grundriss (geöffnet Karfreitag bis Allerheiligen täglich von 9–17 Uhr).

Was macht der Wald, wenn der Mensch nichts macht? Dieser Frage kann man in der Nähe des Wanderparkplatzes **Rohrberg** ❻ bei Rohrbrunn nachgehen. Gleich drei Naturschutzgebiete sind hier seit Jahrzehnten ausgewiesen: Rohrberg, das Naturwaldreservat Eichhall sowie das Naturschutzgebiet Metzgergraben und Krone. In allen drei Gebieten, die man auf Wanderwegen vom Parkplatz aus erkunden kann, greift die Waldwirtschaft seit langem nicht mehr ein; das bedeutet, dass abgestorbene Bäume verwittern, umstürzen und durch unzählige Pilze, Insekten und Mikroorganismen zersetzt werden. Dieses Totholz ist die Lebensgrundlage für junge Bäume.

Von den einst zahlreichen Eisenhämmern im Spessart ist nur noch einer übrig, der Eisenhammer **Hasloch** ❼, der aus dem Jahr 1779 stammt. Bei einer Vorführung erlebt man die beiden Hämmer in Aktion. Da bebt dann schon einmal der Boden, wenn das 170 kg schwere Monstrum auf den Amboss schlägt! Während der größere auch heute noch für schwere Schmiedearbeiten, etwa das Herstellen von Glockenklöppeln, benutzt wird, diente der kleinere zum Schmieden von Pflugscharen (Vorführungen nach Vereinbarung, Telefon 09392/18 52).

Ihren Namen verdankt die Stadt ➡ **Klingenberg** ❽ einer »Klinge«, d. h. einer wildromantischen Schlucht, die der Klingenbach in den steilen Talhang des Mains gegraben hat. Den Weg in die Klinge hinein säumen bizarre Felsformationen, und über zahlreiche Brücken geht es am Bach entlang und hinauf zur Ruine der Clingenburg. Ein bekannt guter Spätburgunder und einer der feinsten Tone der Welt – das sind die beiden Markenzeichen, die Klingenberg weit über seine Grenzen hinaus bekannt gemacht haben. Über den Weinanbau und den Tonabbau kann man im örtlichen Weinbau- und Heimatmuseum mehr erfahren (Auskünfte und Führungen, Telefon 09372/ 20 30 5). Und im Teddymuseum kommen vor allem Kinder auf ihre Kosten. Gezeigt werden historische und zeitgenössische Teddybären verschiedenster Marken (geöffnet Di–So von 14–18 Uhr).

Wer von Urphar nach Kreuzwertheim fährt, hat die Mainschleife bei **Urphar** ❾ schon umrundet. Vor Wertheim geht es nach rechts in Richtung Kreuzwertheim über die Brücke und gleich danach wieder rechts in eine kleine Straße. Nach etwa 1,5 km kann man auf einem Wanderparkplatz den Wagen abstellen. Ein mit »H« markierter Wanderweg führt von dort die Mainschleife entlang und dann auf den »Himmelreich« genannten Bergsporn. Von hier fällt der Blick auf die tief eingegrabene Schleife des Mains. In Höhe der Ortschaft Bettingen, auf der anderen Mainseite gelegen, verlässt man den Weg und hält sich links in Richtung Kreuzwertheim, um zum Ausgangspunkt zurückzukommen. Etwa drei Stunden sollten für diese schöne Wanderung einplant werden.

Mensch und Wald – hier wird die Vergangenheit lebendig Die sehenswerte Altstadt von ➡ **Lohr** ❿ erkundet man am leichtesten vom großen Parkplatz Altstadt-Ost am Mainufer aus. Das Fischerviertel durchquert man in der Muschel- oder Fischergasse, hält sich dann rechts und steht vor einem der Wahrzeichen der Stadt, dem Bayersturm. Der Hauptturm der Stadtbefestigung stammt aus dem 13. oder 14. Jahrhundert, ist zugänglich und bietet einen schönen Blick über Lohr und seine Umgebung. Über die Hauptstraße erreicht man den Marktplatz, hält sich dort rechts und kommt auf den Schlossplatz mit der Tourist-Information. Gegenüber steht unübersehbar das Kurmainzer Schloss, in dem das Spessartmuseum untergebracht ist. Die reichhaltigen Sammlungen zum Thema Mensch und Wald lassen die Vergangenheit wieder lebendig werden. Alte Handwerke, die Glasherstellung und bäuerliche Lebenswelten in alten Zeiten sind nur einige der Aspekte, die hier ausführlich und anschaulich präsentiert werden (Di–Sa 10–16 Uhr, So und Feiertage 10–17 Uhr).

Im Naturpark-Spessart-Informationszentrum in **Gemünden am Main** ⓫ im ehemaligen Huttenschloss gibt es reichlich Informationen über den Naturpark Spessart. Die Ausstellung im Untergeschoss zeigt die Lebensräume von Tieren und Pflanzen, z. B. der seltenen und schützenswerten Arten wie die Schachblume, den Schwarzspecht oder den Biber, der sich im Sinntal wieder angesiedelt hat.

In der Altstadt von Lohr am Main kann man das Fachwerkambiente am besten bei einer Tasse Kaffee genießen.

3 Naturpark Bayerische Rhön
Das »Land der offenen Fernen« zwischen Saale und Werra

ANFAHRT
Auf der A 7 Kassel–Würzburg zur Ausfahrt Bad Brückenau-Wildflecken, von dort über Bischofsheim auf die Hochrhönstraße Richtung Fladungen; nächster ICE-Bahnhof in Fulda

LAGE
Nördlich von Würzburg im Dreiländereck Bayern / Hessen / Thüringen; ein großer Teil des Parks gehört seit 1991 zum länderübergreifenden Biosphärenreservat Rhön

GRÖSSE
1250 km²

HÖCHSTE ERHEBUNG
Kreuzberg (928 m)

GRÜNDUNG
1967

INFORMATION
Naturpark Bayerische Rhön
Oberwaldbehrunger Straße 4
97656 Oberelsbach

TELEFON
09774/91 02 50

INFOHÄUSER
In Oberelsbach
und in Wildflecken-Oberbach

INTERNET
www.naturpark-rhoen.de

Der Naturpark erstreckt sich vom Schwarzen Moor zu den Schwarzen Bergen, schließt aber den Truppenübungsplatz Wildflecken aus, der Naturschützern und Anwohnern ein Dorn im Auge ist. Zum Kern des Gebirges hin ändert sich das Bild der Landschaft schroff. Es geht in ein Bergland von hohen Bergkuppen und -rücken über, die eigentliche Hohe Rhön, die mit ihren Rasenflächen, der schütteren Bewaldung und den Blockfeldern der südlichste Vorposten der skandinavischen Fjells sein könnte. Hier bilden die Lavadecken meist geschlossene Flächen, viel stärker als das längst erstarrte Magma hat hier allerdings der eiszeitliche Frost das Landschaftsbild geprägt: Er hat durch Bodenfließen die sanft geglätteten Bergflanken geschaffen und an anderen Stellen mit der Frostsprengung an den zerklüfteten Felsklippen genagt. Die Hohe Rhön ist demnach in großen Teilen noch eine Eiszeitlandschaft, und ihre eisige Vergangenheit zeigt sich deutlich in der Flora und Fauna.

Strangmoor und Prismenwand Mit Lehrpfaden und Rundwanderwegen hat die Naturparkverwaltung ihren Park reichlich ausgestattet. Der wohl interessanteste Pfad führt von dem großzügig angelegten Rastplatz »Schwarzes Moor« durch das mit rund 60 ha größte und ökologisch wertvollste Hochmoor der Rhön, das ➡ **Schwarze Moor** ❶, das sich in rund 800 m Höhe als Strangmoor auf einer Hochfläche ausbreitet. Für den gut 2 km langen, auch für Rollstuhlfahrer geeigneten und mit knapp zwei Dutzend Informationstafeln bestückten Bohlenpfad sollte man mindestens eine Stunde einplanen. Wer es einrichten kann, wählt für die Tour am besten den Herbst, wenn durch die unterschiedliche Laubfärbung der Bäume und Sträucher die Vielfalt der Lebensräume eines Hochmoors sichtbar wird. Dunkle, von weißen Wollgräsern gesäumte Mooraugen wechseln mit Inseln aus strahlend gelb verfärbten Karpatenbirken oder tiefroten Beerensträuchern. Seltene Tiere wie das Birkhuhn oder die Bekassine haben in dieser Wildnis ein Rückzugsgebiet gefunden – sie sollten nicht gestört werden.

Die Streuobstwiesen im Tal der Streu bei **Fladungen** ❷ präsentieren sich während der Obstblüte im schönsten Gewand. Das fränkische Städtchen

Wanderer im Schwarzen Moor: Ein Bohlenpfad erschließt das ökologisch wertvollste Moor der Rhön.

BIRKHUHN *(Tetrao tetrix)*

Das Tier hat in der Rhön das größte, leider allerdings schrumpfende Vorkommen außerhalb der Bayerischen Alpen. Im Frühjahr 2006 wurden im bayerischen Anteil der Rhön gut zwei Dutzend der seltenen Raufußhühner gezählt. Eigentlich ist die Lange Rhön mit ihren Mooren, lichten Gehölzen und verstreuten Hecken für den engen Verwandten des Auerhuhns ideal. Dort finden die erwachsenen Birkhühner die Sprossen, Blätter, Blüten, Knospen und Beeren, von denen sie sich hauptsächlich ernähren. Und dort gibt es auch die verschwiegenen Balzplätze, auf denen die prächtigen blauschwarzen Birkhähne im Frühling ihre Balztänze aufführen und dabei die Konkurrenten mit weithin hörbaren Lauten wie »rule-rule-ru« oder »tschu-schwi« beeindrucken wollen.

Vom Parkplatz Schornhecke aus führt auf dem mit einem roten Tropfen markierten Weg durch die Matten ein nur viertelstündiger Aufstieg zum 926 m hohen **Heidelstein** ❸ bei Wüstensachsen, dem höchsten Punkt der Langen Rhön. Grandios ist der Ausblick auf den Quellkessel der Ulster im Norden und noch mehr auf die kargen Borstgrasrasen der Langen Rhön im Süden. An einer dunkelgrauen Basaltklippe als würdigem Rahmen befindet sich auf dem Gipfel ein Ehrenmal des Rhönklubs.

Das »Haus der Langen Rhön«, Informationszentrum des Biosphärenreservats Rhön, steht in der hübschen Marktgemeinde Oberelsbach (Unterelsbacher Straße 4). Bei der Wanderung auf dem Lehrpfad am nahe gelegenen ➠ **Gangolfsberg** ❹ besteht die Gelegenheit, die zuvor erhaltenen Einblicke in die Natur und Kultur des Gebirges zu vertiefen. Höhepunkte der etwa 2,5 km langen Rundtour, die am Schweinfurter Haus beginnt und endet, ist neben der artenreichen Vegetation der Basaltkuppe zweifellos die Prismenwand. Die Frage, warum die Prismenwand so heißt, beantwortet sich von selbst beim Blick auf die perfekt geformten Basaltsäulen, die wie Prismen aus der Felswand ragen.

besitzt seit dem 14. Jahrhundert die Stadtrechte, und sein altertümliches Bild hat es im Kern bis heute bewahrt. Mittelalterlich sind die in weiten Teilen erhaltenen und sorgfältig restaurierten Stadtbefestigungen, die von mehreren Türmen überragt werden, darunter der Maulaffenturm, an dem eine kleine, freche Steinfigur steht. Die katholische Pfarrkirche St. Kilian, in spätem Rokoko ausgestattet, und die St. Gangolfskapelle, die eine Kreuzigungsgruppe und ein Bildstock als typische Elemente der Rhöner Kulturlandschaft zieren, sind die sehenswertesten Gotteshäuser Fladungens.

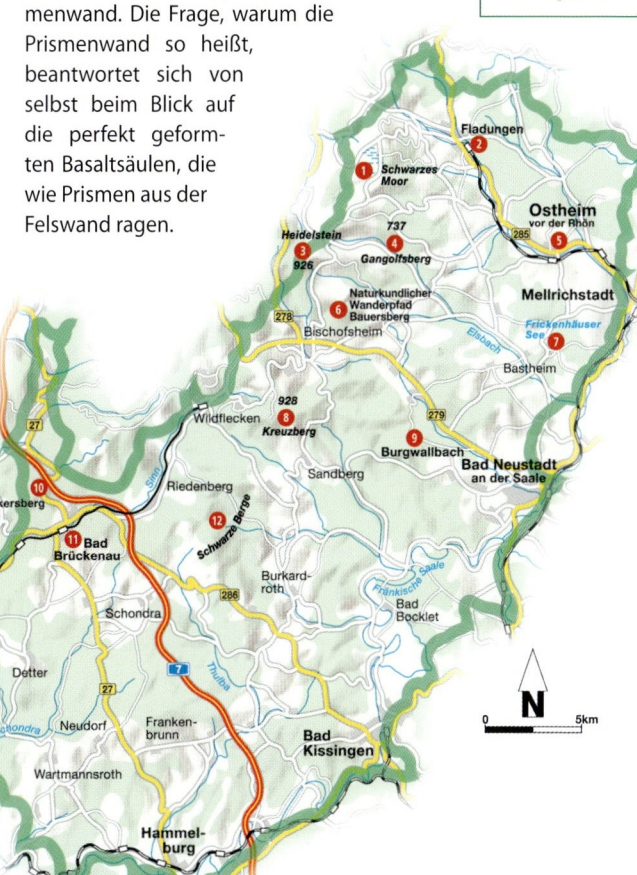

Naturpark Bayerische Rhön 19

STRANGMOORE

Das größte Hochmoor der Rhön, das Schwarze Moor ❶, ist ein Strangmoor, wahrscheinlich das einzige Mitteleuropas. Diese Moore gliedern sich in höhere, lang gestreckte Torfstränge und schlammige, mit Wasser gefüllte Vertiefungen, die sich zwischen den Strängen befinden. Strangmoore kommen fast ausschließlich am südlichen Rand der Arktis über Dauerfrostboden vor, der das Wasser staut und die durchnässten Torfschollen ins Rutschen geraten lässt. In der Langen Rhön erfüllen wohl wasserstauende Tone unter dem Torf diese Aufgabe.

Kirchenburg und »Heiliger Berg« Als Grenzgebirge war die Rhön in der Vergangenheit oft genug Kriegsschauplatz. Daran erinnern die vielen Burgen der weltlichen Herrscher, aber auch die Wehrkirchen, die in kriegerischen Zeiten der Bevölkerung Schutz boten. Unter ihnen ragt die im 17. Jahrhundert errichtete, stark befestigte Pfarrkirche St. Michael in ➡ **Ostheim vor der Rhön** ❺ heraus. Sie ist mehr als eine Wehrkirche – eine echte Kirchenburg, die größte und besterhaltene Deutschlands. Ein doppelter Mauerring mit vier mächtigen Türmen und einem Wehrgang umschließt das u. a. mit schönen Bildnisgrabsteinen ausgestattete Gotteshaus. Die imposante Anlage enthält auch Gaden, kellerartige Vorratsräume für Notzeiten.

Der südliche Teil der Langen Rhön wird durch den **Naturkundlichen Wanderpfad Bauersberg** ❻ erschlossen. Die rund 10 km lange Tour geht vom rechts der Straße Bischofsheim–Fladungen gleich in der Nähe des Rothsees und eines aufgelassen Bergwerksstollens gelegenen Parkplatz aus. Besonders eindrucksvoll ist der Kontrast zwischen den herben, häufig durch Stürme gepeitschten Weiden und den Schluchtwäldern im wildromantischen Schwarzbachtal, wo sich nur selten einmal ein Lüftchen regt.

Unter den Bio- und Geotopen der Bayerischen Rhön ist der **Frickenhäuser See** ❼ eine absolute Ausnahme: Er gilt als der einzige natürliche See Nordbayerns. Das annähernd kreisrunde Gewässer am südöstlichen Rand von Frickenhausen, mit einem Durchmesser von gut 100 m und knapp 30 m Tiefe gewiss kein Riese, ist ein belebender Farbtupfer in der Landschaft und eine beliebte Freizeitstätte. Wie seine wenigen Vettern in der übrigen Rhön ist er durch Auslaugung der Salzschichten im tiefen Untergrund entstanden. Und wie Sagen behaupten, soll er eine unterirdische Verbindung zum Meer besitzen und rätselhafte Riesenfische beherbergen.

Der 928 m hohe ➡ **Kreuzberg** ❽, erhabene Höhe und »Heiliger Berg der Franken«, erlebt fast das ganze Jahr über einen heftigen Ansturm von »Pilgern«: Autotouristen, deren Fahrt an dem gebührenpflichtigen Parkplatz endet, Mountainbiker, für die das Kloster auf dem Berg ein beliebter Treffpunkt ist, und Wanderer, von denen die konditionsstärksten über die sogenannte Kniebreche von Sandberg heraufsteigen und oben gleich noch eine Tour auf einem der über zehn Rundwanderwege zu den Basaltblockhalden, zur Kreuzigungsgruppe und den Aussichtspunkten des Gipfels anhängen. Und alle treffen sich dann in der Klosterschänke beim süffigen, dunklen Bier, zu dem traditionell ein Käsebrot gehört.

Beeindruckende Säulenbasaltformationen, wie hier am Gangolfsberg, faszinieren Geologen und Wanderer.

Die Pfarrkirche St. Michael in Ostheim vor der Rhön vermittelt einen sehr wehrhaften Eindruck – eine wahre Kirchenburg.

Weißes Gold und Schwarze Berge Stein- und (seit der Einführung des Mineraldüngers) Kalisalze zählen zu den wenigen wirklichen Bodenschätzen der Rhön. Der Salzforst bei **Burgwallbach** ❾ war etliche Jahrhunderte lang ein wildreiches Jagdrevier des Hochadels, aber ebenso auch eine ergiebige Quelle von Brennholz, das die Salinen in großen Mengen verschlangen. Inzwischen hat sich das nur von wenigen Rodungsinseln unterbrochene Waldgebiet zwischen der Hohen Rhön und der Fränkischen Saale von den Umweltschäden der Vergangenheit zwar erholt, doch dafür leidet es unter der heutigen Luftverschmutzung. Der 8 bzw. 10 km lange Naturlehrpfad Salzforst, der von dem Wanderparkplatz an der Straße Burgwallbach–Windshausen ausgeht, gibt mit Schautafeln einen umfassenden Einblick in Natur und Geschichte der Region.

Für den eiligen Reisenden gewährt der vielseitige **Volkersberg** ❿, ein Bergkegel oberhalb der A 7 Kassel–Würzburg, eine Art Schnupperstunde zum Thema Rhön. Ein sehenswertes Ensemble von sakralen Bauten, von der barocken Kirche Heiliges Kreuz bis zu den 14 Kreuzwegstationen, umgibt das 1658 anstelle einer Einsiedelei von 1113 gegründete Franziskanerkloster. Der Ort Volkers gehört zum prominenten Bayerischen Staatsbad ⟶ **Bad Brückenau** ⓫, das seinen Ruf als mondänes Heilbad wiederum dem durch die Salzlager im Untergrund salzhaltigen und durch den Rhönvulkanismus kohlensäurereichen Wasser verdankt. Das noble Staatsbad-Ensemble im Tal der Sinn glänzt mit Bauwerken aus der historischen Blütezeit im 19. Jahrhundert, jedes mit dem Prädikat »kaiserlich«, »königlich« oder zumindest »fürstlich«.

Die **Schwarzen Berge** ⓬ bei Riedenberg, wo im Nachbarort Oberbach das Infozentrum »Haus der Schwarzen Berge« steht (Rhönstraße 97), tragen als natürliches Waldkleid vielmehr buchengrüne Laubmischwälder und bringen hauptsächlich durch die Basaltblockhalden dunkle Farbtöne ins Landschaftsbild. Eine Wanderung vom Berghaus Rhön zur Kissinger Hütte und zurück (insgesamt ca. 4 Std.), vorbei an Basaltseen und über aussichtsreiche Kämme, ist der beste Einstieg in die Welt der Schwarzen Berge.

4 Naturpark Haßberge
Burgen, Schlösser, Kirchen, dazu bizarre Felsen in herrlicher Waldlandschaft

ANFAHRT
Auf der A 71 Schweinfurt–Erfurt bis zur Ausfahrt Bad Neustadt a. d. Saale, weiter auf der B 279 nach Bad Königshofen-Ipthausen; mit der Bahn erreicht man Zeil am Main

LAGE
Im nördlichen Bayern zwischen Thüringer Wald, Rhön und Maintal

GRÖSSE
804 km²

HÖCHSTE ERHEBUNG
Nassacher Höhe (506 m)

GRÜNDUNG
1974

INFORMATION
Naturpark Haßberge
Am Herrenhof 1
97437 Haßfurt

TELEFON
09521/27 224

INFOHÄUSER
In Eltmann am Main und Hofheim i. IFr.

INTERNET
www.naturpark-hassberge.de

Wie die Haßberge zu ihrem Namen kamen, ist umstritten; die meisten Heimatkundler neigen zu der Ansicht, dass die Bezeichnungen »Haßgau« und »Haßberg« wohl von den Hessen herrühren muss, die bei der Besiedlung dieser Landschaft ohne Zweifel beteiligt waren. Die ursprüngliche Bezeichnung des Volksstamms war »Hassi«. Der Haßgau mit seinen gleichnamigen Bergen ist eine unspektakuläre, aber schöne Landschaft, auch fromm, wie die zahlreichen Wegkreuze und Marienstatuen an den Häusern bezeugen. In sanfte Hügel schmiegen sich Dörfer, die Ruhe und Vertrautheit ausstrahlen. Jahrzehnte zollte man diesem Stück Land wenig Aufmerksamkeit, es blieb vergessen und verlassen. Jetzt holen die naturbegeisterten Freunde, Radwanderer und Mountainbiker die Haßberge aus ihrem Schattendasein, entreißen sie ihrem Dornröschenschlaf – ein großes Plus für eine Region fernab von Hektik und großen Industrien, von der Hast des Alltags und dem Lärm des ständigen Verkehrs. Die Haßberge bilden die Fortsetzung des Brudergebirges Steigerwald südlich des Mains. Die beiden bewaldeten Höhenzüge sind von gleichem Gestein, dem Keupersandstein. Für den Westtrauf und das Maintal sind die Wärme liebenden Eichen-Hainbuchen-Wälder und kleine Weinberge charakteristisch. Hier finden sich seltenste Pflanzenarten. Die Flüsse Baunach und Weisach leiten über zum sogenannten Itz-Baunach-Hügelland mit seinem imposanten Anstieg zum Rhät, jenen bizarren Sandsteinformationen mit dem Felsengarten von Lichtenstein. Im Osten werden die Waldlandschaften von den Wiesengründen der kleinen Flüsse Ermetz und Lauter durchzogen. Mehr als die Hälfte der Fläche des Naturparks ist mit Wald bedeckt.

Burgen, Schlösser und Kirchen wie Perlen am Wegesrand Den von Norden kommenden Besucher begrüßt am Rande des Naturparks ein wahres Kleinod fränkischer Rokokokunst: die **Wallfahrtskirche Maria Hilf** ❶ in Ipthausen (einem Ortsteil von Bad Königshofen). Äußerlich sehr schlicht, überrascht sie mit ihrem festlich strahlenden Innenraum. Die Deckengemälde von Georg Anton Urlaub (1713–1759), einem fränkischen Maler im Banne des großen Barockmeisters Tiepolo, erzeugen einen

Im Herzen der Haßberge liegt Altenstein mit der schönsten Burgruine des Frankenlandes.

Unter zahlreichen Schlössern und Burgen besonders bemerkenswert: das Wasserschloss Brennhausen

illusionistischen Effekt. Weitere Kostbarkeiten sind eine Pietà (17. Jahrhundert) und das Vortragekreuz für Prozessionen. Im benachbarten **Eyershausen** ❷ wurde die katholische Pfarrkirche vom selben Künstler kaum weniger prächtig ausgestaltet.

Bad Königshofen ❸, das vor den Grenzen des Naturparks liegt, ist mit seinem historischen Marktplatz und dem Vorgeschichtsmuseum einen Besuch wert. Glanzpunkte der Sammlung sind die reichen Grabausstattungen der Hallstattzeit und Funde von befestigten Höhensiedlungen. Spielend werden Kinder mit der Geschichte vertraut gemacht, und sie können aus Kupferdraht keltischen Spiralschmuck nachbilden oder Fibeln basteln.

Die Hochflächen der Haßberge schmücken artenreiche Buchen-Mischwälder; schmale Wiesentäler durchziehen sie von Ost nach West. Wollgras, Feuchtwiesen–Knabenkräuter und andere Orchideen sind hier zu finden, und für die Reinheit der Gewässer sprechen die in den Bächen immer noch vorkommenden Steinkrebse. Eine unbereinigte Kulturlandschaft in kleinen Parzellen, mit einem Wechsel von Wiesen und Hecken, Weinbergen und Streuobstwiesen – Mensch und Natur sind im Gleichgewicht.

In dieser abgelegenen Landschaft ist auch das sehenswerte **Wasserschloss Brennhausen** ❹ zu finden. Sein Ursprung im 13. Jahrhundert, der Sage nach als Kloster erbaut, erinnert es in seiner Kargheit an schottische Towerhouses. Es kann leider nicht besichtigt werden, doch lohnt sich ein Spaziergang um die dreiflügelige Anlage. Der Weg dorthin ist nicht ausgeschildert (von Sulzdorf in Richtung Königshofen fahren, 200 m vor dem Ortsausgangsschild links in die Brennhauser Straße abbiegen, dann noch 4 km). Westlich von Sulzdorf liegt der größte natürliche Binnensee Unterfrankens, der **Reutsee** ❺, eine Freizeit- und Badeoase. Wahrhaft steinalt ist die Gerichtslinde von **Birnfeld** ❻ auf der anderen Seite der Haßberge. Den mächtigen Baum umgeben zwei Steinkränze mit sechs und zwölf Säulen. Unter dieser alten Linde fällte bereits vor über 1000 Jahren das Dorfgericht seine Urteilssprüche. Zu den landschaftlichen Höhepunkten der Haßberge zählt die ➠ **Schwedenschanze** ❼. Den Berggipfel umgeben ein bis zu 7 m tiefer Graben und ein gut erkennbarer Steinwall, der aus der La-Tène-Zeit (ab 500 v. Chr.) stammt. Ausgrabungen weisen auch ein keltisches Dorf (Oppidum) nach. Noch im Dreißigjährigen Krieg wurde die 250 m lange und 2,5 ha große Wallanlage als Schutzsiedlung genutzt. 1928 errichtete man einen ersten Aussichtsturm aus Stein und Holz, der 2002 durch eine moderne, 29 m hohe Eisenkonstruktion mit bugförmiger Holzverkleidung ersetzt wurde. Nach einer Wanderung entlang des Rennweges, der über

Gut zu finden: die mit Orchideen geschmückte Urwiese bei Unfinden, ein natürliches Kleinod inmitten der Haßberge

diese Bergkuppe führt, empfiehlt es sich, den Turm zu ersteigen. Kein Lüftchen regt sich in der Höhe. Dort, wo sich die Bergketten der Rhön und des Thüringer Waldes in der blauen Ferne verlieren, steigen gewaltige weiße Wolken auf. Aus der Dr.-Krahmer-Hütte am Fuß des Turmes (am Wochenende und an Feiertagen eine willkommene Rastmöglichkeit) tönt Gläserklingen herauf. Vom Ort Eichelsdorf erreicht man die Schwedenschanze auf einer 4,5 km langen Wanderung. Mit dem Auto biegt man am Gasthaus Schwedenschanze (an der Straße Eichelsdorf–Schweinshaupten) auf eine 3 km lange Straße ab, die sich durch den Wald zum Parkplatz windet.

Was das Herz begehrt: Natur und fränkischer Wein Weiter auf dem Rennweg in südöstlicher Richtung stößt man auf einen Felsbrocken. »1317 stand hier Zeysendorf«, ist zu lesen. Der Ort wurde im Dreißigjährigen Krieg verlassen, es entstand eine große **Urwiese** ❽, auf der die Pyramiden-Spitz-Orchidee und das Stattliche Knabenkraut blühen. Über einen tief eingeschnittenen Hohlweg gelangt man zu dem unter Denkmalschutz stehenden Ort **Unfinden** ❾, das Dorf der Maler und Dichter. Historische Zunft- und Familienwappen zieren Fachwerkfassaden. Hier wird seit Jahrhunderten Weinbau betrieben. Eine gute Möglichkeit, fränkischen Wein zu verkosten. Die Urwiese erreicht man nur zu Fuß über den Rennweg, von Unfinden führt der 8 km lange Rundwanderweg (Markierung: Marder) ebenfalls an der Urwiese vorbei.

Über diesen Weg gelangt man auch nach ➧ **Königsberg in Bayern** ❿, die Stadt des Regiomontanus (1437–1476). Der Mathematiker, Astronom und Erfinder hieß eigentlich Johannes Müller und verfasste schon im ausgehenden Mittelalter ein Lehrbuch der Trigonometrie, gründete in Nürnberg die erste deutsche Sternwarte und sagte Mond- und Sonnenfinsternisse richtig voraus. Das Geburtshaus und sein Denkmal zieren den malerisch ansteigenden Salzmarkt. Die gesamte Altstadt von Königsberg mit ihren dekorativen Fachwerkhäusern und schönen Stadttoren steht unter Denkmalschutz. Über ihr thront die Ruine einer alten Stauferburg. Den kurzen Anstieg auf den Schlossberg belohnt ein Besuch in der Burgschenke.

Nicht weit entfernt, an der Straße nach Hohnhausen, erwartet der **Naturerlebnispfad »Natur Haßberge«** ⓫ vor allem Kinder. An 13 Erlebnisstationen können sie springen, klettern, auf verschiedenen Untergründen barfuß laufen, Steine bearbeiten, Musik machen und viel über Tiere und Pflanzen erfahren.

Königsberg ist bei weitem nicht die einzige geschichtsträchtige Stadt in den Haßbergen. Weiter südlich am Main liegt **Haßfurt** ⓬. Wahrzeichen und bedeutendstes Bauwerk ist die spätgotische Ritterkapelle von 1390. Die etwa gleichzeitig entstandene Pfarrkirche beherbergt wertvolle Holzskulpturen des berühmten Künstlers Tilman Riemenschneider.

Den Marktplatz in **Zeil am Main** ⓭ säumen barocke Bürgerhäuser und das Renaissance-Rathaus, eine würdige Kulisse für das weithin bekannte Zeiler Weinfest im August. Der bedeutendste Sohn der Stadt, Abt Alberich Degen, führte 1665 die Silvanerrebe in Franken ein. Seitdem gedeiht die Grundlage für den vorzüglichen Frankenwein auf den sonnigen Südhängen rund um Zeil.

An der Wallfahrtskirche Zeiler Käppele oberhalb von Zeil (dort gibt es mehrere Parkmöglichkeiten) beginnt der **Abt-Degen-Steig** ⓮, der mit schönen Ausblicken auf das Maintal bis zu den bereits im Jahr 1335 erwähnten Weinbauanlagen Pfaffenberg und Nonnenberg führt. Mehrere Trockenmauern, die wie

> **FLUSSKREBS** *(Astacus astacus)*
>
> Der Edelkrebs oder Europäische Flusskrebs ist die größte unter den in Europa heimischen Krebsarten. Die Tiere werden 15 bis 20 Jahre alt. Flusskrebse sind dämmerungs- und nachtaktive Einzelgänger. Früher waren die meisten Binnengewässer von Flusskrebsen besiedelt. Der Bestandsrückgang ist auf naturfernen Ausbau und die Schadstoffbelastung vieler Gewässer sowie das Auftreten der Krebspest zurückzuführen. Heute ist der Flusskrebs vom Aussterben bedroht.

die Gräten eines Fisches angelegt wurden, gliedern die extrem steilen Hänge. Durch die Flurbereinigungen nach dem Zweiten Weltkrieg drohten die alten Weinbergmauern zu verfallen, doch 1986 stellte man die historischen Rebfluren, die nach wie vor von Hand bewirtschaftet werden, unter Naturschutz.

Rätselhafte Felsen, sagenumwobene Ruinen Zwanzig vorgeschichtliche Fliehburgen und Wallanlagen, 15 Burgen und 26 Schlösser hat man in den Haßbergen gezählt. In Lichtenstein liegt unterhalb der Ruine der einzigartige Rhätsandstein-Felsengarten. Die Doppelburg teilt sich in die gut erhaltene und noch bewohnte Südburg und die Ruine der Nordburg, die an Wochenenden gegen Eintrittsgeld besichtigt werden kann. Der Zugang zum ➡ **Felsenlabyrinth** ⑮ liegt gleich neben der Ruine. Besonders imposant ist der Walfischfelsen, in dessen aufgeklapptem Maul man deutlich die wabenförmige Verwitterung des Sandsteins erkennen kann. Weiter führt der Weg zum Teufelsstein mit einem in den Fels geritzten Mühlespiel. Der Burgsage nach hat ein Lichtensteiner Ritter durch eine List an diesem Spielbrett den Teufel besiegt. Nach etwa 2,5 km Wanderung gelangt man zurück zum Dorf. In Lichtenstein beginnt auch der 40 km lange »Burgenkundliche Lehrpfad«, der zu acht Burgen und Ruinen führt. Alle Stationen dieses Rundkurses sind mit Informationstafeln zur Geschichte und Architektur der mittelalterlichen Wehranlagen ausgestattet.

Die schönste Burgruine Frankens liegt in ➡ **Altenstein** ⑯. Leider steht sie auf sehr instabilem Rhätsandstein-Untergrund. Das Gemäuer der spätgotischen Burgkapelle möchte man am liebsten stützen, so beängstigend aus dem Lot geraten ruht es am Rande des tiefen Felsabgrundes. Die vorbildlich gesicherte und erschlossene Burg kann tagsüber kostenlos besichtigt werden. Altenstein ist ein guter Ausgangspunkt für Wanderungen, etwa zum 3,5 km nordöstlich gelegenen Herthasee oder zu der 2,5 km entfernten Felsengruppe »Diebskeller«.

Eine frühgeschichtliche Kultstätte darf man auf dem **Veitenstein** ⑰ vermuten. Der von Spalten und Höhlen durchzogene Sandsteinfelsen liegt östlich des Lautertals bei Lußberg. Durch geologische Verschiebungen hat sich der vordere Teil des 15 m hohen Felsens vom 460 m hohen Gipfel des Lußbergs abgespalten und eine etwa 1,5 m breite Kluft gebildet, die sich im Inneren des Berges senkrecht fortsetzt. Offenbar wurde die Höhle zu kultischen Zwecken erweitert. Bemerkenswert ist eine enge Lichtöffnung, die der Sage nach von Querkeln (Zwergen) geschaffen wurde. Keltische Schriftzeichen am Querkelloch verweisen auf ein heidnisches Heiligtum. Eine massive Holztür versperrt den Zugang zur Höhle (Führungen unter Tel. 09536/10 12). Die Wanderung zum Veitenstein beginnt am Parkplatz des Ortes Lußberg, 1,5 km mit steilem Anstieg, Rückweg (2,5 km) über das Jungfernkreuz nach Lußberg.

Zeugnis frühgeschichtlicher Kulte: keltischer Drudenfuß am sagenumwobenen Veitenstein

5 Naturpark Frankenwald
Flößer, Schneidmüller, Köhler, Bergmann – Brauchtum in liebevollen Händen

ANFAHRT
Auf der A 4 bis Jena, von dort auf der B 85 nach Lauenstein; Ludwigstadt, Kronach, Marktschorgast und weitere Orte des Naturparks sind mit der Bahn zu erreichen.

LAGE
Im bayerischen Oberfranken an der Grenze zu Thüringen

GRÖSSE
1022 km²

HÖCHSTE ERHEBUNG
Döbraberg (794 m)

GRÜNDUNG
1973

INFORMATION
Naturpark Frankenwald
Güterstraße 18
96317 Kronach

TELEFON
09261/67 82 42

INFOHÄUSER
In Bad Steben-Bobengrün, Lichtenberg, Ludwigstadt, Marktschorgast, Stadtsteinach, Steinwiesen und Tettau

INTERNET
www.naturpark-frankenwald.de
www.frankenwald-tourismus.de

Weit schweift der Blick über schwingende Höhen. Auf saftigen Wiesengründen, von Flüsschen und Teichen durchzogen, setzen Hahnenfuß, Vergissmeinnicht und Ehrenpreis farbige Akzente. Der Frankenwald gehört seit je zu Oberfranken und wird zu Recht die »grüne Krone Bayerns« genannt. Zusammen mit den Naturparks Thüringer Wald und Thüringer Schiefergebirge/Obere Saale bildet er eine geografische Einheit – ein Schutzgebiet für die Natur mit einer Gesamtfläche von rund 400 km². Die Übergänge zum nördlich gelegenen Thüringer Wald sind kaum spürbar, vielleicht ist der Frankenwald aber noch grüner, noch stiller und abgeschiedener. Besiedelt wurde er erst im Mittelalter, auf Rodungsinseln entstanden die ersten Siedlungen mit den erkennbaren Siedlungsformen des Waldhufen- oder Rundangerdorfes. Die Wälder waren der Reichtum des Landes und sind es heute noch. Große Bedeutung besaß die Rodach, auf der geschlagenes Holz bis nach Frankfurt und weiter nach Holland geflößt wurde. Vor nicht allzu langer Zeit stieg noch der Rauch von Holzmeilern über die Baumkronen empor.

Geschichte und Geschichten aus dem Frankenwald Das zu Stein gewordene Sinnbild der »grünen Krone Bayerns« ist die **Burg Lauenstein** ❶ aus dem 12. Jahrhundert. In den blutigen Fehden des 14. Jahrhunderts wurde sie stark beschädigt. Danach verewigten sich emsig mehrere Bauherren: Den heute noch zu besichtigenden Orlamünde-Bau mit seinen

Anmutig und heiter wie ein sonniger Frühlingsmorgen: die Landschaft des Frankenwaldes bei Steinbach a. d. Haide

Glasgemälden errichtete Graf Otto von Orlamünde; Heinrich von Thüna ließ 1506 eine Burgkapelle, sein Nachfolger Christoph von Thüna d. Ä. den prächtigen mehrgeschossigen Schlossbau mit sterngewölbtem Rittersaal erbauen. Der Hallenser Dr. Ehrhard Meßmer erwarb Burg Lauenstein 1896. Bei ihrer Instandsetzung spielten Gestaltung und Kunstauffassung des Historismus und beginnenden Jugendstils eine tragende Rolle. Meßmer erweiterte die Anlage um ein Hotel und empfing namhafte Gäste wie den Poeten Joachim Ringelnatz. Die Erben verkauften die Burg 1962 an den Freistaat Bayern, der die Anlage aufwendig restaurieren ließ. Die interessante Burg mit Rüstungen aus dem 16. und 17. Jahrhundert kann nur im Rahmen einer Führung besichtigt werden.

Thüringer Schiefergebirge/Obere Saale. Inzwischen führt die Panoramastraße von Bad Steben über 40 km bis nach Hof. Zu den Sehenswürdigkeiten der Panoramastraße zählt der **Friedrich-Wilhelm-Stollen** ❹ bei Lichtenberg. Im Besucherbergwerk wandelt man auf den Spuren Alexander von Humboldts, der den Stollen zu Forschungszwecken projektierte.

In unmittelbarer Nähe im ehemaligen Lichtenberger Bahnhof in Blechschmidtenhammer ist das **Naturpark-Infozentrum** ❺ (Bahnhof Blechschmidtenhammer, täglich 10–17 Uhr, Telefon 09288/7651) untergebracht. Auf alten Gleisen stehen Waggons der Höllentalbahn, als würde der Schaffner gleich das Signal zur Abfahrt geben. Doch die Eisenbahn rattert nur noch im Modell durch das naturgetreu nachgebaute Höllental in den Räumen des Infozentrums. Empfehlenswert ist es, das schönste Tal des Frankenwaldes gleich hier vom Infozentrum aus zu erkunden.

Kronach, Geburtsstadt von Lucas Cranach d. Ä., über der die mächtige Festung Rosenberg aus dem 13. Jahrhundert thront

➡ **Steinbach an der Haide** ❷, ein kleines Rundangerdorf, gehörte im 16. Jahrhundert zum Herrschaftsbereich der Burg Lauenstein. Sein Ursprung liegt jedoch wesentlich weiter zurück. Dichter Urwald bedeckte zur Zeit der mittelalterlichen Jahrtausendwende die Höhen des Frankenwaldes. Es waren Mönche des Benediktinerklosters Paulinzella in Thüringen, die mit der Rodung und Besiedlung des wilden »Nortwalds« begannen. Steinbach dürfte um 1100 gegründet worden sein; um 1250 weihten Mönche aus dem nahen Probstzella der hl. Elisabeth von Thüringen (1207–31) eine Kapelle. Bei deren Renovierung 1963 legte man mittelalterliche Wandmalereien frei. Die ältesten Fresken, eine Gerichtsszene an der Ostwand hinter dem Altar, stammen noch aus der Entstehungszeit der Kapelle. Zu sehen ist auch die verehrte Elisabeth, die schon bald nach ihrem frühen Tod heilig gesprochen wurde. Ebenfalls erhalten blieb eine Darstellung der Burg Lauenstein. Auf dem weiträumigen Anger oberhalb der kleinen Kirche leuchtet ein Blumenmeer. Als Anger bezeichnete man einen Dorfplatz in Gemeinbesitz, den alle Bewohner nutzten. Oft wurde das Vieh über Nacht auf dem Anger in Sicherheit gebracht. Doch zur Zeit des Zweiten Weltkrieges wuchsen hier Kraut und Rüben und Hopfen für die örtliche Brauerei: Krautsteinbach nennt der Volksmund seitdem diesen Ort.

Abstieg in niedere Gefilde – Höllental und Höllenfahrt An der Grenze zu Thüringen verläuft die **Saale-Panoramastraße** ❸. Die ursprünglich nur 10 km lange Strecke entlang der Saale bietet wunderbare Aussichten auf den Fluss und den benachbarten Naturpark

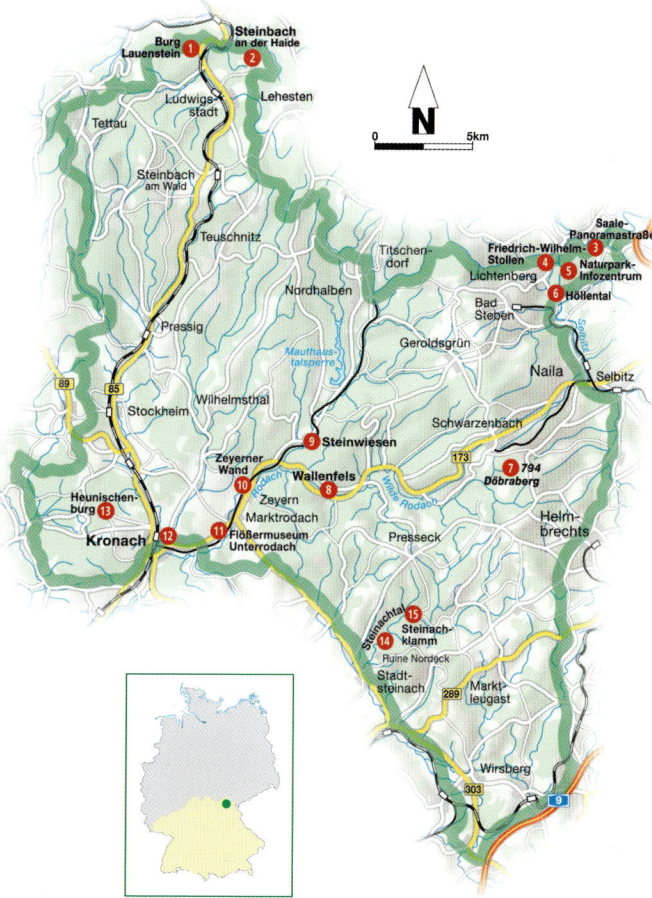

Naturpark Frankenwald

> **BEKASSINE** *(Gallinago gallinago)*
>
>
>
> Die Bekassine ist in Deutschland vom Aussterben bedroht. In den ungestörten Feuchtwiesen der Frankenwaldtäler findet sie angemessenen Lebensraum und Brutplätze. Noch Mitte des 19. Jahrhunderts wurde die Bekassine intensiv gejagt. Mit einer Körperlänge zwischen 25 und 28 cm zählt sie zu den mittelgroßen, einheimischen Schnepfenarten. Auffallend ist der sehr schnelle Flug, bei Gefahr mit vielen Haken versehen. Nahrung findet die Bekassine im Schlamm in flachgründigem Wasser.

Im ⮕ **Höllental** ❻ entwickelt das kleine Flüsschen Selbitz eine erstaunliche Kraft; bis zu 170 m tief hat es sich in das vulkanische Diabasgestein gegraben. Die Quelle liegt auf 605 m Höhe bei Wüstenselbitz, nach 40 km mündet das Flüsschen bei Blankenstein in die Saale. Im etwa 4 km langen Höllental verliert die Selbitz gleich 50 m an Höhe; das Wasser strömt schnell und erzeugt genug Kraft für den Betrieb eines kleinen Kraftwerks, das schon seit 1888 Energie erzeugt. Die Wasserqualität im Höllental ist so gut, dass man aus Tiefenquellen Mineralwasser gewinnt.

Enge Täler prägen den Frankenwald. Von wirtschaftlicher Bedeutung war einst die Rodach, ein rechter Nebenfluss des Mains. Sie hat zwei Quellflüsse: Die Rodach entspringt 690 m hoch am Rennsteig, die Wilde Rodach am Südhang des **Döbraberges** ❼, der mit 794 m höchsten Erhebung des Frankenwaldes. In früherer Zeit wurde die Rodach für die Flößerei genutzt. Der Titschendorfer Floßteich (bei Nordhalben) und der Floßteich beim heutigen Gasthof Bischofsmühle (unterhalb des Döbraberges) waren Ausgangspunkte, von denen Holz aus dem Frankenwald über Kronach und Frankfurt bis in die Niederlande transportiert wurde. In **Wallenfels** ❽ an der Wilden Rodach kann man eine Floßfahrt ohne die damaligen Strapazen erleben: Jeweils samstags, von Mai bis September, schaukeln erfahrene Flößer auf den wackligen Stämmen Touristen etwa 5 km von Schnappenhammer nach Wallenfels. Mit 30 Gästen an Bord durch Brücken und über Wehre – da bleiben weder Hemd noch Hose trocken (Anmeldungen unter www.wallenfels.de).

Es hat nicht Ruh' bei Tag und Nacht Die Wasserkraft nutzte man früher auch für die zahlreichen Sägewerke an der Wilden Rodach, so etwa die Dorschenmühle und die Rauschenhammermühle. In **Steinwiesen** ❾ an der Rodach ist die seit 1122 bestehende Teichmühle noch heute voll funktionsfähig. Bei einer Besichtigung der Museumsmühle werden Funktionsweise und der Betriebsablauf an einem Schneidtag vorgestellt.

Der Steilabfall des Frankenwaldes zum Obermainischen Hügelland markiert eine geologische Verwerfungsspalte, die »Fränkische

Munter umfließt die Steinach mächtige Felsen, die ihr den Weg verstellen.

Die Schneidmühle im Steinachtal wurde 1982 von Düsseldorfer Studenten sorgfältig und fachgerecht restauriert.

Linie«. Bei Zeyern tritt am Prallhang der Rodach dieses geologische Phänomen zutage. An diesem natürlichen Aufschluss erkennt man die gesamte Schichtenfolge des Unteren Muschelkalks. Die **Zeyerner Wand** ⑩ steht seit 1985 unter Naturschutz und lässt sich auf einer 5 km langen Wanderung erkunden (von der B 173 Richtung Roßlach abbiegen, am Ortsausgang das Fahrzeug auf dem geschotterten Platz parken, von dort auf den Flößerweg entlang der Rodach).

Folgt man dem Weg weiter, gelangt man zu dem **Flößermuseum Unterrodach** ⑪. Es ist in einem ehemaligen Floßherrenhaus untergebracht, von denen in Unterrodach noch einige zu sehen sind. Sie zeigen, dass man es mit der für den Frankenwald so bedeutsamen Flößerei durchaus zu Wohlstand bringen konnte.

Aus dem Waldesdunkel ans Licht Kulturelles Glanzlicht des Frankenwaldes ist die Stadt ➡ **Kronach** ⑫, über der die mächtige Festung Rosenberg aus dem 13. Jahrhundert thront. Die schöne Altstadt schmiegt sich an den Burgberg und wird von der erhalten gebliebenen Stadtmauer umschlossen. Das Haus »Zum Scharfen Eck« ist vermutlich das Geburtshaus (1472) von Lucas Cranach d. Ä., der sich nach seiner Heimatstadt benannte. Seine Bilder hängen in der Fränkischen Galerie auf der Festung Rosenberg. Wenige Kilometer vor den Toren Kronachs (in Richtung Mitwitz/Coburg) erhebt sich auf dem Wolfsberg eine der ältesten Steinbefestigungen in Mitteleuropa, die **Heunischenburg** ⑬. Sie wird in die Bronzezeit datiert. Eine rekonstruierte Torgasse mit Ausfallpforte und hölzernem Turm kann besichtigt werden.

Zwischen Wildenstein und Stadtsteinach hat sich das Flüsschen Steinach das romantische ➡ **Steinachtal** ⑭ gegraben. Munter dreht sich das Wasserrad der alten Schneidmühle von 1865. Sie wurde 1982 von Studenten der Fachhochschule Düsseldorf restauriert und wieder in Gang gebracht. Wenig weiter erhebt sich die Ruine Nordeck inmitten eines Naturreservates. Nur der Stumpf des Bergfrieds blieb erhalten. Prächtig ist der Pflanzenreichtum zu ihren Füßen: Storchenschnabel, Maiglöckchen, Haselwurz, duftende Minze, Kleines Immergrün und schmackhafte Walderdbeeren. Vom Fischreichtum der Steinach kann man sich in der Räucherei unterhalb der Burgruine überzeugen.

Schließlich verengt sich das Tal bei Wildenstein zu einer Klamm, an der sich mächtige Quarzfelsen gegenüberstehen. Um die romantische **Steinachklamm** ⑮ ranken sich Legenden: Als die Steinach an einer großen Felswand nicht weiterkam, bat sie den Gott Thor, den Weg mit seinem Hammer frei zu machen. Zum Dank musste die Steinach die Waffenschmiede des Gottes antreiben.

6 Naturpark Fichtelgebirge
Europäische Hauptwasserscheide zwischen Nordsee und Schwarzem Meer

ANFAHRT
Auf der A 9 Nürnberg–Leipzig bis zur Ausfahrt Gefrees, auf der Landstraße weiter in Richtung Selb, hinter Weißenstadt links zum Großen Waldstein; nächstgelegener ICE-Bahnhof in Nürnberg

LAGE
Im Nordosten Bayerns an der Grenze zu Tschechien, zwischen Hof, Bayreuth und Mitterteich

GRÖSSE
1020 km^2

HÖCHSTE ERHEBUNG
Schneeberg (1051 m)

GRÜNDUNG
1971

INFORMATION
Naturpark Fichtelgebirge
Jean-Paul-Straße 9
95632 Wunsiedel

TELEFON
09232/80 423

INFOHÄUSER
In Warmensteinach, Wunsiedel und Mehlmeisel

INTERNET
www.naturpark-fichtelgebirge.org
www.ti-fichtelgebirge.de

»Der Granit lässt mich nicht los«, befand Dichterfürst Goethe, als er 1785 zum ersten Mal das Fichtelgebirge besuchte. Granit-Felstürme, Blockmeere und das Luisenburg-Labyrinth sind die Wahrzeichen des mächtigen Gebirgszuges in Oberfranken. Selten gewordene Pflanzen wie Arnika, Bärwurz und Knabenkraut gedeihen prächtig, aber auch große, weiß leuchtende Margeritenwiesen schmücken die Landschaft. Mit etwas Glück lässt sich sogar ein Auerhahn beobachten, der sich bevorzugt mit den Blaubeeren des Waldes stärkt. Nach Osten flacht das Fichtelgebirge sanft ab. Die Flüsse Eger und Röslau durchströmen romantische Täler; ihre Ufer sind von binsenreichen Nasswiesen und Mädesüßfluren gesäumt. Solche naturnahen Talräume sind eine wahre Schatzkammer; sie bieten Lebensraum für Eisvogel, Biber und Fischotter. Im schnell fließenden, kühlen Wasser lebt die sehr seltene Flussperlmuschel. So viel Natur – trotzdem kommt die Kultur keineswegs zu kurz. Schöne Stadtsilhouetten, wie beispielsweise die von Thierstein und von Hohenberg, schmücken die Hügel, eine vielfältige Kulturlandschaft mit Hohlwegen, Felsenkellern, Hutungsresten und Steinmauern ziert das Gebirge. Die Menschen spüren die starken Kräfte der Erde, sie fühlen sich vom Fichtelgebirge magisch angezogen.

Alte Felsen und historische Mauern Zu Recht trägt der Waldstein den Zusatz »Groß«. Auch wenn die höchsten Berge des Fichtelgebirges die 1000-m-Marke übertreffen, zählt der ➡ **Große Waldstein** ❶ mit einer Höhe von 877 m zu den schönsten und meistbesuchten Gipfeln in Oberfranken. Bietet er doch mit einer von mächtigen Steinquadern übersäten Bergkuppe, der Ruine Rotes Schloss, der nahen Saalequelle und dem schönen Ausblick alles, was das Fichtelgebirge ausmacht. Die historischen Zeugnisse des Großen Waldsteins reichen zurück bis in die Jungsteinzeit, besiedelt war er etwa seit dem 8. Jahrhundert. Das Rote Schloss wurde während der Bauernkriege 800 Jahre später vom Schwäbischen Bund zerstört. Dass das unterhalb des Gipfels liegende Waldsteinhaus auch mit dem eigenen Fahrzeug angesteuert werden kann, dürfte die Beliebtheit des Berges nur fördern. Die kurze Wanderung zur Saalequelle (2,5 km) führt durch einen reizvollen, farnreichen Bergahorn-Buchen-Wald.

Wälder und Fluren, auf den Höhen Städtchen wie Hohenberg an der Eger sind charakteristisch für das Fichtelgebirge.

FELSFORMATIONEN

Als »Blockmeere«, »Matratzenlager«, »Felsenlabyrinthe« und »Wollsäcke« werden die verschiedenen Felsformationen des Fichtelgebirges bezeichnet. Blockmeere heißen die unregelmäßig an Hängen abgestürzten Felsblöcke. Ein sehr schönes Beispiel findet sich am Haberstein bei Bischofsgrün ❽. Felsenformationen aus Granit treten in Schichten auf, wie gestapelte Matratzen. Probeliegen kann man beispielsweise auf dem Gipfel des Großen Waldsteins ❶, wo auch der eindrucksvolle Teufelstisch (Bild) zu finden ist. Felsenlabyrinthe sind kreuz und quer liegende mächtige Felsen, wie in Luisenburg ⓮ bei Wunsiedel, das größte und imposanteste in Europa. Hier sind auch Wollsäcke zu finden, gewaltige, mit Moosen und Flechten bewachsene Granitblöcke.

Ein Gebirge wird geboren Am Großen Waldstein und am 3,5 km nördlicher liegenden **Kleinen Waldstein** ❷ (829 m) lässt sich die Entstehungsgeschichte des Fichtelgebirges studieren. In vier Schüben stiegen die markanten Granite in dieser Region an die Erdoberfläche. Auffallend sind die Schüssel oder auch Opferkessel genannten Aushöhlungen, die durch natürliche Erosion entstanden. Die größte dieser Schüsseln krönte einst den Aussichtsfelsen auf dem Großen Waldstein. In Erwartung eines Besuchs des bayerischen Königs Max II. im Jahr 1851 meißelte man jedoch kurzerhand ihre Ränder ab und installierte eine überdachte Aussichtskanzel. Besser überstanden hat diesen königlichen Besuch der sogenannte Teufelstisch, ein imposanter Granitklotz, auf dem der Sage nach Kobolde mit eisernen Karten spielen.

Naturpark Fichtelgebirge

Noch sind solche blühenden Margeritenwiesen zu finden, beispielsweise im Natur-Kurpark von Bischofsgrün.

Südlich vom Großen Waldstein erhebt sich der **Rudolfstein** ❸ bis auf eine Höhe von 866 m, eines der beliebtesten Wanderziele im Fichtelgebirge. Auch dieser Berg ist mit Granitfelsen gepflastert, auch hier wachte einst eine Höhenburg, das Alte Schloss. Vom Wanderparkplatz in der Ortschaft Meierhof führt ein etwa 2 km langer Weg zum Gipfel (Anstieg 200 m). Zurück geht es vorbei an hoch aufragenden Granittürmen, »Drei Brüder« genannt, (ca. 3,5 km; Alternative: Wanderparkplatz bei Schönlind).

Der **Geologische Lehrpfad Leupoldsdorf** ❹ beginnt einen Ort weiter an der Vordorfer Mühle (Wanderparkplatz) und führt zum Leupoldsdorfer Hammer und durch das Röslautal zurück. Besucht werden der Steinbruch Fuchsbau und ein ehemaliges Zinnbergbaugebiet. Über Geologie und die einst bedeutende bergbauliche Nutzung wird an 28 Stationen des Weges berichtet. Der bequeme Rundwanderweg eignet sich auch für Familien mit Kindern.

Wer mehr Gipfel im Fichtelgebirge erobern möchte, kann sich im Dorf Röslau einen Überblick verschaffen. Unmittelbar am Ortsausgang erhebt sich 605 m hoch ein Hügel, von dem bei guter Sicht der Blick auf die wichtigsten Berge des Gebirges fällt und der daher **Zwölfgipfelblick** ❺ getauft wurde.

Die Krone des höchsten Berges gebührt dem **Schneeberg** ❻ mit 1051 m, leicht zu erkennen an seinem massiven Turm. Das einstige Militärgelände wird derzeit renaturiert, der Aussichtsturm Backöfele ist wieder frei zugänglich.

Auf der Beliebtheitsskala ganz oben steht der **Ochsenkopf** ❼. Bequem und wettergeschützt schwebt die ganze Familie mit der Seilbahn von Bischofsgrün-Fleckl auf den 1024 m hohen Gipfel, zu Goethefelsen und Sendeturm. Nervenkitzel für Jung und Alt garantieren die zehn Steilkurven der 1000 m langen Sommerrodelbahn bei Bischofsgrün (ab Zwischenstation Seilbahn). Im Winter hingegen lockt der Ochsenkopf Ski- und Snowboard-Fahrer auf die Abfahrtsstrecken Nord (ca. 2300 m) bzw. Süd (ca. 1900 m). Langläufer finden ein Netz von markierten und gut präparierten Loipen vor.

Im heilklimatischen Kurort **Bischofsgrün** ❽ lohnt sich ein Spaziergang durch den Natur-Kurpark, dem die Stadtwerbung gar geheimnisvolle spirituelle Kräfte zuschreibt. Im Park wurden mehrere ergometrisch vermessene Kurwege verschiedener Schwie-

Frühling im Fichtelgebirge, die schönste Zeit auch für Buchfinken auf blühenden Fichtenzweigen

rigkeitsgrade angelegt. Im Juni erwärmen die blühenden Wildkräuterwiesen des Natur-Kurparks die Seelen der Naturfreunde. Die inzwischen vielerorts selten gewordenen Margeriten wachsen im unteren Teil der Kurparkanlage noch in großer Anzahl.

Mit Bergmannshelm und Grubenlampe Als idealer Ausgangspunkt für die Erkundung des Fichtelgebirges dient seit über 1000 Jahren der Luftkurort Fichtelberg. Hier verläuft die Europäische Wasserscheide mit den Quellflüssen des Mains und der Naab. Die Naab fließt nach Süden Richtung Donau, der Main nach Westen zum Rhein. Der Sage nach hatten beide Flüsse einst einen gemeinsamen Ursprung in einem wasserreichen Hochmoor. Das ➭ **Fichtelseemoor** ❾ ist auf einer Fläche von 54,6 ha geschützt, ohne jede forstwirtschaftliche Nutzung und Pflege. Mit dieser Maßnahme gelang es, Zwergsträucher, Kräuter, Gräser und Torfmoose sowie den Bestand der Sumpfföhre (Spirke) wirkungsvoll zu schützen. Den südlichen Teil bildet der künstliche, rund 10 ha große Fichtelsee, der gerne als Naturfreibad genutzt wird. Einen Blick in das Innere des Fichtelgebirges gestattet der Besuch des Silbereisenbergwerks »**Gleißinger Fels**« ❿. Mit Grubenlampe und Bergmannshelm geht es durch schulterenge Stollen in die Tiefe. Wo sich der Stollen weitet, sind silberglänzende Schichten und 20 Millionen Jahre alte Gesteinszeichnungen zu sehen. Das Besucherbergwerk liegt im Fichtelberger Ortsteil Neuhaus, in Richtung Oberwarmensteinach.

In Oberwarmensteinach berichtet das **Freilandmuseum Grassemann** ⓫ über das harte Leben der Bergbauern im Fichtelgebirge. Das Schwärzer-Haus wurde 1698 als schindelgedeckter Blockbau errichtet und blieb samt Inventar bis heute erhalten. Wegen des rauen Klimas war der Ertrag der Landwirtschaft gering, die Bewohner von Grassemann mussten sich zusätzlich als Berg- und Waldarbeiter verdingen. Zum Museum gehört eine Naturpark-Information (Telefon 09277/61 05, Nov.–Dez. geschlossen).

Am Westhang des Ochsenkopfs liegt der Kurort **Bad Berneck** ⓬, in dem der Kurpark mit

Ruhe und Entspannung bietet der Kurpark von Bad Berneck mit der schönen Neuen Kolonnade von 1889.

»Drei Brüder« – so nennt man den Goethefelsen, die Tränengrotte und die Hardenberggrotte im Felsenlabyrinth Luisenburg auch.

seinen schönen Kolonnaden zu einem Besuch einlädt. Im Dendrologischen Garten, nach seinem Gründer auch »Rothers Park« genannt, wachsen zahlreiche exotische und heimische Baumarten. Führungen werden angeboten.

Zwischen Natur und Kunst Im ehemaligen Spital des Städtchens Wunsiedel ist das ⇒ **Fichtelgebirgsmuseum** ⓭ untergebracht. Seit 1908 sammelt man in dieser Schatzkammer die Zeugnisse einer traditionsreichen Landschaft. Auf insgesamt vier Stockwerken werden die Themen Handwerk, Wohnkultur, Regional- und Naturgeschichte behandelt. Besonders beeindruckend ist die Mineraliensammlung mit fluoreszierenden Steinen. Dieser Effekt tritt nicht nur bei radioaktiven Uranmineralien auf, sondern findet sich auch bei den Gesteinen Calcit, Apatit, Scheelit und Willemit. Ein kleiner Raum widmet sich dem berühmtesten Sohn der Stadt, dem Dichter Jean Paul. Nur wenige Häuser entfernt wurde er 1763 als Johann Paul Friedrich Richter geboren, ein Zeitgenosse Goethes. Jean Paul wuchs in ärmlichen Verhältnissen auf und hinterließ zahlreiche, seinerzeit viel gelesene Romane, die gerne in einem altfränkischen Milieu spielen. Seine eigenwillige, oft humoristische Erzählkunst ragt jedoch weit über die volkstümliche Literatur mit Lokalkolorit hinaus. Er starb 1825 erblindet in Bayreuth.

Sein Kollege Johann Wolfgang von Goethe begeisterte sich für das ⇒ **Felsenlabyrinth Luisenburg** ⓮ bei Wunsiedel, dessen »ohne alle Richtung und Ordnung übereinander gestürzte Felsen mir einen Anblick gaben, dessengleichen mir auf allen meinen Wanderungen nicht wieder vorgekommen«. Schrieb's und fügte eine wissenschaftliche Erkenntnis des Entstehungsmechanismus hinzu: »Der aus großen Tiefen nach oben drängende Granit hatte das Deckgebirge angehoben; durch Verwitterung verschwand dasselbe im Laufe von Jahrmillionen, während der harte Granit stehen blieb.« Erst 1790 machte man den wilden Nordostteil des Kösseine-Massivs begehbar und nannte ihn nach der preußischen Königin Luise; Felsen und Grotten erhielten die Namen von Königen und Dichtern. Eine Kletterpartie durch das Labyrinth dauert eine Stunde. Die erste Freilichtbühne Deutschlands, zusammen mit dem Felsengarten eröffnet, bietet ein buntes Sommerprogramm. Sportlich Interessierte können rund um die Luisenburg die Stöcke schwingen. Acht

WALDHAUS MEHLMEISEL

Mehr als ein Waldmuseum: Hier sind junge Umweltdetektive unterwegs; sie sehen, riechen, hören und fühlen Wald und Wasser, Bäume und Blumen, kleine und große Tiere. Eine interaktive Ausstellung informiert über das Ökosystem Wald. In den Freigehegen lassen sich Rothirsche und Wildschweine beobachten und auch gerne füttern (Bild). Das interessante Waldhaus (Ausschilderung) liegt etwa 2,5 km oberhalb des Ortes Mehlmeisel südlich vom Fichtelseemoor ❾.

Routen unterschiedlicher Schwierigkeit sowie Einsteigerkurse und Nachtläufe organisiert das Nordic-Walking-Zentrum Luisenburg. Durch das Felsenlabyrinth gelangt man auch zur **Kösseine** ⓯. Kürzer ist der Weg vom Wanderparkplatz Fahrenbach (zwischen Nagel und Tröstau). Den 939 m hohen Gipfel schmückt ein Aussichtsturm und das ganzjährig bewirtschaftete Kösseinehaus des Fichtelgebirgsvereins. Übernachtungen sind möglich. Südlich der Kösseine steht in **Brand** ⓰ das Geburtshaus Max Regers (1873–1916). Hier schrieb er 1898–1901 einen Teil seiner Kompositionen – Musik, die als schwierig für Hörer und Interpreten gilt. Die bekanntesten Werke, die Mozartvariationen und Klarinetten-Quintette, entstanden in seinen letzten Lebensjahren. Das Max-Reger-Gedächtniszimmer kann nur nach Vereinbarung besichtigt werden.

Vom rohen Stein zum Porzellan Das Städtchen Selb, nahe der tschechischen Grenze, ist bekannt für seine herausragenden Porzellane. Im **Europäischen Industriemuseum für Porzellan** ⓱ kann man sich auf eine Zeitreise durch die Geschichte der Porzellanherstellung begeben. Das Museum ist in einer alten Porzellanfabrik von 1866 eingerichtet, etwas außerhalb von Selb (Richtung Schönfeld).
Nicht weniger traditionsreich sind die Techniken der Stein- und Holzkohlegewinnung, die man in ➠ **Häuselloh** ⓲, einem südöstlich gelegenen Stadtteil Selbs, kennenlernen kann. Der Schausteinbruch Häuselloh zeigt die Kunst des Steinbrechens und der anschließenden Bearbeitung. Bis 1976 wurde hier ein Granit gewonnen, aus dem wegen

Schwefelgelb färben Flechten das felsige Ufer der schnell dahinfließenden Eger.

Ungewohnt ist so eine Exkursion durchs Moor, aber spannend und lehrreich.

seiner Feinkörnigkeit und Eisenarmut die Kollergänge (Mahlwerke) für die Porzellanindustrie hergestellt wurden.

Eng verbunden mit dem Schausteinbruch ist das alljährliche Meilerfest der nahen Köhlerei Häuselloh. Im waldreichen Fichtelgebirge war Holzkohle ein natürlicher und effektiver Energielieferant. Diese wurde in Meilern – schwelende, mit Erde abgedeckte Holzhaufen – gewonnen. An die 100 Meilerplätze sind hier bekannt. Der Meiler der Köhlerei Häuselloh wird jedes Jahr im Mai aufgebaut und im Juni angezündet.

Zum Programm gehört eine 2,5-stündige Exkursion ins nahe Häusellohmoor. 150 Jahre lang wurde hier Torf abgebaut, zunächst als Brennstoff, später auch als Heiltorf. Seit 1991 wird das 66,5 ha große Naturschutzgebiet renaturiert und bietet vielen Tier- und Pflanzenarten (50 davon auf der Roten Liste) Lebensraum. Vom schmatzenden Untergrund trennen den Naturfreund lediglich einige dünne Planken. Über den Spirken (Sumpfföhren) schweben seltene Alpenprachtlibellen. Bei diesen Übergangsmooren tritt nicht die typische Oberflächenwölbung auf, da stets eine Verbindung zum Grundwasser bestand. Häuselloh ist von der Stadtumfahrung Selb ausgeschildert. Vom Wanderparkplatz sind es 1,3 km zum Meilerplatz, zum Moor weitere 300 m (nicht ausgeschildert).

Weiter südlich liegt das verträumte Städtchen **Hohenberg an der Eger** ⑲. Die berühmteste Selber Porzellanfabrik hat hier ihren Ursprung. Carl Magnus Hutschenreuther gründete 1822 die erste Porzellanmanufaktur, nachdem er jahrelang mit der Herstellung des »Weißen Goldes« experimentiert hatte. Das

> **SCHLÜSSELBLUME** *(Primula elatior)*
>
> Schon im zeitigen Frühjahr locken die Frühlingsboten in die Wälder, aber auch auf feuchten Wiesen und am Bachrand leuchten ihre hellgelben Blüten. Die Hohe Schlüsselblume mag im Gegensatz zur Echten Schlüsselblume feuchte Standorte. Der Nektar der Schlüsselblume befindet sich tief unten in der Blütenröhre, es kommen daher nur langrüsselige Arten wie Hummeln und Schmetterlinge als bestäubende Insekten infrage. Die geschützte Pflanze kommt auf feucht-basischen Wiesen in ganz Mitteleuropa vor.

DAS EGERTAL

Ausgangspunkt für einfache Wanderungen in zwei verschiedene Richtungen durch das Egertal [20] ist der Wanderparkplatz Wellerthal bei Silberbach. Flussaufwärts begleitet ein schattiger Weg den Wasserlauf bis zur Siedlung Blumenthal: eine Handvoll Häuser, dazu die fischreichen Mühlenteiche (Bild) und ungewöhnliche Stille. Hier kann man seine Angelleidenschaft befriedigen. Dann weitet sich das Tal, und alsbald ist der kleine Stausee Leupoldshammer erreicht. Unterhalb des Kraftwerks überquert ein Holzbrückchen die Eger, und auf der gegenüberliegenden Seite des Flusslaufs gelangt man zum Ausgangspunkt zurück (4 km, einfach zu gehen). Flussabwärts erreicht man rasch den Granitfelsen Hirschsprung, von Schwefelflechten gelb gefärbt. Erlen und Weiden säumen das Ufer, hell hebt sich im Frühjahr blühender Pestwurz gegen das dunkle Wasser ab. Weitere 2 km sind es am Egerstau vorbei bis zur Königsmühle. Derselbe Weg führt wieder zurück.

Deutsche Porzellanmuseum Hohenberg dokumentiert 200 Jahre Porzellankultur.

Durch das romantische Egerland In der alten staufischen Burg Hohenberg aus dem Jahr 1222 ist neben einer Jugendherberge und einem Schullandheim eine Ökologische Bildungsstätte eingerichtet worden. Diese unternimmt grenzüberschreitende Exkursionen in das **Egertal** [20]. Die gefundenen Objekte werden im hauseigenen Labor untersucht (Information unter www.oekoburg.de).

Die Eger entspringt am Nordwesthang des Schneeberges in 752 m Höhe und fließt 291 km ostwärts zur Elbe. Der Name ist keltischen Ursprungs und bedeutet so viel wie schnell, flink. Zwischen Schwarzenhammer und Hohenberg liegt der landschaftlich reizvollste Abschnitt des Tales. Von der Quelle bis zur tschechischen Grenze begleitet den abwechslungsreichen Flusslauf ein bequemer Weg. Eine kurze Wanderung zu den romantischsten Plätzen ist im Kasten »Das Egertal« (oben) beschrieben.

Hohenberg an der Eger schätzt man nicht nur als Ausgangspunkt für schöne Wanderungen in das herrliche Egerland.

7 Naturpark Steinwald

Aus hartem Urgestein haben Wind und Wetter bizarre Felsen geformt

ANFAHRT
Auf der A 93 Hof–Regensburg bis zur Ausfahrt Falkenburg, dann nach Erbendorf und von dort weiter nach Pfaben; mit der Bahn nach Wiesau

LAGE
Im nördlichen Bayern zwischen Fichtelgebirge und Oberpfälzer Wald

GRÖSSE
246 km²

HÖCHSTE ERHEBUNG
Platte (946 m)

GRÜNDUNG
1970

INFORMATION
Naturpark Steinwald
Phaben 18
92681 Erbendorf

TELEFON
09682/93 31 08

INTERNET
www.naturpark-steinwald.de

Mächtige Granitfelsen überragen die dicht mit Nadelhölzern, Rotbuchen und Ebereschen bewaldeten Hänge und Bergrücken. Sie gaben dem Steinwald, einem wahren Märchenwald, den Namen. Farne und Moose, auch der Siebenstern blühen im Verborgenen. In den Baumwipfeln verstecken sich Spechte, Habichte und Waldkäuze. Auerwild und Schwarzstörche gibt es in geringer Zahl. Das kleine Gebirgsmassiv zieht sich als Ausläufer des Fichtelgebirges von Südwesten nach Nordosten. Sein tiefster Punkt liegt mit 483 m an der Fichtelnaab, seine höchste Erhebung bildet die Platte, die mit 946 m zugleich höchster Punkt der nördlichen Oberpfalz ist. Der kleinste der bayerischen Naturparks erfreut sich aufgrund seiner Abgeschiedenheit und Urwüchsigkeit besonderer Beliebtheit.

Märchenwald zwischen bizarren Felstürmen Das Walddorf **Pfaben** ❶ hat sich dank seiner Wanderwege und Loipen in reizvoller Landschaft einen Namen gemacht. Mehrere schöne Rundwanderwege führen von hier durch den Steinwald. Die ➡ **Tannenzapfenfelsen** ❷, die imposanteste der Felsformationen, sind nur wenige hundert Meter vom Parkplatz entfernt. Ein blaues Rechteck auf weißem Grund kennzeichnet den Weg, der als Waldlehrpfad weiter bergan bis zum Oberen Saubadfelsen führt. Handgemalte Schilder berichten von der Entstehung dieser Wald- und Steinlandschaft, über Tier- und Pflanzenwelt. Der Pfad ist nicht immer leicht zu finden, denn der Fichtenwald bleibt sich hier selbst überlassen.

Vom **Oberen Saubadfelsen** ❸, der über eine steile Treppe erklommen werden kann, hat man einen weiten Blick auf die sich im Abendlicht rötenden Felsen des Steinwaldes: in der Ferne die Kuppen des Fichtelgebirges, näher die Vulkankegel von Armesberg und Rauhem Kulm. Wem das nicht genügt, der wird weiterwandern zu den Huberfelsen, den Räuberfelsen oder zum Durchbrochenen Felsen.

Unweit des Oberen Saubads liegt das Waldhaus mit **Rotwildgehege** ❹. Das 4 ha große Gehege besteht schon seit 1970; zum Rudel gehören hell

PFARRKIRCHE WALDECK

Der äußere Anblick der 1731 geweihten Kirche St. Johannes Nepomuk in Waldeck ❾ lässt kaum erahnen, welche barocke Pracht sich im Kircheninneren entfaltet. Als 1794 der Marktflecken Waldeck samt Kirche niederbrannte, wurde das Dorf um St. Johannes  Nepomuk, damals nur eine nahe gelegene Wallfahrtskapelle, wieder aufgebaut. Die Kapelle war von ansehnlicher Größe. Ihre prächtigen Fresken von Otto Gebhard erinnern an die Werke des berühmten Rokokomeisters Cosmas Damian Asam, bei dem Gebhard als junger Mann gearbeitet hatte. Das Deckenfresko (Bild) berichtet vom Märtyrertod des 1729 heilig gesprochenen Johannes Nepomuk (1350-1393), der in Prag von der Brücke in die Moldau gestoßen wurde und noch heute als Brückenheiliger verehrt wird.

Wo die Felsen nicht nur beeindruckende Namen, sondern auch Gesichter tragen: die Tannenzapfenfelsen im Steinwald

getupfte Jungtiere, die im Frühjahr zur Welt gekommen sind. In der Brunftzeit, ab Mitte September, ist das laute Röhren der Hirsche schon von weitem zu vernehmen.
Am Waldhaus zweigt der Weg zur Platte ab. Von Pfaben bis zum Aussichtspunkt ➠ **Oberpfälzer Turm** ❺, hoch oben auf der Platte, sind es 8 km (Ausschilderung »Oberpfälzer Turm«). Der alte Turm, Wahrzeichen der Oberpfalz, wurde wegen Baufälligkeit im Jahr 2000 durch einen 33 m höheren Neubau ersetzt. Der Ausblick gilt als der schönste der Oberpfalz. Vom Oberpfälzer Turm ist es etwa eine halbe Wegstunde bis zur **Ruine Weißenstein** ❻, die sich rascher vom Parkplatz an der Straße Friedenfels–Poppenreuth erreichen lässt. Von der 1279 erstmals erwähnten Burg waren bis zum Jahr 1995 kaum mehr als der auf einer hohen Felsenklippe errichtete Bergfried sowie zwei einsturzgefährdete Mauerreste erkennbar. Nach umfangreichen Restaurierungsarbeiten bietet sie heute eine romantische Kulisse für Konzerte, Theateraufführungen und andere Kulturereignisse.

Quellen und Weiher – ein wasserreiches Land Der Steinwald ist reich an Quellen. Das Wasser sprudelt aus Felsspalten und hat eine gute Qualität. Hier findet man eine der eisenreichsten Quellen in ganz Europa: Das König-Otto-Bad bei **Wiesau** ❼ war bis in das letzte Jahrhundert hinein ein Kurbad und wird noch heute als Mineralwasserbrunnen genutzt.

Röhricht und Schilf säumen die naturnahe **Weiherlandschaft** ❽ um Muckenthal und entlang der Bahnlinie Reuth–Wiesau. Viele dieser wertvollen Naturräume entstanden als Fischteiche bereits im Mittelalter. Im Süden und Osten ist der Steinwald von den Basaltkuppen des Kemnather Landes und des Nördlichen Steinwaldes umgeben, deren markanteste Erhebungen der Parkstein bei Weiden und der Rauhe Kulm bei Kemnath sind. Der 641 m hohe Schlossberg bei ➠ **Waldeck** ❾ und der 731 m hohe **Armesberg** ❿ sind begehrte Ausflugsziele im Naturpark Steinwald.

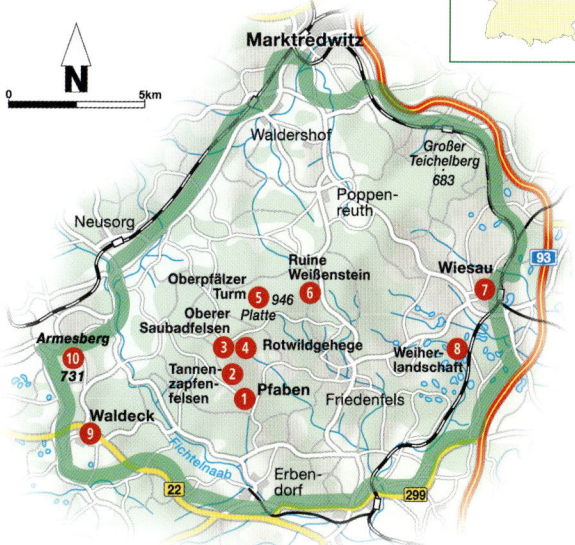

8 Naturpark und Biosphärenreservat Pfälzerwald
Kontrastreich: Rauhe Bergkuppen und sonniges Rebland in den Tälern

ANFAHRT
Auf der A 63 von Mainz Richtung Kaiserslautern bis zur Ausfahrt Winnweiler und über Alsenbrück-Langmeil weiter nach Sippersfeld; nächster Bahnhof ist Langmeil an der Alsenztalbahn (Kaiserslautern–Bingen)

LAGE
Im Süden von Rheinland-Pfalz an der Grenze zum französischen Naturpark Nordvogesen

GRÖSSE
1780 km²

HÖCHSTE ERHEBUNG
Kalmit (673 m)

GRÜNDUNG
1958, als Biosphärenreservat 1992

INFORMATION
Naturpark Pfälzerwald
Franz-Hartmann-Straße 9
67466 Lambrecht

TELEFON
06325/95 520

INFOHÄUSER
In Fischbach bei Dahn, Trippstadt und Bad Dürkheim

INTERNET
www.pfaelzerwald.de

Der Naturpark Pfälzerwald ist der nördliche Teil des UNESCO-Biosphärenreservats Nordvogesen-Pfälzerwald. Der Pfälzerwald und die Nordvogesen gehen als Naturräume nahtlos ineinander über. Sie bilden eine der ursprünglichsten Kultur- und Naturlandschaften Mitteleuropas und wurden 1998 als erstes grenzüberschreitendes Biosphärenreservat in Europa von der Weltkulturorganisation UNESCO anerkannt. Felstürme und Grotten, Aussichtskanzeln, Quellen, uralte Buchen, Eichen und Kiefern sowie die dem Straßenlärm entrückte Ruhe auf den Bergen machen Wanderungen im Naturpark zu unvergesslichen Erlebnissen. Der Pfälzerwald ist eines der größten geschlossenen Waldgebiete Deutschlands, doch immer wieder durchbrechen Buntsandsteinfelsen das Waldkleid und gewähren traumhafte Ausblicke auf das Felsen-, Burgen- und Waldreich zwischen Vogesen, Weinstraße, Westrich und Donnersberg. Ein Wahrzeichen für die Felsen des Pfälzerwaldes ist der Teufelstisch bei Hinterweidenthal, zu den sehenswertesten Burgen zählt das Burgendreigestirn Trifels, Anebos und Scharfenberg, im Volksmund »Münz« genannt.

Versteckte Wasser im nördlichen Pfälzerwald Der Stumpfwald im äußersten Norden dieses Naturparks ist eine nur von wenigen Kuppen durchbrochene Buntsandsteintafel, die vollständig von Wald bedeckt ist. In einigen seiner Täler wurden Teiche aufgestaut, die nach dem gleichnamigen Ort als **Sippersfelder Weiher** ❶ bezeichnet werden und ein beliebtes Naherholungsgebiet sind. Die idyllische Teichlandschaft ist durch Wanderwege erschlossen, einige Teiche wie der Retzbergweiher und die Pfrimmweiher im Quellgebiet der Pfrimm stehen unter Naturschutz, andere wie der Eiswoog werden als Badteiche genutzt. Der Retzbergwei-

Der bekannteste Felsen der Pfalz: Der Teufelstisch wirkt tatsächlich, als sei er auf übernatürliche Weise entstanden.

her ist bekannt für seine Schwimm- und Wasserpflanzen. Geschützte Amphibien laichen hier, und über dem Wasser tanzen Libellen. Noch weiter in tiefen Wäldern verborgen liegt zwischen **Battenberg** ❷ und Bad Dürkheim der **Ungeheuersee** ❸ mit seinen Schwingrasen und der Hütte des Pfälzerwald-Vereins. Dieser wunderschöne See im abgeschiedenen Krumbachtal ist ein Ausflugsziel, zu dem aus allen Himmelsrichtungen Wanderwege führen. Straßen sucht man hier jedoch vergeblich, und auch die nächsten Wanderparkplätze liegen alle etwa eine Gehstunde entfernt. Deshalb erfreuen sich See und Hütte großer Beliebtheit bei allen, die in Ruhe die wilde Schönheit des Pfälzerwaldes genießen wollen. Torfmoose, Verlandungszonen, Sumpfgräser und Binsen prägen die Vegetation in und an diesem nährstoffarmen Gewässer, an dem auch seltene Libellenarten eine Heimat gefunden haben. Faustkeilfunde belegen, dass sich auf dem plateauartig breiten Bergsporn zwischen Eckbach- und Krumbachtal schon in der Altsteinzeit Menschen wohlgefühlt haben. Im 13. Jahrhundert ließ Graf Friedrich III. von Leiningen die Burg Battenberg errichten, die 1689 von Soldaten des französischen »Sonnenkönigs« Louis XIV. zerstört wurde und als kolossale Ruine erhalten ist.

Interessant sind auch die »Blitzröhren« im Fels bei der Burg. Früher wurde angenommen, diese röhrenförmigen Gebilde seien durch Verhärtung bei Blitzschlag entstanden; tatsächlich ist der Sandstein hier mit Brauneisen und Ockererden angereichert und daher härter als der umgebende Sandstein. So ist der Ursprung der »Blitzröhren« nicht Blitzschlag, sondern Verwitterung.

Aussichtsreiche Höhenziele und stimmungsvolle Täler Die **Heidenmauer** ❹ ist eine frühkeltische Ringwallanlage auf dem Kästenberg, der sich links der Isenach oberhalb von Bad Dürkheim erhebt und einen wundervollen Blick über die Oberrheinebene hinweg zum Odenwald bietet. Der von knorrigen Kiefern, mächtigen Eichen und Kastanien (»Kästen«) überragte Steinwall ist 2 km lang, bis zu 11 m hoch und erreicht eine Breite von bis zu 6 m. Ein Naturlehrpfad folgt der Wallanlage durch stimmungsvollen Wald. Im Süden läuft die Heidenmauer gleichschenklig spitz zu, im Norden ist sie mondsichelförmig gerundet. Die Nord-Süd-Achse ist genau, die West-Ost-Achse annähernd exakt nach den Himmelsrichtungen ausgerichtet. Anders als keltische Viereckschanzen weist die Heidenmauer ein Nordtor auf, wenige Gehminuten nördlich von hier liegt der imposante Teufelsstein: ein 4 m hoher, sich nach oben verjüngender Buntsandsteinblock mit Näpfchen, Schalen und Rillen, die von den Krallen des Teufels stammen sollen. Wissenschaftler rätseln noch, ob Schale und Rinne auf dem Gipfel des Felsens eine Opferschale mit einer Abflussrinne für Blut darstellen und in der keltischen Hallstatt- bzw. La-Tène-Zeit in den Felsen eingetieft wurden oder ob sie durch natürliche Verwitterung entstanden sind. Die Legende berichtet, dass aus dem Teufelsstein

Naturpark und Biosphärenreservat Pfälzerwald

Das Deutsche Weintor in Schweigen-Rechtenbach markiert das Ende der Deutschen Weinstraße.

zuweilen »die weiße Frau« hervorkomme und als »Mutter Gottes« dem Bösen entgegentrete. Sitzbänke laden an diesem Naturdenkmal zur Rast ein. Die interessante Wanderung rund um die Heidenmauer kann man direkt am Pfalzmuseum für Naturkunde an der Herzogmühle beginnen.

Ein anderes lohnendes Ziel bei Bad Dürkheim ist der nur zu Fuß erreichbare **Drachenfels** ❺. Dieser Fels mit der Drachenhöhle und der Durchblickkammer ist das wuchtige, in Felswänden abstürzende Gipfelplateau des Hohen Berges. Die Sage bringt die Höhlen mit Fafnir in Verbindung, der hier in Drachengestalt den immensen Goldhort der Nibelungen gehütet haben soll. Von der Waldbauern-Gaststätte »Saupferch« aus führt ein steiler Pfad im Wald aufwärts, und der Wanderer erreicht nach etwa 45 Minuten das Drachenfels-Gipfelplateau am Westfelsen, der einen hervorragenden Ausblick auf das Kuppenmeer des Pfälzerwaldes bietet. Vom Westfels führt der Weg weiter über das breite, von mehreren Hundert Jahre alten Eichen, Buchen und Kiefern geschmückte Felsplateau, das als Naturschutzgebiet ausgewiesen ist. Auch auf dem Südfelsen, der zahlreiche Schalen, Näpfchen, Rinnen und Hörner im Buntsandstein aufweist, öffnet sich eine wunderbare Aussicht auf die Umgebung.

Während Heidenmauer und Drachenfels aussichtsreiche Höhenziele sind, zählt das **Poppental** ❻ bei Wachenheim an der Weinstraße zu den stimmungsvollsten Tälern des Pfälzerwaldes. Ein sanft ansteigender Pfad führt, dem Bach im bewaldeten Tal folgend, hinauf zur Steinernen Kelter, die als Naturdenkmal unter Schutz steht und ebenfalls als alter Opferstein gedeutet wird: In die tischähnlich flache Deckseite des Felsblocks ist eine rechteckige Vertiefung mit Abflussrinne eingehauen, die nahezu die gesamte Platte einnimmt. Eine auffällige Erscheinung bei der Keltenquelle, die man wenig später erreicht, ist ihr zeitweises Aussetzen: Ein Rumpeln im Berginneren kündigt das Aussetzen an, die Quelle hört auf zu fließen, wenig später ist das Wasser wieder da. An der Keltenquelle beginnt der schönste Abschnitt des Poppentals: Hier kann man nach Herzenslust endlos im Rauschen der Wälder wandern.

Dick bemooste Steine sind ein Markenzeichen der urtümlichen Karlstalschlucht bei Trippstadt.

Je weiter westlich man durch den Pfälzerwald streift, desto ruhiger wird das Gelände: Lang gestreckte Höhenrücken, tief eingeschnittene Täler und weite Hochflächen prägen die Landschaft um das **Johanniskreuz** ❼, das »Herz des Pfälzerwaldes« mit seinen uralten Eichen. Dort steht im Quellgebiet der Lauter die »Weltachs'«, ein Felsen, der den Mittelpunkt der Pfalz bezeichnet. Neben Burgruinen treten als lohnende Panoramapunkte mehrere Aussichtstürme, darunter der Luitpoldsturm auf dem **Weißenberg** ❽, in Erscheinung.

Im Westen befindet sich mit der ➡ **Karlstalschlucht** ❾ bei Trippstadt eines der urwüchsigsten Schluchttäler des Pfälzerwaldes. Das Naturschutzgebiet wartet mit von zahlreichen Pflanzen überwucherten Buntsandsteinfelsen auf, die wahrhaft wildromantisch anmuten. Man erreicht die Schlucht vom Parkplatz rechts an der Straße von Trippstadt nach Oberhammer aus.

Im Nordwesten gewährt die mächtige Sickingen-Burgruine **Nanstein** ❿ hoch über Landstuhl einen hervorragenden Ausblick. Im 16. Jahrhundert herrschte der berühmte Reichsritter Franz von Sickingen auf der Burg, die im 12. Jahrhundert errichtet wurde und zu den vielen Burgen Kaiser Barbarossas zählte. Im Sommer finden hier stimmungsvolle Freilichtspiele statt, die an das Leben des »letzten Ritters« Franz von Sickingen erinnern.

Hinauf zu den höchsten Höhen des Pfälzerwaldes Auf den vom Menschen genutzten Waldreichtum des Pfälzerwaldes verweist der ursprüngliche Name »Haardt«. Er bezeichnet bäuerlich genutzten Wald in bergigem Gelände und ist auch in Mittelgebirgsnamen wie Harz, Spessart und Rothaargebirge erhalten. Die Haardt-Wälder wurden in vergangenen Jahrhunderten als Waldweiden genutzt: Die hier lebenden Menschen entnahmen Holz als Brenn- und Baumaterial, sie harkten Nadeln und Laub zusammen und verwendeten beides als Einstreu in den Ställen sowie als Viehfutter. Darüber hinaus lieferten die Kastanienwälder in den unteren Lagen des Ostabbruches der pfälzischen Haardt seit römischer Zeit dem Weinbau Stangen für den Kammertbau (siehe Kasten »Kammertbau«). Als 1843 der Naturraum Pfälzerwald festgelegt wurde, blieb die Bezeichnung »Haardt« für den östlichen Teil des Pfälzerwaldes nördlich des Queichtales erhalten.

Dort erhebt sich hoch über der Deutschen Weinstraße mit 673 m die ➡ **Kalmit** ⓫, der höchste Berg des Pfälzerwaldes. Der Name leitet sich von dem lateinischen Begriff »calvus mons« (kahler Berg) ab. Die einstige »Kahlheit« ist inzwischen dichter Bewaldung gewichen, doch von der Terrasse vor dem Kalmithaus bietet sich eine wunderbare Aussicht über die Rheinebene hinweg. Von der Totenkopfstraße aus ist die Kalmit auf mehreren Wanderwegen zu erreichen, von denen einer durch das Felsenmeer auf dem Hüttenberg, einem steil nach Osten abfallenden Kammausläufer der Kalmit, führt: Dieses Felsenmeer ist ein von naturnahen Laubwäldern überdachtes Ensemble aus Einzelfelsen. Es entstand durch Frostsprengung und andere Verwitterungsvorgänge, durch die ein hier anstehendes, etwa 750 m langes Buntsandstein-Felsenriff zerlegt wurde; die abgesprengten Felstrümmer gerieten in Bewegung und rutschten die Hänge hinab.

Das Gebiet nördlich der Queich lockt mit einer Vielzahl spannender Ausflugsziele und Wandermöglichkeiten, die neben Natur auch zahlreiche Kulturdenkmäler einbeziehen: Die Ruine **Neuscharfeneck** ⓬ und der Orensfelsen mit fantastischem Blick über das Queichtal, der wunderschöne Aufstieg vom Weindorf St. Martin über den Ottilienberg und durch das Felsenmeer zur Kalmit, die Wald-

Ort der Legenden: In einer Höhle im Drachenfels soll der Goldschatz der Nibelungen verborgen gewesen sein.

Naturpark und Biosphärenreservat Pfälzerwald **43**

wanderung zum berühmten Hambacher Schloss und auf die Hohe Loog.

Das weithin sichtbare **Hambacher Schloss** ⑬ auf dem ringumwallten Kästenberg, einem aus der Haardtkette ins Rebland vorspringenden Kegel oberhalb von Diedesfeld, ist eine der bekanntesten Symbolstätten für die Entstehung der deutschen Demokratie. Das Hambacher Fest im Jahr 1832, an dem 20 000 bis 30 000 Menschen aus dem In- und Ausland teilnahmen, war die größte politische Protestkundgebung für ein freies, republikanisches Deutschland vor der Revolution von 1848. Auf der Veranstaltung wurden gewählte Volksvertretungen und die Errichtung der »Vereinigten Freistaaten Deutschlands« in einem konföderierten republikanischen Europa gefordert. Glockengeläut und Böllerschüsse leiteten das Fest am Morgen ein. Danach zogen die Teilnehmer – darunter auch zahlreiche Gäste aus Polen und Frankreich – in geordneten Festzügen vom Marktplatz in Neustadt an der Weinstraße zum Hambacher Schlossberg, schwarz-rot-goldene Abzeichen tragend. Wie es sich für eine ordentliche Demonstration gehört, gab es auch gut zu essen: Das für 1000 Personen vorbereitete Festessen war für die meisten Teilnehmer allerdings unerschwinglich. 1965 bis 1969 und 1979 bis 1982 wurde das Hambacher Schloss restauriert und umgebaut als museale Gedenkstätte des Hambacher Festes und als Ort für politische und kulturelle Veranstaltungen.

Wasgau – hier residieren die Fürsten der Felsen Südlich der Queich liegt eine der bizarrsten Buntsandsteinlandschaften Deutschlands: der ohne naturräumliche Grenze mit den Nordvogesen verbundene Wasgau – oftmals auch als Wasgenwald bezeichnet – mit dem Dahner Felsenland. Hier befinden sich neben dem Teufelstisch und den Altschlossfelsen die bekanntesten Felsen der Pfalz, darunter der **Trifels** ⑭ mit der »Burgendreifaltigkeit« hoch über dem Queichtal, der **Dahner Jungfernsprung** ⑮ über dem Wieslautertal, der **Drachenfels** ⑯ bei Busenberg mit seiner gewaltigen Felsenburganlage, die wieder aufgebaute Mittelalterburg **Berwartstein** ⑰, das »Neuschwanstein« des Pfälzerwaldes, und die **Wegelnburg** ⑱, die höchstgelegene Burg der Pfalz mit entsprechend einmaligem Ausblick. Diese Plätze zählen allesamt zu den Traumzielen des Wasgaues.

Der berühmteste Fels der Pfalz ist der nachts spektakulär beleuchtete ➡ **Teufelstisch** ⑲ bei Hinterweidenthal, der Legende zufolge errichtete ihn der Teufel, um darauf Mahlzeit zu halten. Geradezu wie im Lehrbuch zeigt dieser sagenumwobene Felsen die Verwitterungsvorgänge im Buntsandstein: Die tisch-

WILD- UND WANDERPARK BEI SILZ

Der Pfälzerwald geizt zwar nicht mit Naturerlebnissen – die scheue Tierwelt allerdings flieht meist vor den Menschen. Deshalb lohnt sich ein Besuch im Wild- und Wanderpark Südliche Weinstraße bei Silz ㉑. Auf zwei Rundwanderwegen kann man hier ganzjährig einheimische Tiere in freier Wildbahn beobachten, ohne Zäune und Gitter: kapitale Hirsche (Bild), Bergziegen, Mufflons und Esel – nur die Wildschweine und Wölfe sind durch einen Zaun vom etwa 8 km langen Wanderweg getrennt. Der Wegverlauf in dem rund 100 ha großen Gelände richtet sich u. a. nach der Jahreszeit: Brunftzeit der Hirsche im Herbst, Fütterungen im Winter, Aufzucht der Lämmer, Kälber und Frischlinge in Frühjahr und Frühsommer. Informationen unter www.wildpark-silz.de

Ehrwürdige Vergangenheit: Das Hambacher Schloss gilt als eine Wiege der Demokratie in Deutschland.

plattenähnlich verwitterte Schicht aus massivem, verkieseltem, fest verbundenem Sandstein widersteht der Erosion erfolgreicher als die darunter liegende Schicht aus weicherem Sandstein, der zu einem »Sockel« geschrumpft ist und irgendwann ganz verschwunden sein wird. Dass auch die »Tischplatte« langsam verwittert, zeigen deutlich die herabgestürzten Felsbrocken, die überall zu Füßen des Teufelstisches liegen.

Bei Eppenstein kann das großartige Felsenriff der ➡ **Altschlossfelsen** ⓴ bestaunt werden. Es ist das längste Buntsandsteinriff der Pfalz und ein Naturwunder im Biosphärenreservat Nordvogesen-Pfälzerwald. Das 1,5 km lange Ensemble mit bis zu 35 m hohen Felstürmen in der Ostflanke des Brechenberges zeigt in spektakulären Formen nahezu alle Verwitterungsformen im rotem Buntsandstein des Wasgaues: Türme, Überhänge, Höhlen, Quergänge, Kamine und Kugelsteinbildungen, hinzu kommen feinste Farbschattierungen und luftwurzelige Bäume – zu jeder Jahreszeit bieten sich hier unvergessliche Farbschauspiele und Naturerlebnisse. Die Altschlossfelsen liegen am Wanderweg vom pfälzischen Luftkurort Eppenbrunn in das lothringische Kirchdorf Roppeviller; der grenzüberschreitende Wanderweg trägt den Namen des aus der Pfalz stammenden Altbundeskanzlers Helmut Kohl, der diese herrliche Wanderung oftmals unternahm.

Der Erholungsort **Silz** ㉑ liegt im Wasgau im Klingbachtal, zu erreichen über die B 48 Bad Bergzabern–Annweiler am Trifels (in Klingenmünster abzweigen). Südlich von Silz befindet sich der sehenswerte Wild- und Wanderpark Südliche Weinstraße – ein lohnendes Ausflugsziel für die ganze Familie.

KAMMERTBAU - HISTORISCHE REBENERZIEHUNG

Der Kammertbau ist die älteste Art der Rebenerziehung: Bis zum Aufkommen des Drahtes wurden die Weinreben an Holzgerüsten »erzogen«, danach wurde der Kammertbau durch die Drahtrahmenerziehung fast völlig verdrängt. Die Bezeichnung »Kammert« geht auf die Römer zurück, die diese Art des Weinanbaus hier heimisch machten: Die Wachsrichtung der Rebe wurde durch vier senkrecht angeordnete Pfähle mit aufgelegten Balken vorgegeben. Das kammertartige Gebilde (lat. vinea camerata, Weinkammer) wurde namengebend für den Kammertbau, der außer den eigentlichen »Kammern« die unterschiedlichsten Formen der Erziehung umfasste – von der geschlossenen bis zur offenen Kammer, von der Einpfahlerziehung bis zur Pergola. Die historische Weinberganlage »Kalmitwingert« in Ilbesheim (westlich von Landau) an der Deutschen Weinstraße zeigt zahlreiche Varianten des Kammertbaus. Südlich vom Hambacher Schloss ⓭ liegt bei Edenkoben der mit etwa 300 Jahren älteste Weinberg (Bild) Deutschlands.

9 Naturpark Bergstraße-Odenwald
Stille und Fröhlichkeit – zwischen Maintal und Bergstraße

ANFAHRT
Auf der A 67 bis zur Ausfahrt Lorsch; nächstgelegene ICE-Bahnhöfe in Heidelberg und Darmstadt

LAGE
In den Bundesländern Hessen und Bayern, südöstlich von Darmstadt und nördlich von Heidelberg; begrenzt durch den Rhein im Westen, den Main im Osten sowie Darmstadt im Norden

GRÖSSE
2517 km²

HÖCHSTE ERHEBUNG
Melibokus (517 m)

GRÜNDUNG
1960

INFORMATION
Naturpark Bergstraße-Odenwald
Nibelungenstraße 41
64653 Lorsch

TELEFON
06251/70 79 90

INFOHAUS
In Bensheim-Auerbach

INTERNET
www.geo-naturpark.de

Seit 2004 ist der Naturpark Mitglied im »Global Network of Geoparks« der UNESCO. Unter dem Motto »Zwischen Granit und Sandstein – Kontinente in Bewegung« stellt diese Region ein einzigartiges Fenster in über 500 Millionen Jahre wechselvoller Erdgeschichte dar. Das geologische Erbe ist Fundament und Vorbedingung zugleich für die Besiedlung und Nutzung der Region wie auch für die vielfältige Kultur, die sich daraus entwickelt hat. Dieses Potenzial macht der Geopark erlebbar: Ziel ist es, das Zusammenwirken geologischer, naturräumlicher und kultureller Prozesse und ihre Bedeutung für die Umwelt und unser tägliches Leben anschaulich und verständlich zu vermitteln.

Königin unter den Rheinauen Ein besonderes Juwel hat das in der Rheinebene gelegene Städtchen **Lorsch** ❶ vorzuweisen: die Königshalle. Seit 1991 ist dieses Bauwerk Weltkulturerbestätte der UNESCO. Die Königshalle und die Reste einer romanischen Kirche sind die letzten Überbleibsel des einst so prächtigen Klosters Lorsch. Die Entstehungszeit des Portalbaus vermuten Wissenschaftler im 9. Jahrhundert. Sein heutiges Aussehen stammt aus dem 14. Jahrhundert. Der einstige Zweck des Bauwerkes ist nicht genau zu klären: War es eine Bibliothek oder vielleicht eine Schauhalle für Reliquien? Wer sich über die Königshalle und das Kloster kundig machen will, dem sei der Weg ins Museumszentrum Lorsch empfohlen. Im Klostermuseum zeigt eine Computersimulation, wie die Anlage früher einmal ausgesehen haben mag. Zwei weitere Museen sind hier untergebracht: Das Tabakmuseum dokumentiert, welch wichtige Rollen der Tabakanbau und die Tabakverarbeitung in Lorsch und Umgebung vom Ende des 17. bis zum Ende des 20. Jahrhunderts gespielt haben. Die Alltagskultur Hessens in vergangenen Zeiten vermittelt das Museum für Volkskunde (geöffnet Di–So 10–17 Uhr).

Eine etwa 16 km lange Schlinge des Altrheins zwischen Stockstadt und Erfelden umschließt das mit 2400 ha größte Naturschutzgebiet Hessens: ➡ **Kühkopf und Knoblochsaue** ❷. Eine Rheinbegradigung 1828/29 trennte das Gebiet vom Rheinverlauf ab und ließ eine große Mäanderstromaue entstehen. Bei Hochwasser wird das Naturschutzgebiet immer wieder überflutet – so entsteht ein Lebensraum mit einem unglaublichen

Nicht nur für Kinder ein kleines Kletterparadies: das beeindruckende Felsenmeer in Lautertal-Reichenbach

Artenreichtum von Pflanzen und Tieren: Es gibt mehr als 250 Vogelarten, darunter den seltenen Mittelspecht, die Nachtigall und den Schwarzmilan. Einen Ausflug ins Kühkopfgebiet beginnt man am besten am Parkplatz Stockstädter Brücke nördlich von Stockstadt. Hier befindet sich auch das Informationszentrum Kühkopf, das alles Wissenswerte zum Naturschutzgebiet und den Wegeverlauf dokumentiert. Sieben Rundwanderstrecken führen auf befestigten Wegen durch das Naturschutzgebiet – wegen des empfindlichen Untergrundes dürfen sie nicht verlassen werden. In die Knoblochsaue gelangt man von Erfelden aus, Parkplätze und Wanderwege sind ausgeschildert.

Wo einst die Fürsten lagerten Drei Sehenswürdigkeiten liegen im westlichsten Winkel des Naturparks eng beieinander: Melibokus, Schloss Auerbach und Fürstenlager. Die Tour beginnt in Bensheim-Auerbach, auf Serpentinen geht es bergauf bis zum Wanderparkplatz Not Gottes. Ein Rundweg (Nr. 6) führt zum Aussichtsturm auf dem kristallinen Kegel des **Melibokus** ❸. Der Blick von hier reicht weit über die Höhen des Odenwalds bis zu den Bergzügen des Spessarts. Für den Rundweg sollte man 1,5 Stunden einplanen. Anschließend geht die Fahrt auf derselben Straße ein kleines Stück zurück zum **Schloss Auerbach** ❹. Von der Aussichtsterrasse kann man den Ausblick in die Rheinebene genießen. Die gut erhaltene Ruine beherbergt ein Restaurant, das Rittermahle und -spiele anbietet. Bergabwärts führt die Straße dann ins Tal, wo man nach wenigen Minuten links zum Staatspark ⇒ **Fürstenlager** ❺ abbiegt. Am Anfang der Entstehung des Fürstenlagers im Jahr 1739 stand eine mineralische Quelle. Doch erst 1790, unter Ludwig X.,

SCHIFF AHOI

Von Miltenberg ⓭ (Bild) aus per Schiff den Main kennenlernen: Die Kleine Rundfahrt dauert eine Stunde und führt über Kleinheubach nach Bürgstadt und zurück. Wer etwas mehr Zeit mitbringt, wählt am besten die Große Rundfahrt. Sie führt in 1,5 Stunden über Kleinheubach nach Freudenberg und zurück. Gleich zwei Schleusen durchfährt man bei einem Tagesausflug nach Wertheim. Dreimal in der Woche geht es per Schiff in dieses malerische Mainstädtchen. Die zwei Stunden Aufenthalt bieten willkommene Gelegenheit zu einem Bummel durch die Altstadt und einem Besuch im Glasmuseum.

einem der Landgrafen von Hessen-Darmstadt, begann man mit dem Ausbau der Anlage zur Sommerresidenz. Der im englischen Stil angelegte Landschaftspark erhielt im 19. Jahrhundert exotische Bäume, heute mächtige Exemplare. Spazierwege führen u. a. an Libanonzedern, Sumpfzypressen und an einem Riesen-Lebensbaum vorbei. Im »Fremdenbau« befindet sich ein Infozentrum des Naturparkvereins und eine Ausstellung zur Geschichte des Fürstenlagers.

Naturpark Bergstraße-Odenwald 47

Felsenmeer, Bergtierpark und Fenster zur Urzeit Ein eindrucksvolles Naturdenkmal kann man im Lautertaler Ortsteil Reichenbach erwandern: das **Felsenmeer** ❻. Tausende gerundete Steinblöcken aus Diorit bedecken die Hänge des Felsberges. Ursprünglich bildete das Tiefengestein ein großes Massiv, das verwitterte und ausgewaschen wurde. Übrig blieben die abgeschliffenen Gesteinskerne. Vom ausgeschilderten Parkplatz bei Lautertal-Reichenbach erreicht man in wenigen Minuten den unteren Rand des Felsenmeeres. Einige Felsblöcke zeigen noch die Bearbeitungsspuren römischer Steinmetze. Während die Erwachsenen die Felsformationen am geologischen Lehrpfad studieren, können Kinder auf den Steinen klettern oder den schön angelegten Spielplatz besuchen.

Der Bergtierpark **Erlenbach** ❼ oberhalb des gleichnamigen Ortes, zeigt Tiere von fünf Kontinenten – heimische Arten wie Damhirsch, Gämse und Alpensteinbock oder Känguru, Mähnenspringer, Yak und Tahr aus fremden Ländern (geöffnet Mo–Sa 10–19 Uhr, So 9 Uhr, im Winterhalbjahr bis Einbruch der Dunkelheit).

»Das Fenster zur Urzeit«, so wird die ▶ **Grube Messel** ❽ auch genannt. Deutschlands einzige Naturwelterbestätte steht seit 1995 auf der Liste der UNESCO. Man erreicht sie von Messel aus, das an der Straße von Darmstadt nach Rödermark liegt; sie ist sehr gut ausgeschildert. Vor 47 Millionen Jahren fand hier ein Vulkanausbruch statt. Der Krater füllte sich zuerst mit Schuttmassen des Kraterwalls, dann mit Wasser. Unter tropischen Bedingungen setzten sich feinste Partikel und abgestorbene Algen am Seegrund ab. Das machte die Verhältnisse dort lebensfeindlich, und der See wurde für zahlreiche Lebewesen zu einer tödlichen Falle. Aufgrund des Fehlens von Sauerstoff fanden keine Zersetzungs- oder Fäulnisprozesse statt. Durch die Überdeckung mit abgesunkenen Algen wurden die Lebewesen als »Zeitzeugnisse« im Faulschlamm gesichert; das Wasser sickerte ab, fester Ölschiefer entstand. Etwa 1,5 Millionen Jahre Artenentwicklung konservierte der See, bevor er vollständig verlandete. Die berühmtesten Funde sind das Große und das Kleine Urpferdchen. Der bisher in der Grube Messel identifizierte Bestand umfasst mehrere hundert Arten aus den Gattungen Pflanzen, wirbellose Tiere, Fische, Amphibien, Reptilien, Vögel und Säugetiere. Zum Teil handelt es sich dabei um Vorläufer der heutigen Tierwelt, aber auch um Tiergruppen aus der Saurierzeit. Fundstücke aus der Grube sind im Heimatmuseum Messel zu besichtigen (geöffnet April–Okt. Di–So 14–17, So 10–12, Nov.–März Sa 14–16, So 10–12, 14–16 Uhr). An der Grube selbst kann man von einer Aussichtsplattform einen Blick in die Erdgeschichte werfen. Im Besucherzentrum gibt es Infos rund um die Grube.

Von Orgelklang und Parzival Das ist wirklich ein schöner Platz zum Bauen, hat sich der Bauherr gesagt: Vor etwa 1800 Jahren ließ ein Römer eine »villa rustica« (im Landhausstil) auf einem aussichtsreichen Fleck bei Hummetroth errichten. Die **Villa Haselburg** ❾ ist gut ausgeschildert. Anhand der freigelegten Grundmauern kann man sich eine Vorstellung von diesem luxuriösen Bau machen: Sanitäranlage, Badehaus und Heizung sind gut zu erkennen. Ein ausgelegtes Faltblatt führt durch die Anlage und ein Modell des Gutshofes zeigt, wie er vielleicht einmal ausgesehen hat.

Nicht ganz so alt, dafür weit bekannter und gut erhalten ist das gotische Rathaus von ▶ **Michelstadt** ❿, das 1484 erbaut wurde. In der offenen Rathaushalle fanden einst die Sitzungen des Zehntgerichtes statt, im Ober-

Die Sommerresidenz derer zu Hessen-Darmstadt kann man im Staatspark Fürstenlager bei Bensheim bewundern.

Zu einer kleinen Stärkung lädt das Stadtcafé am Lindenplatz in Michelstadt die Besucher des Naturparks ein.

geschoss hingegen tagte das »Ehrbare Gericht«. Durch die Fußgängerzone erreicht man die Kellerei, die zwei Museen beherbergt: Das Odenwaldmuseum widmet sich der Geschichte der Region und dem Thema »Römer im Odenwald«. Das Spielzeugmuseum begeistert die kleinen Besucher mit historischem Spielzeug (geöffnet täglich 10–17 Uhr). Im Michelstadter Ortsteil Steinbach sollte man die Einhardsbasilika besuchen. Sie gilt als eines der am besten erhaltenen Bauzeugnisse der Karolingerzeit (Öffnungszeiten unter www.michelstadt.de). Am Parkplatz der Basilika beginnt ein kulturhistorischer Wanderweg.

Wenn aus Pfeifen Töne kommen, kann das schon ein echtes Erlebnis sein! Lassen Sie sich verzaubern in der Abteikirche **Amorbach** ⓫. Die klangprächtige Barockorgel, von den berühmten Orgelbauern Gebrüder Stumm in acht Jahren ab 1774 geschaffen, lässt mit ihren 5116 Pfeifen und einem Glockenspiel die hervorragende Akustik des Gotteshauses voll zur Geltung kommen. Mit etwas Glück kann man das bei einer Führung durch den Grünen Saal, die Bibliothek und die Abteikirche selbst erleben.

Wolfram von Eschenbach soll auf der **Ruine Wildenburg** ⓬ bei Preunschen gedichtet haben, tief im Odenwald. Geblieben ist von des mittelalterlichen Dichters Ort nur eine Ruine, aber eine eindrucksvolle. Steht man vor den Resten des großen Kamins im Palas, kann man sich vorstellen, dass Wolfram sie in seiner Parzivaldichtung als Vergleich zum riesigen Kaminfeuer in der Gralsburg heranzog. In Preunschen folgt man der Beschilderung zum Watterbacher Haus und dessen Parkplatz. Hier beginnt der 15-minütige Weg zur Wildenburg (Markierung rote liegende Raute). Wahrscheinlich handelt es sich beim Watterbacher Haus um das älteste Bauernhaus des Odenwalds: erbaut 1475, zweimal versetzt, bis es schließlich Mitte der 1990er-Jahre als Waldmuseum hier in Preunschen seine letzte Nutzung fand. Im Mittelpunkt stehen der Wald, seine Bewirtschaftung und natürlich die Geschichte des Watterbacher Hauses selbst (Informationen gibt es im Rathaus Kirchzell, www.kirchzell.de oder Telefon 09373/97 430).

Seine Lage an dem wichtigen Handelsweg zwischen Frankfurt und Nürnberg machte **Miltenberg** ⓭ im Schutz der um 1200 erbauten Mildenburg früh zu einer florierenden Stadt. Zeugnis dieser Zeiten ist die schöne Altstadt, die man von Westen durch das Würzburger Tor betritt. Hier steht auch das wohl älteste Gasthaus Deutschlands, Zum Riesen, das aus dem Jahr 1590 stammt. Einen herrlichen Blick über das Maintal und auf die andere Talseite zum Kloster Engelburg gibt es vom Weg durch das Schnatterloch zur Mildenburg. Zwei schöne Wanderwege seien noch empfohlen: der Römerweg und die Wanderung zum Kloster Engelberg (Informationen bei der Touristinformation Miltenberg, Engelplatz, Telefon 09371/40 41 19).

10 Naturpark Neckartal-Odenwald
Gneis, Granit und Buntsandstein – geologische Besonderheiten am Neckar

ANFAHRT
Auf der A 6 und der A 5 nach Weinheim; nächstgelegene ICE-Bahnhöfe in Heidelberg und Darmstadt

LAGE
In Baden-Württemberg östlich von Heidelberg und nördlich von Heilbronn; im Norden schließt sich der Naturpark Bergstraße-Odenwald an.

GRÖSSE
1300 km²

HÖCHSTE ERHEBUNG
Katzenbuckel (626 m)

GRÜNDUNG
1980

INFORMATION
Naturpark Neckartal-Odenwald
Kellereistraße 36
69412 Eberbach

TELEFON
06271/72985

INFOHAUS
In Eberbach

INTERNET
www.naturpark-neckartalodenwald.de

Die Landschaftsformen sind geprägt vom geologischen Untergrund. Während sich im Grundgebirge aus Gneis und Granit sanfte Muldentäler gebildet haben, ist dies im Buntsandstein eher selten. Hier sind es meist waldreiche Hochflächen, die das Landschaftsbild bestimmen. Die wenig ertragreichen Böden des Buntsandsteins machten Rodungen unwirtschaftlich. Ursprünglich herrschten hier Laubwälder vor, die inzwischen durch Misch- oder Nadelwälder verdrängt wurden.

So vielgestaltig die Landschaft, so vielfältig ist auch ihre Tier- und Pflanzenwelt. Die Wälder beheimaten die häufigen Wildarten Hirsch, Reh und Wildschwein. Hier ist auch der Siebenschläfer noch oft anzutreffen, seltener bekommt man den Gartenschläfer und die Haselmaus zu sehen. Die Vogelwelt präsentiert als Besonderheit die in den Steinbrüchen brütenden Wanderfalken und Uhus. Die größte Rarität des Naturparks aber ist die ungiftige Äskulapnatter.

Ein wenig mediterran Sind es die exotischen Baumriesen und engen Gässchen, oder ist es die Lage des Marktplatzes mit seinen Straßencafés? Ein wenig mediterrane Stimmung kommt schon auf in ➡ **Weinheim** ❶. Man parkt am besten auf den ausgeschilderten Flächen nahe dem Rathaus. Dort befindet sich auch der Eingang des Weinheimer Schlossparks mit dem kleinen Anlagensee, Vogelvolieren und Kinderspielplatz. Im sich anschließenden Exotenwald sind rund 140 verschiedene Baumarten zu bewundern. 1872 ließ Freiherr von Berckheim hier kleine Wäldchen mit exotischen Baumarten pflanzen, die auf drei unterschiedlich langen, ausgeschilderten Rundwegen erkundet werden können. Am Rathaus – dem ehemaligen Schloss – vorbei führt der Weg in die Weinheimer Altstadt. Über den historischen Marktplatz erreicht man durch heimelige Gassen das ausgeschilderte Museum im ehemaligen Deutschordenshaus. Hier erfährt der Besucher Wissenswertes zur Weinheimer Geschichte (geöffnet Di–Sa 14–17, So 10–17 Uhr, www.museum-weinheim.de).

Die bezaubernde Altstadt von Weinheim bietet dem Naturparkbesucher auch zahlreiche kulturelle Attraktionen.

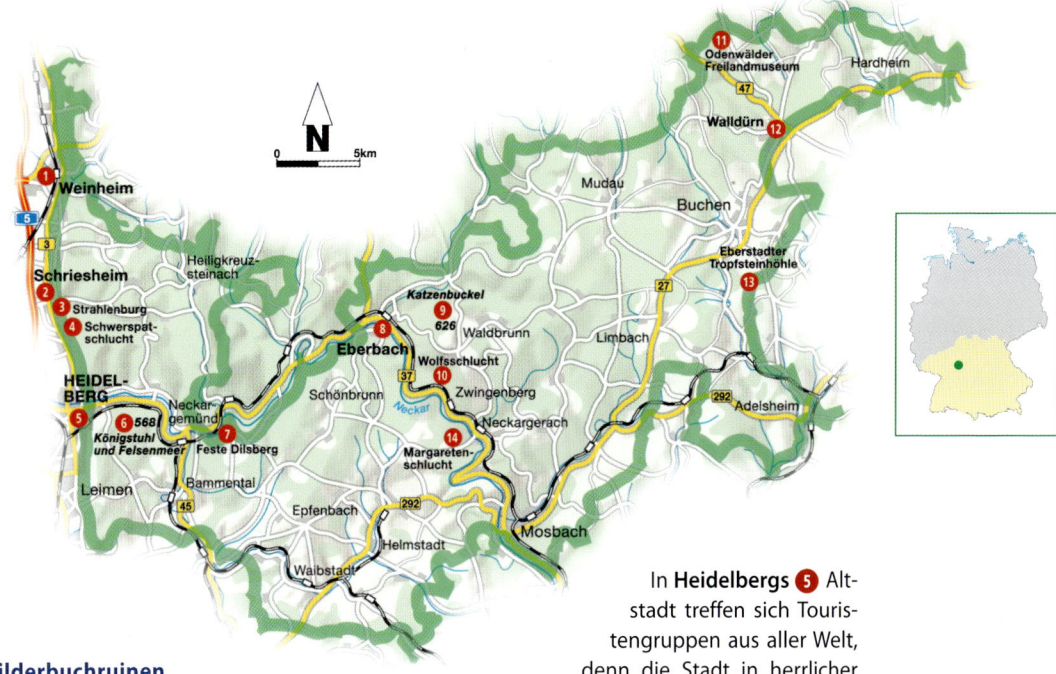

Bilderbuchruinen, tiefe Stollen und ein Felsenmeer

Im Weinstädtchen **Schriesheim** ❷ gibt es nicht nur einen guten Tropfen und eine sehenswerte Altstadt, sondern auch viel zu besichtigen. Am besten parkt man am Rathaus. Von dort sind es etwa 20 Minuten durch die Talstraße zum Besucherbergwerk »Grube Anna-Elisabeth«. Schon vor über 500 Jahren suchten Bergleute dort nach Silber und später nach Eisenvitriol. Führungen vermitteln einen Eindruck von der Arbeit unter Tage, besonders interessant ist die »Erlebnisführung«, die in die tiefste Sohle führt (geöffnet Ende März bis Anfang November, So und Feiertage 11–16.30 Uhr). Hoch über Schriesheim thront die **Strahlenburg** ❸, heute ein Gasthof mit herrlicher Aussichtsterrasse. Eigentlich gibt es nur noch die halbe Burg: Im 15. und 16. Jahrhundert suchten Feuer und Feinde das Festungswerk heim. 1733 erlaubte der Kurfürst den Abbruch, um mit dem Baumaterial die Weinberge zu schützen. Der Weg zur Burg ist in Schriesheim ausgeschildert.

In der **Schwerspatschlucht** ❹ baute man unter Tage und auch im Tagebau Baryt ab, ein Mineral, das in der Farbenindustrie verwendet wird. Um den Weg zur imposante Schwerspatschlucht zu finden, gibt es im Rathaus eine Karte. Auf einer beachtlichen Länge haben Bergleute bis zu 10 m tief eine Klamm in den Berg gegraben.

In **Heidelbergs** ❺ Altstadt treffen sich Touristengruppen aus aller Welt, denn die Stadt in herrlicher Neckarlage steht auf den Reiseplänen vieler Veranstalter. Einen Rundgang sollte man sich nicht entgehen lassen. Den besten Blick über die Stadt genießt man von den Terrassen des Heidelberger Schlosses. Mit der Zahnradbahn geht es steil den Berg hinauf. Im Schloss selbst ist das wahrscheinlich größte Fass der Welt zu besichtigen, das allerdings nie so richtig dicht war. Außerdem beherbergt das Schloss das »Deutsche Apothekenmuseum« mit einigen originalgetreuen Apothekeneinrichtungen vergangener Zeiten (geöffnet April–Okt. täglich 10.15–18 Uhr, Nov.–März täglich 10–17.30 Uhr). Von den Spazierwegen entlang des Schlossgrabens kann man hinunter ins Neckartal und auf die schöne Stadt Heidelberg sehen.

Zwei weitere Attraktionen, die nur eine Zahnradstation weiter erreicht werden, sind ➡ **Königstuhl und Felsenmeer** ❻. Der 568 m hohe Königstuhl bietet mit seinem Aussichtsturm einen schönen Blick über die Stadt sowie über den Odenwald. Zu den beeindruckenden Felsformationen des Naturschutzgebietes Felsenmeer führt eine etwa einstündige Wanderung, die am Parkplatz Königstuhl beginnt. Auf bis zu 300 m Breite bedecken Buntsandsteinblöcke den Nordhang des Berges. »Via naturae« – Weg der Natur: So heißt der 8 km langen Walderlebnispfad, der ebenfalls am Parkplatz beginnt.

Im Odenwälder Freilandmuseum in Gottersdorf erfährt man alles darüber, wie sich das Landleben früher gestaltete.

Mit vielen Bildtafeln versucht er, dem Menschen den Wald als Teil der eigenen natürlichen Lebensgrundlage näher zu bringen.

Eine der prächtigsten Burgen des Neckartals in schöner Lage ist die ➠ **Feste Dilsberg** ❼ bei Neckargemünd. Erstmals 1208 erwähnt, wurde sie im 15. Jahrhundert zu einer mächtigen Festung ausgebaut. Sie widerstand dann auch manchen Angriffen, aber 1826 schien ihr Schicksal besiegelt: Da keine Nutzung in Aussicht war, gab die badische Domänenkammer die Burg zum Abbruch frei. Die Rettung brachte die Romantik: Der Schriftsteller Mark Twain und der Maler William Turner entdeckten die Feste und machten das mauerumgürtete Dilsberg (Stadtteil von Neckargemünd) mit seiner mächtigen Ruine zum beliebten Ausflugsziel. Empfohlen sei noch ein Gang durch die Neckargemünder Altstadt zum fachwerkgesäumten Marktplatz.

Auch die Altstadt von **Eberbach** ❽ ist sehenswert. Zwei Türme der Stadtbefestigung sind noch erhalten und können zu einem Blick über die Stadt bestiegen werden. Neben der Stadtgeschichte und der Geologie der Region widmet sich das Museum der Neckarschifffahrt und dem Fischfang (geöffnet Di–Fr 15–17 Uhr, Sa, So 14–17 Uhr). Wer Näheres über den Naturpark und seine Eigenheiten erfahren möchte, besucht das Naturpark-Zentrum im Thalheim'schen Haus, dem ältesten Steinhaus in Eberbach. Auf mehreren Stockwerken sind Lebensräume, landschaftliche und geologische Besonderheiten ansprechend dargestellt. Für Kinder gibt es viel zu probieren (geöffnet Di–Do 14–16.30 Uhr).

Ein erloschener Vulkan und Museen der besonderen Art Der **Katzenbuckel** ❾ ist mit 626 m die höchste Erhebung des Odenwalds. Die »Ruine« des längst erloschenen Vulkans lässt interessante Rückschlüsse auf die frühere geologische Beschaffenheit des Mittelgebirges zu. In einem Steinbruch fanden sich Reste von Juragestein, das sonst in dieser Landschaft nicht vorkommt. Vor Urzeiten muss eine andere, mehrere hundert Meter mächtige Gesteinsschicht über dem heute dominierenden Buntsandstein gelegen haben, die in Jahrmillionen abgetragen wurde. In Waldkatzenbach folgt man der Beschilderung »Katzenbuckel« bis zum Parkplatz Burgschenke. Von dort führt der Weg in etwa zehn Minuten zum Gipfel. Hier hat man neben einer herrlichen Rundumsicht, die manchmal sogar den Stuttgarter Fernsehturm einschließt, auch die Möglichkeit, den »Wald- und Naturlehrpfad Katzenweg« einzuschlagen, der in etwa 1,5 Stunden zurück nach Waldkatzenbach führt.

BURGENWANDERWEG

Was liegt näher, als im burgenreichen Naturpark eine Wanderung von Burg zu Burg zu unternehmen? Gegenüber von Neckargerach (südlich von Zwingenberg an der B 37), nicht weit von der Margaretenschlucht ⑭ entfernt, liegt die imposante Minneburg (Bild). Zwei ausgeschilderte Wanderparkplätze sind der Ausgangspunkt für den Weg hinauf zu dieser gut erhaltenen Ruine. Der weiträumige Palas ist mit repräsentativen Räumen auf drei Etagen zu besichtigen und vermittelt eine Vorstellung vom Wohnen und Leben im Mittelalter. Der markierte Burgenwanderweg führt dann über 8,5 km auf der Höhe am westlichen Talrand flussabwärts hinüber zur Ruine Stolzeneck.

Auf dem Weg durchs Neckartal fällt zuerst die prächtige Zwingenburg ins Auge. Dass sich neben der Burg auch die **Wolfsschlucht** ❿ bei Zwingenberg erkunden lässt, wird erst bei einer Wanderung auf den Burgberg deutlich (Wanderwegetafel am Bahnhof Zwingenberg). Die Burg selbst ist leider nur zu Festspielzeiten bei Führungen zu besichtigen. Am Burgeingang geht es rechts hinab in die wildromantische Klamm, die der Bach über Jahrmillionen in den Buntsandstein gegraben hat. Umgestürzte Bäume, rieselndes Wasser und mächtige Farne zeigt diese urtümlich wilde Natur.

»Wie lebte man einst auf dem Land?« Diese Frage wird im ➡ **Odenwälder Freilandmuseum** ⓫ trefflich beantwortet. Es weist eine Vielzahl an Gebäuden vor, die hier in Gottersdorf originalgetreu wieder aufgebaut und zumeist mit der Originalausstattung versehen wurden. Es gibt zwei »Ortschaften«, eine dritte ist geplant. Außerhalb des Geländes liegen das Großbauernhaus Schüßler und ein Kleinbauernhof mit wechselnden Sonderausstellungen. (Info www.freilandmuseum.com, Telefon 06286/320).

Ein Museum anderer Art kann man im benachbarten **Walldürn** ⓬ besuchen. Das Stadt- und Wallfahrtsmuseum hat neben der Stadtgeschichte einen weiteren Schwerpunkt: Vergangenheit und Gegenwart der Wallfahrt. Das überrascht eigentlich nicht in einem Ort, dessen Wallfahrt zum Heiligen Blut seit 600 Jahren begangen wird und zu der jährlich über 100 000 Pilger nach Walldürn kommen. Die reichhaltige Dauerausstellung informiert über die Entstehung der Wallfahrt im Mittelalter, ihre Entwicklung bis heute sowie über die wirtschaftliche Bedeutung für die einheimische Bevölkerung. Zielort der Wallfahrt zum Heiligen Blut ist die Walldürner Basilika, entstanden in ihrer heutigen Form in der Zeit zwischen 1698 und 1728. Mit ihrer prächtigen Innenausstattung zählt sie zu den schönsten Barockbauten im Rhein-Main-Gebiet.

Tiefe Höhle, schroffe Schlucht Der Zugang zur ➡ **Eberstadter Tropfsteinhöhle** ⓭ wurde 1971 entdeckt. Das Alter der Höhle schätzen Wissenschaftler auf 1 bis 2 Millionen Jahre, denn diese Zeit brauchen Stalagmiten und Stalaktiten, bis sie zu solch beeindruckenden Formationen angewachsen sind. Ohne Stufen (für Rollstuhlfahrer geeignet) führt der ca. 600 m lange Weg an sehenswerten Tropfsteinformationen vorbei (Information: www.tropfsteinhoehle.eu, Tel. 06281/27 80 oder 06281/31 155). Wer sich über Geologie und Natur rund um die Tropfsteinhöhle schlau machen will, dem sei der Geologische bzw. der Naturlehrpfad empfohlen. Eine Tafel am Parkplatz zeigt den Wegeverlauf.

Bei Neckargerach hat das Wasser des Flursbaches ein grandioses Naturdenkmal geschaffen: die **Margaretenschlucht** ⓮. Auf einer Länge von 450 m fällt der Bach über 130 m in die Tiefe. Mächtige Felsformationen hat er aus dem Gestein gespült, und in der feuchten Luft gedeiht eine an Moosen und Farnen reiche Flora. Allerdings ist Vorsicht geboten: Warnschilder weisen auf die Unsicherheit der Wege, auf Halteseile und die Notwendigkeit guter Ausrüstung hin. Ein Besuch lohnt sich trotzdem, denn der Weg zur Schlucht (ausgeschildert: unter der Bahnlinie hindurch, dann zweimal links halten; parken im Wohngebiet) führt am Hang entlang, mit grandiosen Aussichten auf die Flusslandschaft des Neckars, auf einem fast historischen Weg zum unteren Schluchteingang. Schon allein dieser Spaziergang ist wunderschön. Wer dann in die Schlucht einsteigen möchte, tut dies auf eigene Verantwortung.

Beim Wandern in der Margaretenschlucht bei Neckargerach ist Vorsicht geboten: Seile bieten stellenweise einen Halt.

11 Naturpark Steigerwald
Tiefe Wälder, blühende Wiesen und Weingenuss in malerischen Winzerorten

ANFAHRT
Auf der A 70 bis Haßfurt, dann über Donnersdorf, Falkenstein und Hundelshausen zum Zabelstein; nächstgelegene ICE-Bahnhöfe in Bamberg und Würzburg

LAGE
In Bayern zwischen der Aisch im Süden, dem Main im Norden, dem Steigerwaldvorland im Westen und dem Mittelfränkischen Becken im Osten

GRÖSSE
1280 km²

HÖCHSTE ERHEBUNG
Scheinberg (498 m)

GRÜNDUNG
1971

INFORMATION
Naturpark Steigerwald
Hauptstraße 1
91443 Scheinfeld

TELEFON
09162/12 424

INFOHAUS
In Scheinfeld

INTERNET
www.steigerwald-info.de

Der markante Steigerwald zieht sich durch Franken und Schwaben. Steil ragen die mit Rebgärten und Wäldern bedeckten Flanken des Steigerwalds vom flachwelligen Vorland bis zu Höhen von knapp 500 m auf. Von Osten her steigt das Gelände dagegen ganz sanft, fast unmerklich an. Die Landschaft wird von festen Sandsteinen des Keupers gebildet. Die Sandsteine verwittern zu armen Böden, gut ein Drittel bis die Hälfte des Steigerwalds ist daher Waldland geblieben. Buchen, darunter 200-jährige Baumveteranen, haben noch einen stattlichen Anteil, auch alte Eichen, an deren Früchten sich die Wildschweine laben und in den Kronen seltene Greifvögel wie der Rote Milan oder der Wespenbussard horsten. Am artenreichsten sind Flora und Fauna im Grenzsaum, in dem die Waldberge in die Weinberge übergehen, sich auf den besonnten Hängen dichte Hecken aus Weißdorn, Liguster und Pfaffenhütchen ausbreiten. Und innerhalb der Wälder bilden wiederum die Gründe und Täler mit ihren Weihern und Feuchtwiesen besonders wertvolle Lebensräume.

Franken aus der Vogelschau Am größten sind die Höhenunterschiede zum Vorland dort, wo sich der Main nahe an das Gebirge drängt und zusammen mit seinen Nebenflüssen schroffe Bergsporne aus der Sandsteinplatte gesägt hat, z. B. den **Zabelstein** ❶ oberhalb von Hundelshausen. Der nordwestlichste Ausläufer des Steigerwaldes bietet aus luftiger Höhe (488 m) vom Aussichtsturm einen Panoramablick auf das Maintal und das westliche Steigerwaldvorland, bei klarem Wetter ist in der Ferne die Rhön zu erkennen. Die Burgmannen der Ende des 17. Jahrhunderts zerstörten Veste Zabelstein konnten also Feind oder Beute rechtzeitig sichten. Der schweißtreibende Anstieg zur Höhe bleibt einem heute erspart; von Hundelshausen führt eine Straße zum Wanderparkplatz am Nordhang des Nußberges hinauf. Von dort spaziert man auf dem fast ebenen Waldweg in einer knappen halben Stunde zur Burgruine und zum Aussichtsturm.

Zu Füßen des Ebersbergs liegt der hübsche Ort Zell mit seiner Burgruine Ebersberg. Vom Parkplatz am südlichen Ortsrand führt ein interessanter Weg durch den ➡ **Böhlgrund** ❷. Das offene Wiesental mit seinem naturnahen Bachlauf, den Flachmooren und Feuchtwiesen, urwüchsigen Schluchtwäldern und ausgedehnten Buchenwäldern mit einem großen

Die Kirche St. Rochus südlich von Kloster Ebrach inmitten einer blühenden Sommerwiese

Das Innere der Klosterkirche von Ebrach beeindruckt mit seiner in üppigem Barock gehaltenen Ausstattung.

Anteil von Totholz gilt als eines der ursprünglichsten Täler im Steigerwald und als Waldregion von internationaler Bedeutung. Hier ist der bunt schillernde Eisvogel zu Hause, und in den von den Spechten gezimmerten Baumhöhlen findet die seltene Bechsteinfledermaus, eine echte Waldfledermaus, Unterschlupf. Maximal 30 cm Flügelspannweite weist der rund 10 g leichte Winzling auf; die blaugrau gefiederten Graureiher, die über dem Maintal bei ➠ **Eltmann** ❸ kreisen, spannen hingegen ihre Flügel mehr als 1,5 m weit. Die als Fischräuber gescholtenen Schreitvögel besitzen in Dippach am Main ihre größte Brutkolonie in Bayern (in guten Jahren über 300 Paare). Vom Wallburgturm, Überbleibsel der nach 1777 bis auf den runden Bergfried abgetragenen mittelalterlichen Burg, erlebt man Franken selbst aus der Vogelschau; ein letztes Werk seines größten Baumeisters, die Wallfahrts- und Pfarrkirche Mariae Heimsuchung, steht wenige Kilometer stromabwärts am Maintalradweg. Balthasar Neumann hat das äußerlich schlichte, im Innern jedoch verschwenderisch im Stil des Rokoko ausgestattete Gotteshaus entworfen. Noch kostbarer ist die Kirchenausstattung der ehemaligen Zisterzienserabtei ➠ **Ebrach** ❹, die in ihrem Außenbau bruchlos spätromanische Bauelemente mit früher Gotik vereint. Das weitläufige barocke Kloster wurde 1687–1730 unter Mitwirkung von Balthasar Neumann erbaut; heute dient es zum Teil als Haftanstalt. Würzburgs Hofstuckateur Materno Bossi schuf gegen Ende des 18. Jahrhunderts die kunstvollen Stuckarbeiten der Klosterkirche, darunter den Hochaltar und zehn Seitenaltäre. Weitere Kostbarkeiten sind das prunkvolle Treppenhaus und der Kaisersaal.

Ebrach liegt mitten im Buchenland; einen der urigsten Bestände lernt man bei der Wanderung durch das Naturwaldreservat »Brunnstube« kennen (ab Wanderparkplatz Dreibrunn zwischen Ebrach und Neudorf).
In den Namen der Marktgemeinden und der wichtigsten Flüsse des Steigerwaldes steckt unverkennbar der Eberbach, genauso wie bei **Burgebrach** ❺, das als östliches Tor des Steigerwalds gilt und im Rathaus mit dem markanten Bogen auch ein altehrwürdiges Tor besitzt. Die Grundmauern zur Pfarrkirche St. Veit wurden schon im Mittelalter gelegt, ihr Inneres präsentiert sich in fränkischem Barock. Den Kirchplatz ziert eine spätgotische Ölbergskulptur.
Die Stadtpfarrkirche von ➠ **Iphofen** ❻ trägt gleichfalls den Namen des heiligen Veit (auch Vitus). Generationen haben an ihr gebaut und sie mit Kostbarkeiten wie der »Schönen Madonna von Iphofen« und Werken Tilman Riemenschneiders oder aus der Riemenschneiderschule geschmückt.

STEIGERWALD-HÖHENSTRASSE

Die Straße mit zahlreichen Wandermöglichkeiten erschließt den Naturpark gewissermaßen am Stück, auf rund 60 km Länge (plus diverser Abstecher) vom Main zur Aisch, vom Naturpark Haßberge im Norden bis zum Naturpark Frankenhöhe im Süden. Bergauf, bergab und mit ungezählten Kurven führt die Route zu einigen der bedeutendsten Sehenswürdigkeiten: so etwa nach Eltmann ❸, Ebrach ❹, Münchsteinach ❿, Bad Windsheim ⓭ sowie zum Freizeitland Geiselwind (Bild). Für die relativ kurze Strecke sollte man einschließlich Besichtigungen und Wanderungen möglichst zwei Tage einplanen. Als Übernachtungsort bietet sich das noch von einer Stadtmauer umschlossene altertümliche Städtchen Schlüsselfeld an.

Fast vollständig sind die Befestigungsanlagen mit ihren Türmen erhalten, darunter das an den Zwinger angebaute Rödelseer Tor. Unter den jüngeren Bauten zieht das stattliche Barockrathaus die Blicke auf sich. Die Vinothek im ehemaligen Messnerhaus der St.-Veit-Kirche lockt mit anderen Genüssen des fränkischen Weinstädtchens. Ein Besuch im Knauf-Museum zeigt, welche Kunstwerke aus Gips geschaffen werden können – genau am richtigen Ort, denn der Keuper des Steigerwalds enthält auch dicke Gipslager.

Der Gipskeuper ist nur eine von mindestens drei mächtigen Schichtenfolgen, die an den Hängen des **Schwanbergs** ❼ oberhalb von Iphofen zutage treten; über ihm folgen weiche Mergel und ganz oben die buchstäblich steinharten Sandsteine, die das Plateau mit dem im Inneren nicht zugänglichen Schloss tragen. Jede Gesteinsart spiegelt sich nicht nur in den Landschaftsformen, sondern im gesamten Ökosystem wider. Der Geo-Ökologische Lehrpfad am Schwanberg informiert oberhalb der Weinlage Kronsberg auf 1,4 km Länge mit 14 Informationstafeln über die Beziehungen zwischen Geologie und belebter Natur. Mit dem Auto fährt man von Rödelsee auf einer Serpentinenstraße zum Gipfel des wohl schon in frühgeschichtlicher Zeit besiedelten Berges hinauf.

Wo es Weinberge gibt, sind Burgen und Schlösser nicht weit. Der rund 1200-jährige malerische Winzerort **Castell** ❽ besitzt gleich mehrere davon: die Burgruine Alt-Castell, das Obere Schloss, von dem nur der Treppenturm erhalten ist, das Untere Schloss, ein nobler Barockbau mit schönem Schlosspark, das Schlösschen in Castell, das Kirchbergschlösschen und nicht weit davon entfernt, auf einer Terrasse wirkungsvoll in Szene gesetzt, die Pfarr- und Schlosskirche in kühlem Klassizismus. Kühl sollten auch die meisten Weine getrunken werden, die von den örtlichen Weingütern angeboten werden, überwiegend trocken ausgebaut wie der Silvaner, die Traditionsrebe Frankens, oder der mildere Bacchus.

Der Steigerwald als Kunst- und Naturparadies Am Stammsitz derer zu Castell-Castell beherrscht die Schlosskirche das Stadtbild, in **Scheinfeld** ❾ hingegen die vieltürmige Silhouette von Schloss Schwarzenberg, dem die Grafen zu Schwarzenberg 1671 anlässlich ihrer Erhebung in den Reichsfürstenstand den Schwarzen Turm als höchste Warte hinzufügten. Der stolze, bis heute noch zeitweise vom Schlossherrn bewohnte und nur im Rahmen von Führungen zugängliche Renaissancebau umfasst herrliche Ahnensäle sowie als kunsthistorisches Kleinod des Schwarzenberger Landes die Schlosskapelle Heilige Drei Könige, in der der Stuckmarmor des Hochaltars die Brücke zum Gipskeuper schlägt. Neben diesem herrschaftlichen Schloss sind die nicht weniger majestätische Stadtpfarrkirche, das Alte Rathaus und das Kloster Schwarzenberg sehenswert. Von der ehemaligen Benediktinerabtei **Münchsteinach** ❿, die 1528 aufgehoben wurde, ist nur wenig übrig geblieben: das Abtsschlösschen, einige Wirtschaftsgebäude im Klosterbereich sowie die einstige Klosterkirche Sankt Nikolaus, mit ihrem nadelspitzen Turmhelm und fein gemeißelten Kapitellen eine der schönsten romanischen Kirchen Frankens. Der schon 912 als

»Steinaha« erwähnte Ort an der Steigerwald-Höhenstraße ist aber gerade wegen seiner bescheideneren Attraktionen wie den zahlreichen altfränkischen Fachwerkhäusern, der Klostermühle von 1736 und dem erst in den 1980er-Jahren angelegten Dorfteich so reizvoll. Viele Wege führen zum 450 m hohen ➡ **Bullenheimer Berg** ⑪ und dem mit ihm als Zeugenberg eng verbundenen, etwa gleich hohen Kapellberg: u. a. der Kelten-Erlebnisweg, der seinen Namen von einer keltischen Siedlung auf der Höhe hat, und der Kunigundenweg, der an die später heilig gesprochene Gemahlin Kaiser Heinrichs II. und die ihr zu Ehren errichtete Kapelle mit dem benachbarten Aussichtsturm erinnert. Durch das »Bullenheimer Paradies« führt der »Wein-Wald-Kultur-Lehrpfad«; unten im Kern des idyllischen Winzerortes, der sich um die wehrhafte Kirche und das prächtige Rathaus drängt, werden die köstlichen Tropfen der berühmten Weinlage kredenzt.

In Weinbauregionen ist zuweilen noch eine traditionelle Form der Waldnutzung erhalten: der Mittelwald, besonders schön auf den Hängen des **Scheinbergs** ⑫, den der mit einer Traube markierte Bocksbeutelweg quert. Er besteht hier hauptsächlich aus einzelnen hohen Eichen, die man als Stammholz nutzte. Darunter breitet sich eine zweite Schicht aus jüngeren Bäumen aus, die alle 30 bis 40 Jahre als Brennholz ausgehauen wurden. Diese Nutzungsform begünstigt Gehölze, die aus dem Wurzelstock stets neue starkwüchsige Schösslinge austreiben, wie Eiche, Hainbuche und Linde, dazu andere Arten, z. B. die seltene Elsbeere oder den Speierling. Der zweischichtige Aufbau und die Artenfülle der Gehölzflora schaffen eine Vielzahl ökologischer Nischen für Tiere, beispielsweise für Kleiber, Schnäpper und Specht.

Aus dem äußersten Süden des Parks, der von der Aisch durchflossenen Windsheimer Bucht, ist der Wald fast ganz verschwunden. Hier kommt auch der Gipskeuper weitflächig an die Oberfläche, bildet Karsterscheinungen wie den Häfeleinsbrunnen oder trägt die seltene Gipssteppenflora der Külsheimer Gipshügel nördlich von **Bad Windsheim** ⑬, darunter botanische Kostbarkeiten wie Frühlings-Adonisröschen, Purpur-Schwarzwurzel oder Federgras.

Das schlossartige Rathaus des Heilbads besteht ebenfalls aus Gipsgestein; lang ist die Liste gepflegter Fachwerkhäuser, und die Evangelische Stadtpfarrkirche glänzt mit sehenswerten Stuckarbeiten. Kostbarstes Baudenkmal ist der alte Bauhof der Stadt, ein Meisterwerk der Zimmermannskunst. Er gehört zum Fränkischen Freilandmuseum Bad Windsheim am Rand der Altstadt, das gut 80 Gebäude aus Mittelfranken zeigt.

Ein Besuch in Castell lohnt nicht nur wegen der Kirche und der Schlossanlagen, sondern auch wegen der Weine.

12 Naturpark Frankenhöhe

»... wo der Wald grün steht, die Jagd gut geht, zur schönen Sommerzeit ...«

ANFAHRT
Auf der A 7 bis Bad Windsheim, dann auf der B 470 bis Burgbernheim und weiter in Richtung Hornau zum Burgbernheimer Wald; nächstgelegener EC-/IC-Bahnhof in Ansbach

LAGE
In Bayern, im Westen Mittelfrankens, zwischen der Windsheimer Bucht im Norden und der B 14 im Süden

GRÖSSE
1104 km²

HÖCHSTE ERHEBUNG
Sandberg (535 m)

GRÜNDUNG
1974

INFORMATION
Naturpark Frankenhöhe
Crailsheimstraße 1
91522 Ansbach

TELEFON
0981/48 75 688

INFOHAUS
In Colmberg

INTERNET
www.naturpark-frankenhoehe.de

Im Frankenlied wird die Frankenhöhe nicht explizit erwähnt – dabei liegt sie genau in der Mitte, in Mittelfranken, wo die Schichten der Keuperformation zutage treten. Sie bilden keine geschlossene Schichtstufe wie im benachbarten Steigerwald, eher ein durch Buchten in einzelne, bis über 500 m hohe Massive aufgelöstes Waldbergland, das nach Westen und Osten hin in die offenen Gäulandschaften des Mittelfränkischen Beckens und Mainfrankens übergeht. Die Frankenhöhe zählt zu den am dünnsten besiedelten Gegenden des Landes, ist aber zugleich auch eine Kulturlandschaft, in der der Mensch seit Jahrtausenden die Natur geprägt und dabei neue Lebensräume geschaffen hat: artenreiche Laubmischwälder, in denen Specht und Baummarder ihren Platz finden; Streuobstwiesen, die nicht nur die Menschen, sondern auch die Tiere mit süßen Früchten versorgen; durch die Beweidung entstandene Magerrasen, über denen Schmetterlinge gaukeln und auf denen Wildblumen blühen; zahllose von Schilfdickichten gesäumte Weiher, aus denen der Graureiher und noch häufiger der Mensch seine Beute fischt.

Von der Altmühl zur Tauber Die Frankenhöhe ist ein hydrografischer Kriegsschauplatz; die Schlachten werden dabei entlang der wichtigsten Wasserscheide Deutschlands ausgetragen – derjenigen zwischen dem Flussgebiet der Donau und des Rheins. Meist sind die Zuflüsse des Rheins die Sieger. Sie graben den Zuflüssen der Donau buchstäblich das Wasser ab, irgendwann wohl auch der Altmühl, die im **Burgbernheimer Wald** ❶ im lauschigen Hirschteich entspringt. Bis auf weniger als 500 m hat sich der rheinische Tiefenbach bereits an das Revier der danubischen Altmühl herangearbeitet. Er entspringt am Burgbernheimer Wildbad, einem der ältesten Mineralbäder Deutschlands, ein beliebtes Ausflugsziel und Ausgangspunkt zu Wanderungen, etwa zum Markgrafenbau, einem ehemaligen Jagdschloss. Am Fuß der Höhe, bei Burgbernheim, zu dem man auf der Kreisstraße in Richtung Hornau gelangt, informiert der 4 km lange Natur- und Erlebnispfad »Im Gründlein« über die Lebensräume der Frankenhöhe. Es lohnt sich aber auch ein Bummel durch den altertümlichen Ort Burgbernheim mit Rathaus, Seilersturm und Torbau sowie der spätgotischen St. Johanniskirche.

Die mittelalterliche Silhouette von Rothenburg ob der Tauber ist weit über die Grenzen des Naturparks hinaus bekannt.

Im Burgbernheimer Wald verlaufen die Wanderwege unter hohen Baumkronen, vom ➡ **Petersberg** ❷ bei Marktbergel schweift dagegen der Blick frei über die Gäulandschaften Mainfrankens. Ein 3,5 km langer Lehrpfad mit 15 Stationen führt vom Parkplatz am Skate-Park an der B 13 zum sagenumwobenen Gipfel hinauf. Wer möchte, kann seinen Kopf in die Höhlung des Summsteins stecken, in verschiedenen Stimmlagen summen und sich in harmonische Vibrationen versetzen lassen. Spannender ist es, den Stimmen der Vögel zu lauschen, hier präsentiert sich der Chor mit Neuntöter, Feldschwirl, Wendehals und Heidelerche nämlich vielstimmiger als irgendwo sonst.

Und wenn am südwestlichen Ufer des als Hochwasserrückhaltebeckens geschaffenen Sees bei **Obernzenn** ❸ ein »tiri tiri tiri treck treck treck« aus dem Schilf ertönt, ist das der Teichrohrsänger. Eine Zone des beliebten Freizeitsees dient als Refugium für Wasservögel, die anderen Zonen können von Wassersportlern genutzt werden.

Auf dem Terrain einer mittelalterlichen Wasserburg stehen im Ort seit dem 18. Jahrhundert das Rote und das Blaue Schloss, noch heute Sitz der Familien von Seckendorff. Im Rahmen von Führungen darf man hinter die Fassaden schauen und das erlesene Stuckdekor sowie die Ahnenporträts im Bildersaal bewundern.

Wer in ➡ **Rothenburg ob der Tauber** ❹ Station macht, packt gewöhnlich nicht zuerst die Wanderstiefel aus. Zu lang ist die Liste der sehenswerten Türme, Tore, Brunnen, Plätze und Patrizierhäuser, die in der weltberühmten Stadt auf Besucher warten. Das Erlebnis von Kultur und Natur verbindet man auf entspannende Weise miteinander, z. B. auf dem Bettenfeld-Jakobsweg (Wanderzeit 4,5 Std), der an der Schandtauberhöhle vorbei zum Wasserwirtschaftlichen Lehrpfad führt, oder auf dem Lindleinseeweg (Wanderzeit etwa 2,5 Std). Der Große und der Kleine Lindleinsee waren einst Teile eines Verteidigungsbollwerks, das die Reichsstadt vor Angreifern schützte. Heute nisten hier Graureiher, Rohrammer und Wiesenweihe.

Naturvielfalt auf kargen Böden Bei Rothenburg hat sich die Tauber tief in das flache Vorland eingegraben. Zahlreiche Bäche fließen ihr zu, so der Kirnberger Mühlbach, der seinen Namen vom alten Mühlenort **Kirnberg** ❺ hat, ein verträumtes Dorf mit einigen schönen Fachwerkhäusern, z. B. dem früheren Schulhaus und der malerischen Kirche.

Kleinode der Natur sind die durch die Beweidung mit Schafen entstandenen Trockenrasen in der Umgebung, etwa am Wolfsberg an der Straße nach Gebsattel. Auf dem warmen, trockenen Boden blüht der Frühlingsenzian oder die Küchenschelle, und der Neuntöter jagt nach Insekten. Vollkommen andere Lebensräume sind die Buchenwälder und Eichen-Hainbuchen-Wälder auf der Höhe über dem Dorf. Dort befinden sich die Reviere der seltenen Mopsfledermaus und des ebenso raren Hirschkäfers.

JAGDFALKENHOF SCHLOSS SCHILLINGSFÜRST

Die Jagd mit Greifvögeln ist eine uralte Form der Jagd, die früher vorwiegend dem Adel vorbehalten war. Karl Wilhelm Friedrich von Brandenburg-Ansbach unterhielt im 18. Jahrhundert auf seinem Landsitz bei Ansbach eine der größten Falknereien Europas. Heute ist die prachtvolle Barockanlage von Schloss Schillingsfürst (bei ❿) der würdige Rahmen für einen der ältesten und renommiertesten Falkenhöfe Deutschlands (www.bayerischer-jagdfalkenhof.de). Adler, Falken, Milane und Geier sind bei Vorführungen (Bild) zu bewundern.

Feuchte Wälder sind bekanntlich der Arbeitsplatz des Bibers, doch ist er bei uns in freier Wildbahn nur noch selten anzutreffen. Im Naturschutzgebiet Karrachsee, gleich hinter der idyllisch bei ➡ **Windelsbach** ❻ im Klosterwald gelegenen Karrachmühle, ist die Chance, einem Biber zu begegnen, nicht schlecht. Doch mit seinen Weihern, Erlenfeuchtwäldern und Feuchtwiesen ist das Naturreservat ohnehin ein Erlebnis. (Vom Wanderparkplatz am Nonnenweiher dem Wegweiser Karrach folgen.)

Cadolzhofen ❼ gehört zur Gemeinde Windelsbach. Die Cadolzhöfer Hut am Lenzenberg rund 1 km nördlich des Orts diente jahrhundertelang als extensives Weideland für Schafherden – und muss auch weiterhin beweidet werden, sonst breiten sich Sträucher in die Trockenrasen aus und überwuchern die vielen seltenen Kräuter, z. B. Knabenkraut und Enzian, die hier im Frühjahr besonders üppig blühen. Schafe halten als vierbeinige Landschaftspfleger den Strauchwuchs kurz und erhalten damit auch den Lebensraum des Distelfalters, der im Frühsommer aus dem Mittelmeerraum über die Alpen zu uns kommt.

Wie wichtig die Schäferei für die Natur ist, zeigt die lebensgroße Figur des Schäfers, die den Besucher im Informationszentrum des Naturparks Frankenhöhe auf dem Kirchberg in **Colmberg** ❽ empfängt. Der Besucher erfährt auch viel Wissenswertes über andere Themen und kann auf dem 3,5 km langen Colmberger Eichenwaldweg einen der ältesten Eichenbestände der Region in natura erkunden.

Ein Berg rutscht ab Wenige Kilometer unterhalb des Ursprungs der Tauber steigt über dem rechten Flussufer bei ➡ **Wettringen** ❾ ein steiler, bewaldeter Berghang bis auf über 500 m empor. Wie so viele Berge der Frankenhöhe besteht der Gailnauer Berg in den Gipfellagen aus Sandstein, darunter aus tonigen und mergeligen Schichten. Ein derartiger geologischer Aufbau hat früher oder später fatale Folgen. Durch den zerklüfteten Sandstein kann das Wasser rasch versickern und das tonige Gestein in einen Brei verwandeln. Im Februar 1958 ereignete sich deshalb auch auf etwa 120 m Länge ein großer Bergrutsch. Seine Wunden sind noch längst nicht vernarbt. Und da auf dem Chaos von Gesteinsblöcken keine forstwirtschaftliche Nutzung möglich ist, bleibt der Wald weitgehend sich selbst überlassen. Dies wiederum behagt den Fledermäusen, die im Totholz viele Schlupflöcher finden. Von Wettringen steigt man auf dem Wanderweg Tauber-Wörnitz zum Bergrutschgelände hinauf (Karte und Prospekt bei der Gemeindekanzlei).

An finanziellen Mitteln mangelte es den Bauherren, die über dem alten Residenzstädtchen ➡ **Schillingsfürst** ❿ ihr wahrhaft fürstliches Barockschloss mit prunkvollen Sälen erbauen ließen, offenbar nicht. Aber den Grafen und Fürsten zu Hohelohe-Schillingsfürst fehlte in ihrer hoch gelegenen Residenz

Mit der Pferdekutsche kann man die historische Altstadt von Rothenburg ob der Tauber bequem erkunden.

das Wasser. Daher beauftragten sie 1702 einen Nürnberger Brunnenmeister, der das Problem mit einer ebenso einfachen wie genialen Anlage löste: einem von Ochsen bewegten Tretscheiben-Pumpwerk, das sich die mechanischen Prinzipien von Hebel und schiefer Ebene zunutze machte. In zwölf Stunden konnte das technische Meisterwerk, das im historischen Bronnenhaus zu besichtigen ist, ungefähr 27 m³ Wasser zum 1,5 km entfernten Schloss fördern.

Auch für die Flora kann die Wasserversorgung zum Problem werden, besonders im Regenschatten der Höhen und auf flachgründigen Böden, wie im Becken von **Gastenfelden** ⑪. Der Lenzenberg, der am nördlichen Ortsrand den gedrungenen Turm der – im Inneren mit einem kunstvollen Kanzelaltar und einer romantischen Orgel geschmückten – St.-Maria-Magdalena-Kirche überragt, trägt daher eine Trockenrasenvegetation. Da hier die Gesteine von Ton über Gips bis Sandstein kleinräumig wechseln, verändert sich auch das Pflanzenkleid beinahe von Meter zu Meter – von artenreichen Enzian-Schillergras-Rasen auf den sandigen zu Borstgrasrasen auf den sauren Böden. Diese Artenvielfalt in der Pflanzenwelt der Rasen ist, vor allem im Verbund mit den Streuobstwiesen, Hecken und Gebüschen, die beste Voraussetzung für eine vielfältige Fauna.

Der Schäferbrunnen ziert den Platz vor dem Rathaus der Marktgemeinde **Dombühl** ⑫. Es gilt als das kleinste Rathaus im Freistaat Bayern und war ursprünglich das Spritzenhaus. Die Wehrkirche St. Veit steht dahinter auf einem Hügel. Um die Mitte des 16. Jahrhunderts wurden die Mauern auf die Hälfte abgetragen. Seither leben auch keine Ordensschwestern mehr im ehemaligen Prämonstratenserinnenkloster Sulz, das von Dombühl aus zu Fuß in einer halben Stunde zu erreichen ist. Der schlanke Turm der Kirche mit dem charakteristischen Zwiebeldach ist im grünen Tal der Sulzach nicht zu übersehen. Einen spitzen Helm trägt dagegen der Turm der St.-Nikolaus-Kirche in **Schalkhausen** ⑬ bei Ansbach. Sie birgt einen sehenswerten spätgotischen Flügelaltar. Durch die Hauptstraße, dann an der Bahnlinie rechts ab führt der Weg zum Scheerweiher, ehemals Mühlteich der Scheermühle und heute ein Dorado für die Tierwelt. Rund fünf Dutzend Vogelarten brüten in dem Mosaik von offenen Wasserflächen, Röhrichten, Feuchtwiesen, Auwäldern und an Totholz reichen Wäldern des benachbarten Bocksbergs. Hinzu kommen viele gefiederte Gäste, die hier rasten, und andere wasserliebende Tiere wie Laubfrosch, Bekassine, Braunkehlchen, Drosselrohrsänger und Zwergtaucher.

NEUNTÖTER *(Lanius collurio)*

Er ist kein Massenmörder unter den Singvögeln, auch wenn sein zweiter Name, »Rotrückenwürger«, dies gleichfalls vermuten ließe. Der vom Frühling bis zum Frühherbst in Mitteleuropa heimische Zugvogel, bei dem die Männchen am Rücken und auf den Flügeln rotbraun gefärbt sind, verdankt seinen Namen seiner besonderen Jagdtechnik. Er stürzt sich fast wie ein Falke auf seine Beute (vor allem große Insekten), packt sie und spießt sie an den langen Dornen von Sträuchern auf oder klemmt sie an anderen »Schlachtbänken« wie Astgabeln ein. Auf diese Weise

sorgt er für schlechte Zeiten vor. Die bevorzugten Lebensräume des Neuntöters, Gebüsche und Hecken, sind bei uns rar geworden; auf der Frankenhöhe gehört die Vegetation der Gipshügel dazu.

13 Naturpark Fränkische Schweiz-Veldensteiner Forst
Romantisch und schön wie ein Gedicht

ANFAHRT
Auf der A 9 Bayreuth–Hof bis zur Anschlussstelle Münchberg-Nord und über Münchberg auf der B 289 nach Lichtenfels, oder auf der A 70 bis zur Anschlussstelle Bamberg und auf der B 173 nach Lichtenfels; nächster ICE-Bahnhof in Lichtenfels

LAGE
Im Norden Bayerns zwischen Nürnberg, Bamberg und Bayreuth

GRÖSSE
2300 km²

HÖCHSTE ERHEBUNG
Ossinger (651 m)

GRÜNDUNG
1968

INFORMATION
Naturpark Fränkische Schweiz-Veldensteiner Forst
Forchheimer Straße 1
91278 Pottenstein

TELEFON
09243/70 816

INFOHÄUSER
In Ebermannstadt und Pottenstein

INTERNET
www.fsvf.de

Schon Romantiker wie Ludwig Tieck oder Wilhelm Heinrich Wackenroder schwärmten von der Schönheit der Fränkischen Schweiz. Wälder, Felder, Wiesen, Obstgärten, die im Mai in voller Blüte stehen, goldgelbe Getreidefelder im Sommer und leuchtend gefärbte Laubbäume im Herbst verwandeln die Landschaft in ein Farbenmeer. Näher betrachtet, zeigt die Natur aber noch viel mehr Gesichter: In den Buchenwäldern blühen Buschwindröschen, Leberblümchen, Haselwurz, Seidelbast, Einbeere, Maiglöckchen, Akelei und Türkenbund sowie seltene Orchideen. Auf Dolomitfelsen und Wacholderheiden, wo Sonne und Trockenheit vorherrschen, siedeln Mauerpfeffer, Felsenhungerblümchen, Steinbrech, Kuhschelle, Glockenblume, Teufelskralle, Sonnenröschen, in den Spalten wachsen Mauerraute und Streifenfarn. Fasane, Rebhühner, Bussarde, Falken oder Eichelhäher fühlen sich hier wohl, auf den Wiesen flattern Schmetterlinge, darunter auch seltene Prachtstücke wie Schiller- und Segelfalter oder der Große Apollo.

Von Korbmachern und Kelten Das nördliche Tor zum Naturpark ist die Stadt **Lichtenfels** ❶. Als Zentrum der Korbflechter bekannt, gibt es in der Innenstadt zahlreiche Geschäfte mit schönen Korbwaren. Neben stattlichen Bürgerhäusern und dem barocken Rathaus ist der Kastenboden sehenswert, ein Getreidespeicher, der 1555 als Stadtschloss errichtet wurde (Am Kastenboden 1). Wer mehr über Korb wissen möchte, findet in Michelau, 5 km nordöstlich von Lichtenfels, das Deutsche Korbmuseum.

Die **Wallfahrtskirche Vierzehnheiligen** ❷ südlich von Lichtenfels gilt als Glanzstück des fränkischen Barock und steht auf dem Grund des Frankenthal-Hofes, der durch Wunderberichte bekannt wurde. 1741 wurde der Grundstein für die große Basilika gelegt und nach Plänen des Weimarer Baumeisters Gottfried Heinrich Krohne und Balthasar Neumann errichtet. Man betritt den lichtdurchfluteten Innenraum durch die großartige Zweiturmfassade und wird sofort vom prächtigen Gnadenaltar im Zentrum der Kirche gefangen. Genau hier – so wird erzählt – soll einem Schäfer 1445 ein Kindlein erschienen sein, beim dritten Mal sogar mit 14 anderen. Die

Die zerklüfteten Felsen im Wiesenttal bei Streitberg eröffnen Wanderern immer wieder fantastische Ausblicke.

Tatsächlich ohnegleichen – das »Ruinentheater« im eindrucksvollen Felsengarten Sanspareil bei Wonsees.

magerrasen gedeihen viele Orchideenarten, in den Felsspalten und auf Felsbändern siedeln Hungerblümchen, Felsschaumkresse, Gänsekresse, Steinnelke und der Grüne Streifenfarn. Die Kalkfelsen der Umgebung sind als Klettergebiet beliebt.

Geheimnisvoller Felsengarten Hoch über der nördlichen Fränkischen Schweiz erhebt sich bei ⇒ **Wonsees** ❺ auf einem Felsmassiv der Turm von Burg Zwernitz, die bereits im 12. Jahrhundert erstmals urkundlich erwähnt wird. Die Markgrafen von Bayreuth ließen die Burg im 18. Jahrhundert modernisieren. Die Markgräfin Wilhelmine von Bayreuth fand vor allem an den merkwürdigen Felsbildungen der Gegend Gefallen, die durch Schwämme des Jurameeres vor rund 130 Millionen Jahren entstanden sind.

Gründungslegende besagt, dass es sich dabei um das Jesuskind mit 14 Nothelfern handelte. Weiter südwestlich erhebt sich nahe der Stadt **Staffelstein** ❸ der Staffelberg mit 539 m, wo schon Kelten siedelten. Der Ausblick auf die Niederung des Maintales ist legendär, schon der Dichter und Schriftsteller Joseph Victor von Scheffel ließ sich hier im 19. Jahrhundert inspirieren. In keltischer Zeit befand sich auf dem Staffelberg ein Ringwall und im 1. Jahrhundert v. Chr. ein Oppidum. Es ist als Modell im Städtischen Museum in Staffelstein in der Kirchgasse 14 zu sehen. Das Naturschutzgebiet Staffelberg mit seinen Buchenwäldern beeindruckt im Frühling mit Schlüsselblumen, Leberblümchen, Buschwindröschen, Gelben Windröschen und Lungenkraut, später folgen zahlreiche Orchideen sowie Berglauch und Badisches Rispengras in den Felsfluren. Kalktuffquellen und Niedermoore prägen das Landschaftsbild dieses Gebietes.
Natur pur bietet auch ein Bachlauf zwischen Kleinziegenfeld und Wallersberg: das ⇒ **Kleinziegenfelder Tal** ❹. Hochstaudenfluren und Erlen-Eschen-Auwälder säumen die feuchten Uferbereiche. Im klaren, sauerstoffreichen Wasser leben die seltene Koppe und das Bachneunauge. Auf den Kalk-

Naturpark Fränkische Schweiz-Veldensteiner Forst **63**

Hier schmiegt sich Stein an Stein: Das romantische Fachwerkensemble in Tüchersfeld wird von steilen Felsen überragt.

Sie rief: »C´est sans pareil!« (»Das ist ohnegleichen!«), und ließ einen Felsengarten anlegen – fortan hatte das Dorf zu Füßen der Burg seinen exotischen Namen Sanspareil und die Markgräfin einen zauberhaften Felsenpark unter Buchen. Der Humanist Friedrich Taubmann vergleicht die Schönheit des Haines in seinem 1604 erschienen Werk »Schediasmata poetica« mit der von Homer als Heimat des Odysseus beschriebenen Insel Ithaka. Taubmann wurde 1565 in Wonsees geboren und wirkte als »Fränkischer Eulenspiegel« am sächsischen Hof. Ihm wurde in Wonsees der Brunnen am Marktplatz gewidmet, und am Rathaus erinnern zwei Gedenktafeln an den Dichter.

Weiter südlich liegt das breite Becken des **Ahorntales** ❻, von Wiesen und Wäldern bedeckt. Besonders reizvoll ist es im engen Talbereich des Ailsbaches mit seinen charakteristischen Felstürmen – eine typische Juralandschaft. Auf schmalem Bergsporn erhebt sich die Burg Rabenstein. Im Greifvogel- und Eulenpark kann man über 70 Tag- und Nachtgreifvögel in großräumigen Volieren aus nächster Nähe betrachten. Besonders beliebt – nicht nur bei Kindern – sind die Flugvorführungen in der Falknerei (geöffnet Di–So 11–17 Uhr, Flugvorführung 15 Uhr). Nur 15 Minuten entfernt thront auf einem steil abfallenden Dolomitfelsen die Klaussteinkapelle. Im Mittelalter die Kapelle der Burg Ahorn, glänzt sie inzwischen durch eine herrliche Barockausstattung aus dem 18. Jahrhundert. Nur in den Seitenmauern sind noch romanische Stilelemente sichtbar. Unter dem Felsmassiv der Klaussteinkapelle befindet sich der Eingang zur **Sophienhöhle** ❼, die der Schlossgärtner des Grafen Erwein von Schönborn 1833 durch Zufall entdeckte: Er arbeitete in der davor liegenden Klaussteinhöhle und bemerkte am Ende des Raumes einen Luftzug. Hinter einer Felsspalte traten tropfsteingeschmückte Hallen zutage. Nachdem er die Entdeckung seinem Herrn mitgeteilt hatte, taufte der sie auf den Namen seiner Schwiegertochter, der Gräfin Sophie von Schönborn. Diese Höhle ist eine der größten Zerklüftungshöhlen in der Fränkischen Schweiz und gilt mit ihren wundervollen Tropfsteingebilden als besondere Attraktion. Berühmt sind der steinerne Wasserfall mit 5 m Höhe und der »Millionär«, ein einzeln stehender, 2,4 m hoher Stalagmit (Höhle geöffnet April–Okt. täglich außer Mo von 10.30–17 Uhr).

Im seinem oberen Teil schon oberpfälzisch, wird das ➡ **Hirschbachtal** ❽ vor allem aus touristischen Gründen noch zur namhaften

Frankenalb gerechnet. Wichtigste Orte dieses Landstriches südlich von Pegnitz sind Königstein im Norden und Hirschbach im Süden. Zu den besonderen Attraktionen des Hirschbachtales gehören die Kletterwege wie die viel besuchte Mittelbergwand bei Hirschbach, der Norissteig oder der Höhenglückssteig. Im Gegensatz zu den meisten anderen Kletterfelsen, die echten Profis vorbehalten sind, können diese mit Drahtseilen gesicherten Steige auch von geübten Wanderern begangen werden.

Eines der schönsten Täler im Naturpark Fränkische Schweiz ist das **Obere Püttlachtal** ❾ – eng, von üppiger Vegetation und interessanten Felsgebilden geprägt. Kurz vor Pottenstein ragt der Adamfelsen auf. Die Felsnischen dienten als steinzeitliche Wohnstätten, im Tal machte man viele prähistorische Funde. Die Flora ist besonders artenreich, auf dem Kalkstein gedeihen allein über 40 verschiedene Orchideen, von denen der Frauenschuh wohl zu den seltensten Arten gehört. Auch den Türkenbund kann man entdecken.

Wo Püttlach, Haselbrunnbach und Weihersbach zusammenfließen, liegt **Pottenstein** ❿, eine der ältesten Stadtsiedlungen in der Fränkischen Schweiz. Hoch auf einem Bergsporn zwischen Püttlach- und Weihersbachtal thront die gleichnamige Burg, die 918 unter König Konrad als Befestigung gegen die Slawen und Magyaren gebaut wurde. Der Name des Ortes geht auf den Pfalzgrafen Botho von Kärnten (Bothostein) zurück, der die Feste im 11. Jahrhundert weiter ausbauen ließ. Auch die heilige Elisabeth von Thüringen, die nach dem Tod ihres Mannes 1228 aus Eisenach verjagt wurde, wohnte einst in dieser Burg. An der Brücke über die Püttlach hat man ihr ein Denkmal gesetzt. Von Pottenstein lohnt sich ein Abstecher ins malerische Tüchersfeld mit seiner imposanten Felsenkulisse. Hier ist ein Besuch im Fränkische-Schweiz-Museum zu empfehlen, das über den Landschafts- und Kulturraum Fränkische Schweiz informiert. Die angegliederte, original erhaltene Synagoge aus dem 18. Jahrhundert vermittelt zudem Informationen über den jüdischen Glauben und die Juden, die seit dem Mittelalter in Franken siedelten. Auf einem schönen Spazierweg am Weihersbach entlang gelangt man zum Schöngrundsee mit Bootsverleih und dem Felsenbad Pottenstein.

Tiefe Höhlen, Kirchen und kostbares Holz

Die **Teufelshöhle** ⓫ bei Pottenstein ist nicht nur die bekannteste, sondern mit einer erschlossenen Länge von 1,4 km auch die größte Schauhöhle der Fränkischen Schweiz und Fundort zahlreicher fossiler Knochen. Besonders sehenswerte Tropfsteinbildungen sind »Wasserfall«, »Vorhang«, »Orgel«, »Goliath« und »Barbarossadom« (www.teufelshoehle.de).

Bei Behringersmühle, kurz hinter der Mündung der Püttlach in die Wiesent, liegt der berühmte Wallfahrtsort **Gößweinstein** ⓬. Sehenswert ist die Wallfahrtsbasilika Zur Heiligsten Dreifaltigkeit, 1730–39 von Balthasar Neumann erbaut. Hoch oben thront die Burg Gößweinstein. In der Nähe gibt es einen dicht mit Eiben bewachsenen Steilhang, eine botanische Kostbarkeit (Wanderweg von Gößweinstein zu Martinswand und Stempfermühle). Eiben waren früher weit verbreitete Nadelbäume, wurden aber auf ihren natürlichen Standorten immer mehr durch Laubgehölze verdrängt. Zum Verhängnis wurde der Eibe zudem ihr hartes, zähes Holz, aus dem schon im Mittelalter mit Vorliebe Bogen und Armbrüste gefertigt wurden. In Naturlandschaften sind die Bäume heute nur noch selten anzutreffen, nur an schwer zugänglichen Steilhängen konnten sie sich bis ins 20. Jahrhundert erhalten und wurden schließlich unter Schutz gestellt – so auch der Eibenwald bei Gößweinstein.

Folgt man der Wiesent weiter durch ein herrliches Tal, führt der Weg nach **Muggendorf** ⓭, bekannt durch die Reisewelle im 19. Jahrhundert. Damals kamen Forscher und vornehme

In üppigem Barock erstrahlt das Innere der von Balthasar Neumann erbauten Basilika von Gößweinstein.

Das Walberla, der bekannteste Berg des Naturparks Fränkische Schweiz

Kurgäste in das »Muggendorfer Gebürg«, unter ihnen Professor Rosenmüller, Entdecker der nach ihm benannten Höhle bei Muggendorf.

Vom Druidenhain zum Walberla – Wandern zu geheimnisvollen Orten Ganz in der Nähe befindet sich bei Wohlmannsgesees der ➡ **Druidenhain** ⑭, wo tonnenschwere, bemooste Felsblöcke scheinbar einer mysteriösen Ordnung folgend nebeneinander liegen. Handelt es sich hier um eine Kultstätte der Kelten oder ist diese Anordnung rein zufällig entstanden? Mehrere Wissenschaftler sind dieser Frage bereits nachgegangen. Eine bislang nicht bewiesene Hypothese lautet, dass es sich bei den Steinen um eine alte Sonnenkultstätte handelt, die einst astronomischen Berechnungen diente. So sollen z. B. an Sonnwendtagen die ersten und letzten Sonnenstrahlen durch ein rundes Loch im Taufstein, einem 4 m langen und 40 cm dicken Fels, auf die umliegenden Felsblöcke geworfen werden. Wie dem auch sei, seine Anziehungskraft hat dieser geheimnisumwitterte Platz bis heute nicht eingebüßt.

Nichts zu verbergen hat der **Druidenstein** ⑮ – völlig exponiert steht die Felsnase am Naturlehrpfad »Langer Berg« bei Ebermannstadt. Der Pfad beginnt am Wasserschöpfrad von 1603 (Markierung grüner Ring) und verläuft als Rundweg unterhalb des Oberen Berges. Auf dem Druidenstein gedeihen viele Pflanzen, die Sonne und Trockenheit bevorzugen: Gelb blühender Mauerpfeffer, Immergrünes Felsenblümchen und Färber-Hundskamille sind nur einige der Arten. Viele der Pflanzen werden auf Tafeln am Lehrpfad vorgestellt, aber auch Schmetterlinge, Vögel und andere Tiere. Auffällig sind auch die zahlreichen Hohlwege, die – trotz des harten Doggersandsteins – durch das Bremsen und Anfahren der Ochsenkarren entstanden sind. Von der breiten Wiesentaue im Nordwesten begrenzt und vom Ehrenbach im Osten von der Frankenalb abgetrennt, erhebt sich die **Ehrenbürg** ⑯ über der Regnitzebene. Im Volksmund nur Walberla genannt, handelt es sich hierbei um einen mächtigen Felsklotz mit zwei Gipfeln, dem Rodenstein (532 m) und dem Walberla (514 m), die durch ein breites Plateau von 1500 m Länge und 300 m Breite voneinander getrennt sind. Diese Gegend war schon in der Bronzezeit um 1000 v. Chr. besiedelt, die Kelten errichteten hier eine Wallburg. Heute steht auf dem Hochplateau die im 16./17. Jahrhundert erbaute Walpurgiskapelle, die dem Berg seinen volkstümlichen Namen gab. Im Naturschutzgebiet wachsen zahlreiche geschützte Pflanzen, zu denen auch mehrere Orchideenarten gehören. Wandert man von der Niederung mit den Dörfern Schlaifhausen, Wiesenthau und Kirchehrenbach bergan zur Ehrenbürg, wird das Ackerland von einem Ring aus Wiesen abgelöst, in denen man immer wieder Quellen und sumpfige Stellen findet: Hier wachsen Sumpfdotterblumen, aber auch Kuckuckslichtnelken und Schlangenknöterich. Solche Wiesen bieten zudem Orchideen wie der Breitblättrigen Kuckucksblume ideale Bedingungen, die in der zweiten Maihälfte in Blüte stehen. Die Nordostseiten sind von Buchenmischwäldern mit Eschen und Spitzahorn bedeckt, wo in der Krautschicht Wiesen-Schlüsselblumen und das Wald-Bingelkraut vorkommen. In den Waldgebieten rund um das Gipfelplateau des Walberla gedeiht die Breitblättrige Stendelwurz, eine hier recht häufige Orchidee. Auf den Lichtungen rund um das Walberla kann man gelegentlich die Mücken-Händelwurz antreffen, die aber besonders häufig am Rodenstein vorkommt. Wo sich Eichenwälder ausbreiten, siedelt sie in Gemeinschaft anderer, wärmeliebender Pflanzen wie Pfirsichblättrige Glockenblume, Raues Veilchen und Echte Goldrute. Unterhalb der Dolomitfelsen am Walberla breitet sich ein Halbtrockenrasen aus, wo Kleines Habichtskraut, Karthäuser-Nelke, Zypressen-Wolfsmilch und Gemeines Sonnenröschen wachsen. Der Duft des Arzneithymians erfüllt hier die Luft, und an weniger zugänglichen Stellen steht das kleine Brand-Knabenkraut, eine Orchidee.

Wandern und Klettern im Lillach- und Pegnitztal Schon lange kein Geheimtipp mehr sind die Kalktuffterrassen im **Lillachtal** ⑰ bei Weißenohe. Wenn sich Regenwasser mit dem Kohlendioxid der Luft anreichert, löst es als Kohlensäure den im Boden vorhandenen Kalk. Durch das Wirbeln und Sprudeln der Lillach entweicht das Kohlendioxid wieder, der Kalk fällt aus und lässt stockwerkartige Gebilde, die Kalktuffterrassen, entstehen. Sie wachsen im Jahr rund 2 mm. Von Weißenohe führt ein markierter Wanderweg zur Lillachquelle und weiter durch das reizvolle Lillachtal zu den Kalktuffterrassen. In diesem Biotop haben Feuersalamander, Gelbbauchunke sowie rund 100 Schmetterlingsarten ihren Lebensraum gefunden.

Der westlich von Weißenohe gelegene Veldensteiner Forst ist mit seinen 7000 ha Kiefernwald eines der größten zusammenhängenden Waldgebiete Frankens. Dolinen, Dolomitfelsen und Trockentäler bestimmen die Landschaft. Wo die Pegnitz den Veldensteiner Forst verlässt, liegt **Neuhaus** ⑱, malerisch zur Burg Veldenstein hin ansteigend. Diese Höhenburg liegt 56 m hoch über dem Tal auf einem Felssporn und wurde Anfang des 13. Jahrhunderts als Bamberger Amtssitz zum Schutz des Waldes erbaut. Im 15. und 16. Jahrhundert erweitert, blieb sie weitgehend unversehrt und überstand Hussiteneinfälle und Bauernkriege. Mit doppelter Ringmauer und den zahlreichen Mauertürmchen, viereckigem Bergfried und zum Teil erhaltenem Palas ist sie die größte Burganlage des gesamten Pegnitztales.

Zu den schönsten Wanderungen im Veldensteiner Forst zählt der 7 km lange Weg von Spies nach Betzenstein über den abenteuerlichen **Eibengrat** ⑲. Dieser Klettersteig ist etwa 1 km lang und führt zwischen Blockgestein zum idyllisch gelegenen Waldgasthof Reuthof und über Spitzberg und Teufelsgrund zurück nach Betzenstein.

FELSEN UND HÖHLEN

Vor rund 190 Millionen Jahren wurden im Jurameer verschiedene Gesteine als Schichten abgelagert und durch den Druck späterer Schichten verfestigt. Die obere Schicht besteht aus Kalkstein, der von Skeletten und Kalkschalen abgestorbener Kalkalgen, Schnecken und Muscheln stammt, die auf den Meeresboden sanken. Ohne Schichtung sind dagegen die Riffe von Schwämmen, die im mittleren Malm den Meeresboden besiedelten. Da in der Fränkischen Schweiz vor allem die Schwammriffe zu Dolomit umgewandelt wurden, konnten die weicheren Schichten ausgewaschen werden. Zurück blieben die beeindruckenden Felsformationen, wie z. B. auf dem Walberla ⑯ (Ehrenbürg) und an den Talhängen von Streitberg und Muggendorf ⑬. Durch die Lösungskraft von kohlensaurem Wasser entstanden im Gestein etliche Höhlen mit teilweise beeindruckenden Tropfsteingebilden (Bild).

14 Naturpark Hirschwald
Bayerns jüngster Naturpark und eine ökologische Perle

ANFAHRT
Auf der A 6 bis zur Ausfahrt Amberg-West oder Amberg-Süd bzw. auf der A 93 bis zur Ausfahrt Ponholz, dann in Richtung Schmidmühlen; nächstgelegener ICE-Bahnhof in Nürnberg

LAGE
In der Oberpfalz in der Mitte Bayerns, im südlichen Landkreis Amberg-Sulzbach

GRÖSSE
277 km²

HÖCHSTE ERHEBUNG
Wart bei Kastl (601 m)

GRÜNDUNG
2006

INFORMATION
Naturpark Hirschwald e. V.
Schlossgraben 3
92224 Amberg

TELEFON
09621/39 237

Der Naturpark Hirschwald im Herzen des Naturraums Mittlere Frankenalb erstreckt sich von den Erzberghöhen in der Nähe des mittelalterlich geprägten Amberg bis nach Schmidmühlen und vom Lauterachtal bis zum Tal der Vils im südlichen Landkreis Amberg-Sulzbach. Das Herzstück des Naturparks ist zugleich der Namengeber – der **Hirschwald** ❶. Das ehemalige kurfürstliche Jagdgebiet vor den Toren der Stadt Amberg ist einer der traditionsreichsten Forste in Bayern. Noch heute hat der Forst das Privileg, ein Rotwildgebiet zu sein. Hautnah ist das Rotwild beim Hirschpark im Ursensoller Ortsteil Heinzhof zu erleben, Wildschweine gibt es im Ortsteil Waldhaus zu sehen. Auf einer Rodungsinsel am Südrand des Hirschwaldes bei Rieden hat sich das ostbayerische Reit- und Turniersportzentrum entwickelt. Erholungsuchenden bietet der Park ausgedehnte Misch- und Nadelwälder mit einer Vielzahl von gut gepflegten Wanderwegen.

Wacholderheiden mit seltener Flora und Fauna Naturkenner kommen im ➡ **Lauterachtal** ❷, dem Urbild eines Oberpfälzer Jurabaches, voll auf ihre Kosten. An den Südhängen dieses einmaligen Tals zeigen sich wunderschöne zusammenhängende Wacholderheiden mit einer außergewöhnlichen Flora und Fauna. So sind Kreuzenzian und Küchenschelle ebenso wie die seltenen Orchideen Brandknabenkraut und Rotes Waldvögelein noch zahlreich zu finden. An heißen Sommertagen gaukelt sogar der rare Segelfalter an den Hängen entlang – auf der Suche nach Nektar und einem Platz zur Eiablage. Die Lauterach selbst ist ein noch weitgehend unberührter Bach und als attraktives Fischgewässer bei Anglern weithin bekannt. Im klaren Wasser tummeln sich Äschen und Bachforellen. Etliche dieser exzellenten Speisefische landen in zahlreichen Varianten als Spezialität auf dem Teller. Abends kann man am Ufer der Lauterach verschiedene Fledermausarten bei der Jagd nach Insekten beobachten.
Auf dem Schweppermannradweg geht es von Amberg aus in die Dolomitkuppenlandschaft zwischen Ursensollen und Kastl. Wer aufmerksam ist, kann hier die wohl beeindruckendste heimische Orchidee entdecken: den Frauenschuh. Gemütlicher radelt man im Lauterachtal von Markt zu Markt – von Kastl über Hohenburg nach Schmidmühlen – oder schnürt die Wanderstiefel für den Jurasteig.

KANUTOUR AUF DER VILS

Ein unvergessliches Erlebnis bildet eine Kanutour auf der Vils von Amberg ❺ nach Schmidmühlen. Diese Tour kann auch in Etappen absolviert werden. Gleich nach dem Start wird südlich der Stadt deutlich, dass man sich im Oberpfälzer Jura befindet: Die Vils fließt durch ein trogartiges Tal mit zumeist bewaldeten Steilhängen. Im Westen reicht der Hirschwald teilweise bis an den Fluss. Die Vils hat in der Regel eine mäßige Strömung und ist auch für ungeübte Kanufahrer – trotz vieler Wehre – gut zu bewältigen. Südlich von Rieden bis etwa Schmidmühlen fährt man meist abseits von Verkehr und Ortschaften. Am Unterlauf der Vils lebt eine interessante und reichhaltige Vogelwelt, u. a. mit Eisvogel, Wasseramsel und Reiher. Seit vielen Jahren hinterlässt auch der Biber hier seine Spuren.

Der »Stadtbrille« genannte Wassertorbau ist Teil der historischen Stadtmauer von Amberg.

Flussauen und eine mittelalterliche Stadt

Das ⟹ **Vilstal** ❸ lässt sich auf vielerlei Arten erkunden: per pedes auf dem Vilstalwanderweg, mit dem Fahrrad auf dem Fünf-Flüsse-Radweg oder mit dem Kanu. Die Vils – sie begrenzt den Naturpark im Osten – war im Mittelalter die Lebensader der mittleren Oberpfalz. Noch bis weit in das 19. Jahrhundert hinein war der Fluss eine bedeutende Schifffahrtsstraße für Eisenerz und Salz und brachte Wohlstand in die Region. Von dieser Blütezeit zeugen noch heute viele Schlösser und Klöster.

Das **Salesianerkloster Ensdorf** ❹ beheimatet eine Umweltstation und ist zugleich Einkehrstätte für Pilger auf dem Jakobusweg. Hier kann man auf dem Naturwallfahrtsweg viel Interessantes entdecken.

Mit ihrer fast 1000-jährigen Geschichte und einer eindrucksvollen historischen Kulisse präsentiert sich die Stadt **Amberg** ❺ im 21. Jahrhundert mit einem breit gefächerten Kulturangebot. Noch heute besticht die Stadt durch ihren geschlossenen mittelalterlichen Stadtkern. Fast vollständig umgeben von einer Stadtmauer mit Türmen und Toren sowie einem einzigartigen Wassertorbau, beherbergt sie viele herausragende Bauwerke. Das gotische Rathaus, zahlreiche Kirchen, Bürgerhäuser und Klosteranlagen liegen in der von der Vils durchflossenen Altstadt. Das ehemalige Landesgartenschaugelände führt den Besucher aus der Stadt in eine naturnah gestaltete **Wiesenauenlandschaft** ❻ mit ihren typischen Pflanzen- und Tierarten. Entlang der Vilsauen verläuft ein wasserwirtschaftlicher Lehrpfad. Für Kinder ein absolutes Muss ist der einmalige Piratenspielplatz, bei dem die Kleinsten und ihre Familien auf ihre Kosten kommen – und ganz nebenbei können die Kinder spielerisch erste ökologische Zusammenhänge im wahrsten Sinne des Wortes begreifen.

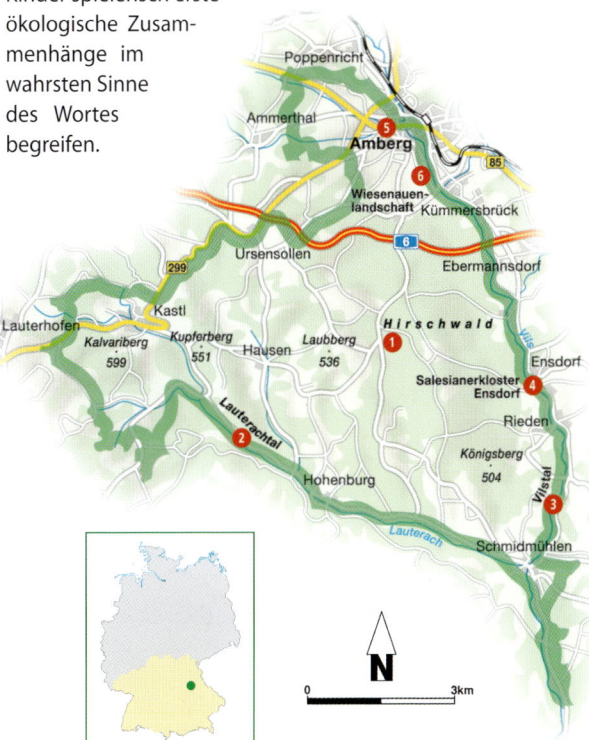

Naturpark Hirschwald 69

15 Naturpark Nördlicher Oberpfälzer Wald
Ein Paradies für Naturkenner und Kulturfreunde

ANFAHRT
Auf der A 93 bis zur Ausfahrt Windischeschenbach, von dort weiter über die B 22 und B 299 nach Hessenreuth; nächstgelegene ICE-Bahnhöfe in Nürnberg und Regensburg

LAGE
Im Nordosten Bayerns an der tschechischen Grenze, in den Landkreisen Tirschenreuth, Neustadt an der Waldnaab sowie der Stadt Weiden i. d. OPf.

GRÖSSE
1380 km²

HÖCHSTE ERHEBUNG
Entenbühl (901 m)

GRÜNDUNG
1975

INFORMATION
Naturpark Nördlicher
Oberpfälzer Wald
Stadtplatz 38
92660 Neustadt/WN

TELEFON
09602/79 90 40

INFOHAUS
In Neustadt a. d. Waldnaab

INTERNET
www.naturpark-now.de

Zwei große Waldgebiete prägen den Nordwesten des Naturparkgebiets: der Hessenreuther und der Manteler Wald. Unübersehbar ragt die Basaltkuppe des Parksteins mit seiner Wallfahrtskapelle über die Baumwipfel. Im Tal der Haidenaab im Süden mit seinen vielen Weihern und Tümpeln nisten zahlreiche Vogelarten. Eine hügelige Mittelgebirgslandschaft schließt im Nordosten der Oberpfalz an. Den östlichen Teil des Naturparkgebiets an der Grenze zu Tschechien bedecken weitläufige Wälder, in denen vornehmlich Fichten wachsen. Sie sind von einem gut ausgebauten Wanderwegenetz durchzogen. Als eine der markantesten Landmarken dieser Gegend gilt die Burgruine Flossenbürg, die zugleich Wahrzeichen des Naturparks ist.

Den Norden des Naturparks bestimmen bewaldete Bergrücken, unterbrochen von idyllischen Tälern und moorigen Wiesen. Alte Städtchen wie Vohenstrauß, Neustadt an der Waldnaab und Weiden laden zu einem Besuch ein. Ein oft besuchtes Ziel ist die Stadt Pleystein mit ihrem eindrucksvollen Rosenquarzfelsen mitten in der Altstadt, auf dem eine Kirche und ein Kloster thronen.

Auf den Spuren alter Vulkane Der kleine Ort **Hessenreuth** ❶ liegt mitten in einem nach ihm benannten Wald auf einer großen Lichtung. Das ausgezeichnete Wandergebiet rund um das benachbarte Städtchen Pressath lässt sich am besten von den Parkplätzen an der B 299 aus erkunden. Wanderwege führen auf den Hesserberg und den Schwarzberg, beides

Markant ragt die Burgruine Flossenbürg auf einer Granitkuppe über dem Nördlichen Oberpfälzer Wald auf.

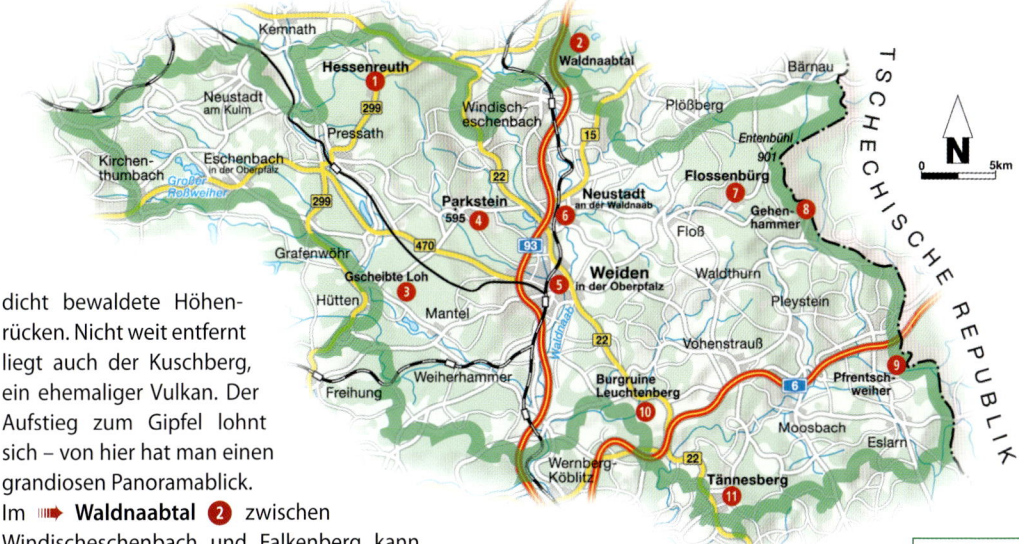

dicht bewaldete Höhenrücken. Nicht weit entfernt liegt auch der Kuschberg, ein ehemaliger Vulkan. Der Aufstieg zum Gipfel lohnt sich – von hier hat man einen grandiosen Panoramablick.

Im ➡ **Waldnaabtal** ❷ zwischen Windischeschenbach und Falkenberg kann man ein außergewöhnliches Naturphänomen besichtigen: Hier hat das Wasser ein richtiges Kerbtal in den Granit »gesägt«. Der Fachmann nennt dies ein antezendentes Durchbruchstal, der Laie genießt die blütenreichen Uferwiesen, plätschernden Stromschnellen und die faszinierenden Felsgebilde. Verschiedene Wander- und Radtouren sind in beiden genannten Orten ausgeschildert.

Die **Gscheibte Loh** ❸ ist ein Naturwaldreservat, das sich im Übergangsstadium vom Nieder- zum Hochmoor befindet. Ihren Namen hat sie von der Lohe, die zum Gerben verwendet wurde, und von der runden Scheibenform des langsam verlandenden Moorsees. Im 120 ha großen Naturschutzgebiet brüten über 60 Vogelarten, und es finden sich botanische Raritäten wie Sumpfweidenröschen, Schmalblättriges Wollgras und Rundblättriger Sonnentau. Eine Baumart fällt besonders ins Auge: die Spirke, eine aufrechte, meist einstämmige Form der Bergkiefer, die zum Ende des Eiszeitalters aus dem Vorland der Alpen hierher gelangte. Vom Ort Mantel fährt man nach Norden Richtung Hütten, kurz vor der Ortschaft biegt man rechts ab nach Parkstein. Nach rund 500 m erreicht man einen Wanderparkplatz mit einer Tafel, die über die markierten Wege durch das Naturwaldreservat informiert.

Fast 600 m hoch erhebt sich der **Parkstein** ❹ über die ansonsten sanft gewellte Hügellandschaft seiner Umgebung. Über einen gemütlichen Wallfahrtsweg erreicht man den Gipfel des Basaltkegels mit der kleinen Kapelle.

Nicht versäumen sollte man den Blick nach Süden und Osten über die Höhen des Oberpfälzer Waldes und auf die Stadt Weiden in der Oberpfalz. Eindrucksvolle Basaltskulpturen zeigt ein Aufschluss an der Südostseite des Berges, den man am besten vom Parkplatz an der Südseite aus erreicht. Fünf-, sechs-, ja bis zu achtkantige lange und schmale Säulen wurden hier garbenförmig ausgebildet und ließen eine mustergültige Vulkanruine entstehen. Das Richtung Oberfläche dringende Magma erstarrte vor der Eruption und bildete die Basaltformationen, die wir heute bewundern können.

Musik und Bleikristall Durch das Untere oder das Obere Tor schlendert man nach **Weiden in der Oberpfalz** ❺ hinein zum Alten Rathaus. Durch die sehenswerte Altstadt mit manch prächtigem Renaissancegiebel gelangt man zum Alten Schulhaus. Das hier untergebrachte Stadtmuseum informiert über die Geschichte des Marktes Weiden. An den berühmtesten Sohn der Stadt erinnern die Max-Reger-Zimmer. Der Komponist Max Reger (1873–1916) verlebte hier seine Jugendjahre und schuf einige seiner berühmtesten Orgelwerke. Am Alten Rathaus beginnt auch »Der etwas andere Spaziergang durch die Stadt«. Dieser stadtökologische Lehrpfad vereint auf originelle Weise die Themenbereiche Wohnen, Leben und Natur. So erfahren die

Besucher etwa, welche Pflanzen sich in den Fugen der Weidener Stadtmauer angesiedelt haben oder warum so viele exotische Tiere die Gewölbe der Josefskirche zieren.

Für die Kunst des Glasblasens war und ist ➠ **Neustadt an der Waldnaab** ❻ berühmt. In der »Altbayerischen Krystall Glashütte« können die Besucher dieses Handwerk aus nächster Nähe bewundern und die entstandenen Kostbarkeiten auch erwerben (geöffnet Mo–Fr 9.30–18 Uhr, Sa 9.30–14 Uhr). Der alte Stadtkern wurde vom Fürstengeschlecht derer von Lobkowitz geprägt. Das Neue und das Alte Schloss am oberen Ende des Stadtplatzes gehen auf diese Familie zurück, die auch maßgeblich am Bau der Stadtpfarrkirche St. Georg mitgewirkt hat. Das Innere des Rokokobaus überrascht durch sein Wessobrunner Stuckwerk.

Gleich neben der Kirche ist im Alten Schulhaus das Stadtmuseum untergebracht. Die Ausstellung beschäftigt sich u. a. mit der Geschichte von Handwerk und Gewerbe, zeigt Schätze aus Bürgerhäusern, Kirchen und Klöstern und erzählt die Stadtgeschichte. Eine eigene Abteilung widmet sich mit prächtigen Ausstellungsstücken der Geschichte der meisterlichen Kunst der Glasbläserei in der »Stadt des Bleikristalls« (geöffnet Di–So 14–16 Uhr, April–Okt. Sa und So 14–17 Uhr).

Von Neustadt an der Waldnaab aus sollte man unbedingt einen Abstecher zum nahe gelegenen Naturschutzgebiet Dost im engen Waldtal der Girnitz unternehmen. Das Naturschutzgebiet beeindruckt durch eine üppige Vegetation und vor allem durch riesige, in Jahrhunderttausenden glatt geschliffene Granitblöcke. Man fährt Richtung Floß, biegt nach Diepoltsreuth ab und erreicht nach wenigen Minuten den Gollwitzerhof. Von dort führt ein markierter Weg in etwa 15 Minuten zum Naturschutzgebiet.

Fernsicht bis zum Böhmerwald Der Schlossberg von ➠ **Flossenbürg** ❼ mit seiner weithin sichtbaren Burgruine ist für viele Geologen die schönste Granitkuppe der Welt. Beim etwas mühevollen Aufstieg (im Ort ausgeschildert) sind die schuppenartigen Granitplatten nicht zu übersehen, die Aufschluss darüber geben, wie diese Kuppe einmal entstanden ist. Ein an die Oberfläche drückender Schmelzfluss blieb in wenigen Kilometern Tiefe in der Erdkruste stecken und erstarrte langsam zu hellem Granit. Die Deckschichten wurden abgetragen und legten die Granitschalen frei. Entlang dem neu angelegten »Weg des Granits« kann man besonders am Burgweiher bequem die faszinierenden Gesteinsfomationen bestaunen. Die im 12. Jahrhundert als Grenzfeste erbaute Burg Flossenbürg fiel dem Dreißigjährigen Krieg zum Opfer und bietet vom einstigen Wohnturm aus eine atemberaubend schöne Sicht bis zum Böhmerwald.

Oberhalb des Ortes erinnern erschütternde Zeugnisse an ein dunkles Kapitel deutscher Geschichte. Ein Rundgang durch die Grab- und Gedenkstätte des ehemaligen Konzentrationslagers Flossenbürg führt die Gräueltaten der Nationalsozialisten drastisch vor Augen (täglich 9–17 Uhr, Dez.–Feb. 9–16 Uhr). Die idyllisch gelegene **Gehenhammer Mühle** ❽ bei Georgenberg war einst eines von vielen Hammerwerken in der Oberpfalz. Bis 1971 trieb das große Wasserrad den Mühlstein zum Mahlen des Getreides an. Inzwischen dient die restaurierte Mühle als Museum und gemütliche Gaststube, die deftige Brotzeiten anbietet (geöffnet Mi–Mo 13–19 Uhr). An der Mühle beginnt der 78 km lange Glasschleifer-

---

BURGFESTSPIELE LEUCHTENBERG

In den Monaten Juni, Juli und August dient die Burgruine Leuchtenberg ❿ (Bild) der Stadtbühne Vohenstrauß als stimmungsvolle Kulisse für ihre Aufführungen. Das Repertoire reicht dabei vom Volksstück bis zum Klassiker, vom Singspiel bis zum Musical, vom Historienspiel bis hin zu modernen Stücken. Die meisten Vorstellungen sind bereits vor der Premiere ausverkauft. Es ist deshalb zu empfehlen, sich frühzeitig Karten zu sichern. In der Regel startet der Vorverkauf Anfang Mai (Festspielbüro-Telefon 09659/93 100; www.stadtbuehne.de)

In der Nähe des Pfrentschweihers lohnt die Erkundung eines naturbelassenen, geradezu urwaldartigen Waldes.

weg, ein Rundweg, der durch reizvolle Bachtäler vorbei an Glasschleifereien und Eisenhämmern verläuft (Markierung weißes Weinglas auf rotem Grund).

Vom »Urwald« zur »Akropolis« Eine besondere Attraktion erwartet den Wanderer in der Nähe von Pfrentsch: Hier kann man am ▶ **Pfrentschweiher** ❾ einen naturbelassenen, sehr urwüchsigen Wald erkunden. Am Staatsgut beginnt ein 1,5 km langer landwirtschaftlicher Lehrpfad. Unmittelbar an der Grenze zu Tschechien liegt dieses sogenannte »Urwaldgebiet«, dessen Mittelpunkt ein Moorsee bildet, der zwar im 19. Jahrhundert trocken gelegt, inzwischen aber wieder geflutet wurde. Eine artenreiche Flora und Fauna hat sich auf den Moorwiesen angesiedelt.

»Die Akropolis der Oberpfalz« nennt man hier die ▶ **Burgruine Leuchtenberg** ❿ – die schönste ihrer Art in der Oberpfalz. Stolz thront das im Stil mittelalterlicher Landgrafenburgen angelegte Bauwerk auf dem felsigen Grund. Am besten geht man vom Marktplatz in Leuchtenberg zur Ruine hinauf; dort sind ausreichend Parkplätze vorhanden. Alljährlich finden von Mai bis August die Leuchtenberger Burgfestspiele statt. Prunkstück der Anlage ist die romanische Schlosskapelle sowie der 24 m hohe Bergfried. Der Aufstieg lohnt sich, denn der Turm ist einer der schönsten Aussichtspunkte in der Oberpfalz: Von Nord nach West bietet sich dem Auge eine traumhafte Kulisse mit Fichtelgebirge, Steinwald, Böhmerwald, Oberpfälzer Wald und Bayerischem Wald sowie Fränkischem Jura.

Von Leuchtenberg aus empfiehlt sich ein kurzer Abstecher zur Wolfslohklamm. Zwar haben nur Oberschichten der eiszeitlichen Gletscher die Oberpfalz erreicht, doch hinterließen sie im nahen Lerautal mächtige Granitblöcke. Inzwischen vom Frost gesprengt und vom Wasser abgeschliffen, bilden sie nun die wilde Wolfslohklamm. Über die B 22 erreicht man den Parkplatz an der Sargmühle, von dort sind es nur etwa 200 m zum ausgewiesenen Naturschutzgebiet.

Der Markt **Tännesberg** ⓫ hat alljährlich am vierten Sonntag im Juli eine besondere Attraktion zu bieten: den St.-Jodok-Ritt, eine prächtige Pferdewallfahrt. Auf dem Tännesberg können am Kreuzweg die Reste gleich zweier Burgen besichtigt werden. Auch zwei bemerkenswerte Naturerlebnispfade nehmen in Tännesberg ihren Anfang: Über 7 km verläuft Bayerns längster Obst-Naturerlebnispfad bis nach Vohenstrauß. Beim Spaziergang erfährt man alles Wissenswerte über Obstanbau, Obstsorten und die ökologische Bedeutung der Streuobstwiesen. Ein geologischer Naturerlebnispfad über 1,3 km Länge erklärt die Besonderheiten der verschiedenen Erdzeitalter. Zu beiden Naturerlebnispfaden gibt es Audio-Guides, die bei der Touristinformation Tännesberg erhältlich sind (www.taennesberg.de).

16 Naturpark Oberpfälzer Wald
Eine abwechslungsreiche Landschaft von Wald, Felsen und Seen

ANFAHRT
Auf der A 93 Regensburg–Weiden bis Nabburg; nächstgelegene ICE-Bahnhöfe in Regensburg und Nürnberg

LAGE
In Bayern, nördlich von Regensburg und östlich von Amberg; grenzt im Süden an den Naturpark Oberer Bayerischer Wald und im Norden an den Naturpark Nördlicher Oberpfälzer Wald

GRÖSSE
817 km²

HÖCHSTE ERHEBUNG
Weingartner Fels (896 m)

GRÜNDUNG
1985

INFORMATION
Naturpark Oberpfälzer Wald e. V.
Wackersdorfer Straße 80
92421 Schwandorf

TELEFON
09431/47 13 37

INFOHÄUSER
In Nabburg und Schönsee

INTERNET
www.naturpark.landkreis-schwandorf.de

Der Naturpark umfasst den Süden des Hinteren und Vorderen Oberpfälzer Waldes und schließt im Süden an den Naturpark Oberer Bayerischer Wald an. Jedoch wird die Landschaft sanfter, steile Abhänge und tief eingeschnittene Täler kommen hier nicht vor. Die meisten Gipfel sind waldbedeckt, so auch der höchste im Park, der Weingartner Fels (896 m). Die ehemalige Grenzlage des Naturparkgebietes macht es für Wanderer und Erholungssuchende interessant. Fauna und Flora gedeihen gut in den abgelegenen Winkeln. Manche Besonderheit kann man hier noch entdecken, so die Schachbrettblume, den Lungenenzian und einige Orchideenarten.

Alltag, wie er früher einmal war … So etwa könnte das Motto des ➡ Oberpfälzer Freilandmuseums ❶ in Neusath-Perschen bei Nabburg lauten. Gleich fünf kleine Dörfer mit 40 wiederaufgebauten Häusern machen einen Rundgang, der etwa zwei Stunden dauert, zu einem geschichtlichen Erlebnis. Rund 300 Jahre Wohnen und Wirtschaften in allen täglichen Anforderungen und Abläufen sind in diesem Freilichtmuseum dokumentiert oder werden vorgeführt. Nach dem Rundgang weiß man mehr über die Unterschiede des Alltagslebens in Mühlental, Stiftland-, Waldler-, Naabtal- und Juradorf (www.freilandmuseum.org).

Wer über die Landwirtschaft in früheren Zeiten noch mehr wissen will, dem sei ein Abstecher in die Ortschaft Perschen empfohlen. Das dortige Bauernmuseum im Edelmannhof, einem historischen Dreiseithof, ist komplett mit Gerätschaften und Einrichtungsgegenständen aus der damaligen Zeit ausgestattet (geöffnet 13–17 Uhr).

Schon aus der Ferne ist der Domturm der über 1000 Jahre alten Stadt **Nabburg** ❷ zu erkennen. Hoch über dem Fluss thront die Altstadt mit ihren Mauern und Türmen, den verwinkelten Gassen und eng gebauten Häusern. Verschiedene Ausstellungen, u. a. zum Thema »Von Menschen und Tieren«, zeigt das örtliche Stadtmuseum im ehemaligen Zehentstadel. Integriert ist auch das Bayerische Informationszentrum für Ameisenkunde (geöffnet So 14–17 Uhr und nach Vereinbarung).

»Klein-Finnland« in Bayern: Die vielen Seen brachten dem Charlottenhofer Weihergebiet seinen Zweitnamen ein.

Weit ragt der Turm des Doms von Nabburg über die idyllische Flusslandschaft, die das Städtchen umgibt.

Auf dem Weg nach »Klein-Finnland« Kostbarkeiten anderer Art kann man im **Charlottenhofer Weihergebiet** ❸ zwischen Schwandorf und Schwarzenfeld entdecken. Etwa 100 Seen sind es, die den Rest eines einst viel größeren Seengebietes bilden; dies brachte ihm auch den Beinamen »Klein-Finnland« ein. Mit rund 830 ha das größte Naturschutzgebiet der Oberpfalz, besitzt es große Bedeutung für die Vogelwelt. Hier sind noch Blaukehlchen, Tafelenten und Schwarzhalstaucher zu sehen. In den Uferzonen und den Dickichten brüten über 100 Wasservogelarten, und Zugvögel rasten hier auf ihrer Reise nach Süden oder Norden. Eines der größten Moorgebiete in der Oberpfalz erschließt sich auf dem Moorlehrpfad durch das ➡ **Prackendorfer und Kulzer Moos** ❹. Der 3 km lange, gut markierte Rundweg (Startpunkt ist der ausgeschilderte Parkplatz an der Straße von Kulz nach Dautersdorf) führt durch einen urwüchsigen Moorwald, vorbei an dunkel schimmernden Gewässern. Auf Schautafeln kann man viel über die Entstehung von Mooren sowie über deren frühere Nutzung erfahren. Das ➡ **Schönseer Land** ❺ und vor allem die Stadt Schönsee sind berühmt für die hohe Kunst des Spitzenklöppelns. Die schönsten Arbeiten sind im Jagdmuseum des Hotels St. Hubertus zu bewundern. Wer möchte, kann diese Kunst in Wochenendkursen erlernen.

Das »Centrum Bavaria Bohemia« (CeBB) in Schönsee bietet den Besuchern breit gefächerte und zweisprachige Informationen über Kulturangebote und das Kulturleben der bayerischen und tschechischen Nachbarregionen (Informationen im Internet unter www.bbkult.net). Einen guten Überblick über die abwechslungsreiche Gegend des Schönseer Landes sowie über den Oberpfälzer Wald und den Bayerischen Wald kann man sich mit einer Wanderung auf den Böhmerwald-Aussichtsturm verschaffen. Der 2 km lange Turmsteig mit der Markierung »42« beginnt in Stadlern direkt beim Sport- und Freizeitzentrum.

Am Zusammenfluss von Naab und Pfreimd liegt umrahmt von sanften Höhenzügen die Stadt **Pfreimd** ❻. Die sehenswerte barocke Stadtpfarrkirche Mariä Himmelfahrt und die Renaissancekirche in der Klosteranlage lohnen einen Besuch.

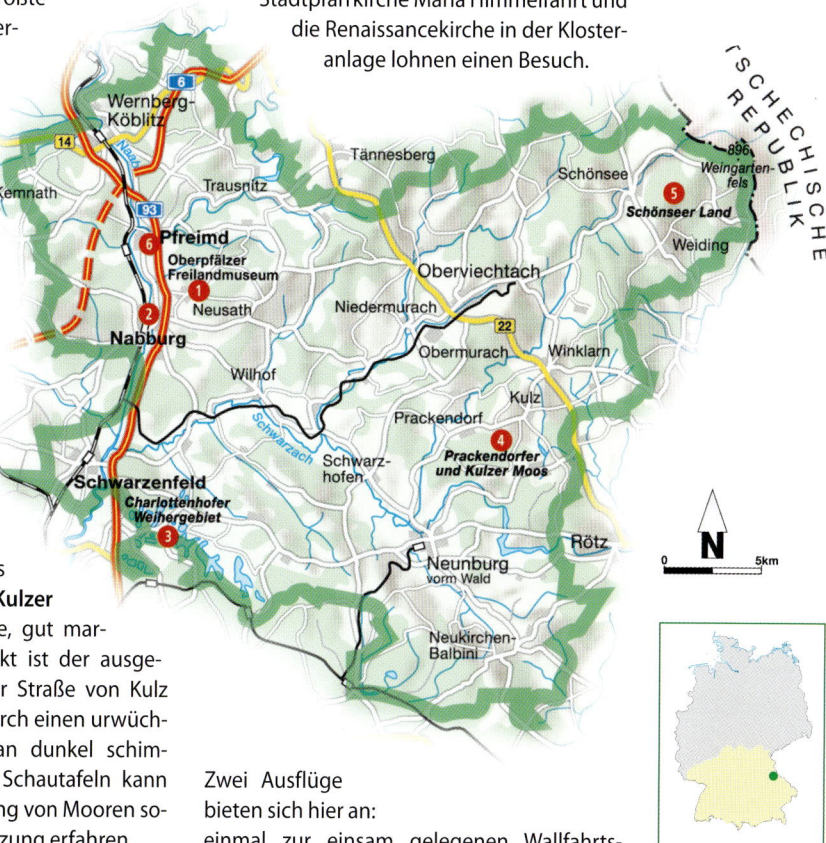

Zwei Ausflüge bieten sich hier an: einmal zur einsam gelegenen Wallfahrtskirche Sankt Barbara auf dem nahen Eixlberg und zum anderen eine Wanderung in das idyllische Stelzlmühlbachtal.

17 Naturpark Oberer Bayerischer Wald
Von Höhen und Tiefen einer wilden Gebirgslandschaft

ANFAHRT
Auf der A 3 Regensburg–Passau bis zur Ausfahrt Straubing, dann über Bad Kötzting nach Lam; Lam ist Endbahnhof der Oberpfalzbahn Cham–Bad Kötzting–Lam, nächstgelegener ICE-Bahnhof in Regensburg

LAGE
In Bayern, umfasst den Landkreis Cham in der Oberpfalz an der Grenze zu Tschechien

GRÖSSE
1796 km²

HÖCHSTE ERHEBUNG
Osser (1293 m)

GRÜNDUNG
1973

INFORMATION
Naturpark Oberer Bayerischer Wald
Rachelstraße 6
93413 Cham

TELEFON
09971/78 394

INFOHÄUSER
In Arnschwang und Nittenau

INTERNET
www.naturpark-obw.de

Er hat viele Gesichter, doch das verwundert nicht. Schließlich spannt sich der im Nordosten an Tschechien grenzende Naturpark nicht nur über den gesamten Landkreis Cham – das fast 2000 km² große Gebiet reicht vom südlichen Oberpfälzer Wald und vom Falkensteiner Vorwald über die Cham-Further Senke hinweg bis heran an den Arber, das höchste Bergmassiv des Bayerischen Waldes.

Dass der Naturpark so unterschiedliche Landschaftseinheiten umfasst und dennoch »nur« den Bayerischen Wald im Namen führt, liegt daran, dass rund um den Lamer Winkel im Hinteren Bayerischen Wald die Glanzlichter des Naturparks zu finden sind – Osser, Arber, Schwarzeck, Kaitersberg, um nur die Wichtigsten zu nennen.

Lamer Winkel – Idyll zwischen Bayerwald und Böhmerwald Die landschaftlich beeindruckendste besiedelte Talschaft des Bayerischen Waldes ist der ➡ **Lamer Winkel** ❶. Dieses vom Weißen Regen durchflossene Wald- und Wiesenidyll liegt zwischen Arbermassiv, Künischem Gebirge, Schwarzeck-Kaitersberg-Kamm und Hohem Bogen. Es ist ein beliebter Ausgangspunkt für Ausflüge zu einigen der höchsten Gipfel des Bayerischen und des Böhmerwaldes. Namengeber ist der Luftkurort Lam, einer der ältesten Fremdenverkehrsorte des Bayerischen Waldes.

Vom Parkplatz auf dem Brennessattel an der Straße von Bayerisch Eisenstein nach Lam ist der ➡ **Kleine Arbersee** ❷ zu erreichen. Der unter Naturschutz stehende Quellsee des Weißen Regens ist ein von schroffen Felswänden überragter Karsee in der Nordflanke des Arbermassivs. Im Lauf der Jahrtausende verlandete der bis zu 10 m tiefe See, ehe er 1885 zur Holztrift aufgestaut wurde. Bei diesem Eingriff lösten sich vom nassen Boden Schwingrasen, die seither auf der Wasseroberfläche treiben. Ein Rundweg führt um den etwa 9 ha großen See, an dessen Ostufer die Gaststätte Seehäusl zur Einkehr einlädt: Am Seehäusl beginnt der urige Wanderweg auf den Großen Arber, von dem aus man aus der Vogelperspektive die schwimmenden Moorteppiche des Kleinen Arbersees unter sich sieht und einen herrlichen Blick auf den Lamer Winkel und den Osser bis hin zum Hohen Bogen genießen kann.

Mit Leichtigkeit auf das »Matterhorn« Der hoch über dem Lamer Winkel und dem Tal der Uhlavá auf dem Grenzkamm des Künischen Gebirges gelegene zweigipfelige ➡ **Osser** ❸ ist ein echtes Charakterhaupt des Bayerischen Waldes und des Böhmerwaldes: Von nahezu allen Bergen – selbst aus weiter Ferne – ist seine unverwechselbare Doppelgipfel-Silhouette erkennbar: Ein mondsichelförmig geschwungener Kamm verbindet die beiden Bergspitzen, deren höhere 1293 m erreicht, während die andere mit 1266 m nur unwesentlich niedriger ist. Auf böhmischer Seite wird diese Silhouette »Brust der heiligen Mutter Gottes« genannt, auf bayerischer Seite gilt der Kleine Osser als »Matterhorn des Bayerischen Waldes«: Steil wie eine Wand stürzt diese Glimmerschiefer-Felsbastion stellenweise in den Lamer Winkel ab, dessen Talsohle rund 700 m niedriger liegt, und gewährt eine einzigartige Aussicht auf den Lamer Winkel, den Arber, zum Schwarzeck und zum Kaitersberg sowie weit nach Böhmen hinein. Während der Kleine Osser als einzigen Schmuck ein Bergkreuz trägt, steht auf

Nach einer ausgedehnten Wanderung durch den Naturpark kann man am Kleinen Arbersee Badefreuden genießen.

dem Großen Osser ein Gast- und Unterkunftshaus. Da auf dem Großen Osser die deutsch-tschechische Grenze verläuft, wird dieser Gipfel von beiden Länderseiten aus häufig besucht; der Aufstieg auf der tschechischen Seite erfolgt über den Schwarzen und den Teufelssee, zwei der berühmtesten Karseen des Böhmerwaldes. Zu den verschiedenen hervorragenden Wanderrouten, die am Osser ihren Ausgangspunkt nehmen, zählt der zum Zwercheck führende felsige Steig entlang der Grenze auf dem Kamm des Künischen Gebirges.

Zwischen Lamer Winkel und der Cham-Further Senke liegt der **Hohe Bogen** ❹. Er ist die nördlichste Bergbastion des Bayerischen Waldes und 1079 m hoch.

Im Freizeitzentrum Hohenbogen im Wallfahrtsort **Neukirchen beim Heiligen Blut** ❺ kommen im Skate-Park vor allem Inlineskater auf ihre Kosten, der Fun-Park des Freizeitzentrums lockt mit Wasserrutsche und Sommerrodelbahn. Hier befindet sich auch die Talstation der Sesselbahn auf den Hohen Bogen: Sie überwindet auf ihrer Fahrt 393 Höhenmeter und ist mit 1358 m die längste des Bayerischen Waldes. An der Bergstation beginnen Wanderwege durch tiefe Wälder und zu Felsenmeeren und zu immer wieder herrlichen Aussichten:

Naturpark Oberer Bayerischer Wald 77

Unterhalb der Burg Falkenstein auf ihrem spektakulären Bergkegel lockt ein interessanter Natur- und Felsenpark.

Unten zeigt sich Neukirchen mit der Wallfahrtskirche inmitten ausgedehnter Feld- und Wiesenflure, dahinter zeichnen sich die bewaldeten Kuppen im Grenzgebiet von Bayern und Böhmen ab.

Südwestlich des Hohen Bogens liegt am Weißen Regen der beliebte Kneipp-Kurort Bad Kötzting. Hoch über der Stadt, am Kreuzfelsen, beginnt der »Zwölf-Tausender-Wanderweg« über den ➡ **Schwarzeck-Kamm** ❻ zum Arber: die »Haute Route« des Bayerischen Waldes. Der erste Abschnitt führt über den Rücken des **Kaitersberges** ❼ zum Mittagstein (1034 m) und zur Kötztinger Hütte mit atemberaubendem Ausblick. Weiter geht es auf beschwerlichem Felsenpfad durch das Steinbühler Gesenke und das Klettergebiet der Rauchröhren bis zum Großen Riedelstein (1132 m), dann steil hinab zum Berggasthaus Eck auf dem Eck-Sattel. Hier kann man neue Kräfte sammeln, dann führen Wurzelwege und felsige Steige den Wanderer weiter über Mühlriegel (1080 m), Ödriegel, Schwarzeck (1238 m), Heugstatt, Enzian (1284 m) und Kleinen Arber (1364 m) zum Großen Arber (1456 m) – die ganztägige Höhenwanderung ist recht anstrengend, aber unvergesslich.

Natur- und Felsenpark Falkenstein – Wandern und Klettern vom Feinsten Der für seine bizarren Felsformationen berühmte Burgberg des Luftkurortes **Falkenstein** ❽ ist Namengeber des Falkensteiner Vorwaldes, des westlichsten Ausläufers des Bayerischen Waldes. Die Verwitterungsformen im Granit dieses hervorstechenden Bergkegels, dessen Gipfel eine Burgruine aus dem 11. Jahrhundert trägt, sind so außergewöhnlich und spektakulär, dass das Gebiet unter Naturschutz steht und zugleich als Natur- und Felsenpark öffentlich zugänglich ist. Die mit fantasievollen Namen wie »Froschmaul« oder »Himmelsleiter« bedachten Felsen und Felsgruppen sind durch eine Vielzahl von Wegen und Steigen, Leitern und Brücken miteinander verbunden. Zu den markantesten Erscheinungen zählen die zahlreichen Schalensteine, die, glaubt man der Wissenschaft, Ergebnisse natürlicher Verwitterung sind. In alten Sagen werden sie hingegen als Opfersteine aus heidnischer Vorzeit gedeutet. Die Burg Falkenstein thront auf einem laubwaldgeschmückten Bergkegel. Die zinnenbekränzte Aussichtsplattform des im Kern romanischen Bergfriedes bietet ein hervorragendes Panorama weit über den Naturpark.

Der Falkenstein-Radweg zwischen Falkenstein und Gonnersdorf bei Regensburg ist mit 40 km nur kurz, doch einer der schönsten Bahntrassenradwege Deutschlands; die Strecke ist auch mit kleinen Kindern problemlos zu schaffen. In den Ferien und am Wochenende kann die Anreise mit dem Radlbus erfolgen (Regensburg–Falkenstein und zurück, mit zahlreichen Zwischenstationen). Die durchgehend markierte Strecke folgt der Trasse der 1984 stillgelegten Eisenbahnlinie Regensburg–Falkenstein, einer Lokalbahn (»Falkensteiner Bockerl«), die 1913 eröffnet wurde. Neben Sitzbänken, Picknickplätzen und Gasthäusern am Weg finden sich diverse Einrichtungen, die die Erinnerung an das alte »Bockerl« wachhalten: Bahnhöfe, Prellböcke, Rangiergleise, Kilometersteine, Brücken und Unterführungen.

Bewegte Geschichte – bewegende Landschaft Die über 500 Jahre alte Stadt **Rötz** ❾ liegt am Fuß des Schwarzwihrberges im Schwarzachtal, umgeben von den Bergen, Wäldern und Seen des romantischen Schwarzachberglandes, das sich von Rötz flussaufwärts bis in die Trenck-Festspielstadt Waldmünchen und weiter bis zur tschechischen Grenze erstreckt. Die mächtige Ruine der Schwarzenburg thront oberhalb der idyllisch gelegenen Stadt Rötz auf dem Gipfel des **Schwarzwihrberges** ❿ (706 m), der zum Aussichtsturm ausgebaute Schwanenturm bietet einen herrlichen Rundblick auf das Schwarzachbergland, den Bayerischen und den Oberpfälzer Wald. Vom nahen Schellhof heraufwandernde Ausflügler stärken sich in der gemütlichen Berghütte. Die ausgedehnte, im Kern romanische Burganlage war ab dem 11. Jahrhundert Sitz der Schwarzenburger, unter deren Herrschaft der Marktort Rötz an der alten Handelsstraße nach Böhmen aufblühte. Im Jahr 1433 sammelte sich hier das bayerische Heer zur Abwehr der Hussiteneinfälle. 1506 erwarb der böhmische Adelige Heinrich von Guttenstein die Burg und verwandelte sie in die Schaltzentrale einer Raubritterherrschaft, unter der auch Rötz schwer zu leiden hatte. Als »der Guttensteiner« auf einem seiner Raubzüge Feuerwaffen erbeutete, ließ er seine eigene Burg beschießen, um ihre Standfestigkeit zu testen. Die Feuerwaffen erwiesen sich als überlegen, und er gab auf, als die Reichsstadt Nürnberg den Schwäbischen Bund im Kampf gegen den Raubritter zu Hilfe rief: 1510 verkaufte er die Burg an den Wittelsbacher Kurfürsten Ludwig V. von der Pfalz. Die letzten Jahre der Herrschaft des Guttensteiners werden alljährlich im Sommer auf der Schwarzenburg in einem Freilichtspiel inszeniert.

Der **Eixendorfer Stausee** ⓫ zu Füßen des Schwarzwihrberges ist ein wahres Paradies für Wassersportler, Angler und Sonnenanbeter. Im Zuflussbereich des Sees befindet sich in dem kleinen Ort Hillstett das Oberpfälzer Handwerksmuseum. In originalgetreu nachgebauten Werkstätten wird hier auf anschauliche Art und Weise die Arbeit traditioneller Handwerksberufe gezeigt, etwa die eines Drehers, eines Wagners, eines Kammmachers oder eines Sattlers.

TRENCK-FESTSPIELE UND PANDURENSTEIG

Seit 1950 führen Waldmünchener Laienschauspieler jedes Jahr im Juli/August das Freilichtfestspiel »Trenck, der Pandur vor Waldmünchen« auf (Bild). Als Trenck mit seiner Soldateska Waldmünchen (nordöstlich von ❾) bedrohte, konnte sich die Stadt in letzter Minute freikaufen. An die Pandurenzeit erinnert auch der Pandurensteig: Der Fernwanderweg führt auf 160 km von der Ilzmündung in Passau nach Waldmünchen im Grenzgebiet von Bayerischem und Oberpfälzer Wald. Zu Beginn des Österreichischen Erbfolgekrieges stellte der preußische Offizier Franz Freiherr von der Trenck 1741 ein Korps von Panduren auf, d. h. von Soldaten aus dem ungarisch-kroatischen Raum. 1742 verwüstete diese Truppe das Gebiet, durch das der Pandurensteig führt. Dabei wurden u. a. die am Steig liegenden Burgen Dießenstein bei Perlesreut, Bärnstein bei Grafenau, Klebstein bei Schönberg und Weißenstein bei Regen zerstört.

18 Naturpark Bayerischer Wald
Quer durchs Dreiländereck von Bayern, Böhmen und Österreich

ANFAHRT
Auf der A 3 von Regensburg Richtung Passau bis Ausfahrt Deggendorf und auf der B 11 bis Patersdorf, dort auf Nebenstraßen über Bodenmais zum Großen Arbersee bzw. zur Talstation der Arberseilbahn; nächstgelegener Bahnhof in Bayerisch Eisenstein.

LAGE
Im nordöstlichen Niederbayern

GRÖSSE
3070 km^2

HÖCHSTE ERHEBUNG
Großer Arber (1456 m)

GRÜNDUNG
1967

INFORMATION
Naturpark Bayerischer Wald
Infozentrum 3
93227 Zwiesel

TELEFON
09922/80 24 80

INFOHÄUSER
In Bogen, Bayer. Eisenstein, Außernzell, Zwiesel und Viechtach

INTERNET
www.naturpark-bayer-wald.de

Der Naturpark Bayerischer Wald zwischen Donau, Böhmerwald und Mühlviertel umfasst auf 3070 km^2 die in Niederbayern gelegenen Berg-, Tal- und Kulturlandschaften des nach dem Schwarzwald zweithöchsten deutschen Mittelgebirges. Weitere 242 km^2 dieses Mittelgebirges stehen im Nationalpark Bayerischer Wald unter Schutz, die oberpfälzischen Gebiete des Bayerischen Waldes liegen im Naturpark Oberer Bayerischer Wald.

Vom Dach des Bayerischen Waldes die sagenhafte Aussicht genießen

Der Arber ist als höchstes Bergmassiv des Bayerischen Waldes wie des Böhmerwalds ein bedeutendes Fremdenverkehrs- und Wintersportgebiet. Der in weitgehend unzugänglichen Wänden zu den Arberseen abstürzende, von Felsen durchbrochene Bergstock thront über den Tälern von Schwarzem und Weißem Regen und schickt nach Westen zwischen Lamer Winkel und Zellertal den Schwarzeck-Kaitersberg-Kamm in Richtung des Kurortes Kötzting. Von fast überall ist der ➡ **Große Arber** ❶ (1456 m) als die höchste Erhebung an seiner unverwechselbaren Silhouette erkennbar: Mächtige Gneisfelsen umgeben die waldfreie Gipfelverebnung wie die Bastionen einer natürlichen Burg. Der Große Arbersee in der Ostflanke und der Kleine Arbersee in der Nordflanke sind Karseen, die aufgrund ihrer Schönheit und ihres botanischen Reichtums zu den herausragenden Sehenswürdigkeiten des Bayerischen Waldes zählen. Wie viele hohe Berge trägt auch der Arber eine Grenze: Der Kleine Arbersee liegt in der Oberpfalz und im Naturpark Oberer Bayerischer Wald, der Große Arbersee hingegen in Niederbayern und im Naturpark Bayerischer Wald. Auch der vom Großen Arber westwärts ausstrahlende Kamm über Kleinen Arber, Enzian, Schwarzeck, Ödriegel und Ecksattel trägt bis zum Großen Riedelstein die Grenze von Niederbayern (südlich) und Oberpfalz – viel-

Der höchste Gipfel des Bayerischen Waldes: der Große Arber mit seiner unverwechselbaren Silhouette.

Die Rißloch- oder Rieslochfälle in der Nähe von Bodenmais sind die größten Wasserfälle im Bayerischen Wald.

ist auf der Seewand das Mittagsplatzl in Sicht, weiter links zeigt sich Zwiesel, noch weiter links erhebt sich das Falkensteinmassiv im Nationalpark und ganz links liegen im Regental die Städte Bayerisch und Böhmisch Eisenstein.

Der **Große Arbersee** ❷ in der Südostflanke des Arbermassivs ist der meistbesuchte Karsee des Bayerischen Waldes. Der Abschnitt auf der Seite der Straße kann mit Ruder- und Tretbooten befahren werden, während der verlandende Westuferbereich mit seinem Schwingrasen ebenso unter Naturschutz steht wie die dahinter aufragende Seewand. Vom Großparkplatz am Arberseehaus führt der 2 km lange Arbersee-Rundweg teilweise auf Bohlenwegen um den 8 ha großen eiszeitlichen Restsee.

Ein weiteres herausragendes Naturschutzgebiet sind die **Rißloch- oder Rieslochfälle** ❸. In einer Schlucht in der Südflanke des Arbermassivs oberhalb des Luftkurortes Bodenmais gelegen, sind sie

leicht hat genau diese Grenzlage dazu geführt, dass der so naturnahe Wanderweg über diesen Kamm zu den sicherlich schönsten im Bayerischen Wald zählt; seinem Verlauf folgt auch der Europäische Fernwanderweg 6.

Ein Rundgang auf dem durch Wanderwege sowie durch Sessellift und Gondelbahn erschlossenen Großen Arber vermittelt eine hervorragende Übersicht über den Bayerischen Wald und den Böhmerwald.

Der höchste Punkt des im Besitz des Fürstenhauses Hohenzollern-Sigmaringen befindlichen Gipfels ist eine Gneisrippe mit hölzernem Bergkreuz und einer Aussicht, die an klaren Tagen bis zu den Alpen, zum Wienerwald, zum Fichtel- und zum Erzgebirge sowie zum Prager Hradschin reicht. Vom Südwestriegel-Felsen fällt der Blick mehr als 700 Höhenmeter hinab in die Mulde des oberen Zellertals mit den Häusern von Bodenmais. Am Seeriegel-Felsen steht die Arberkapelle, an der alljährlich am Bartholomäustag, dem 24. August, die Arberkirchweih gefeiert wird. Der Felsen oberhalb der Kapelle bietet eine wundervolle Aussicht: Tief unten leuchtet der Große Arbersee, oberhalb

die größten Wasserfälle des Bayerischen Waldes. In der tiefen, bewaldeten Schlucht, in die kaum einmal Sonnenlicht dringt, überwindet der Riesbach auf einer Länge von 1,6 km mehrere Gneisstufen, dreht sich in Strudeltöpfen und tost über mächtiges Blockwerk. Der höchste dieser Wasserfälle stürzt durch das Riesloch (Rißloch). Das feuchtkühle Kellerklima fördert ein üppiges Mooswachstum auf den Felsen.

Auf dem höchsten Felsen des Pfahls thront die Burgruine Weißenstein; von hier aus bietet sich ein sagenhafter Ausblick.

Pfahl – eine malerische Felsrippe aus blendend hellem Quarz Eine riffartig bis zu 30 m hoch herausgewitterte Härtlingsrippe aus Quarz durchzieht den Bayerischen Wald auf 150 km Länge und trennt den Vorderen vom Hinteren Wald: der ⮕ **Pfahl** ❹. Dieses Naturdenkmal, dessen malerische Felsen auch zum Klettern aufgesucht werden, verläuft nahezu schnurgerade durch die beiden Naturparks Bayerischer Wald und Oberer Bayerischer Wald von Freyung über Regen, Viechtach und Cham bis Schwandorf am Südrand des Oberpfälzer Waldes. Während die umgebenden Gneise und Granite an der tektonischen Bruchlinie zwischen Hinterem und Vorderem Wald im Lauf von Jahrmillionen abgetragen wurden und auf diese Weise eine Senke (»Pfahlsenke«) entstand, blieb der bis zu 120 m breite Quarzpfahl stehen. Ab dem 19. Jahrhundert wurde das harte Gestein industriell abgebaut und u. a. zu Straßenschotter verarbeitet. Erhaltene Reste des Pfahles stehen unter Naturschutz, darunter der durch einen Rundwanderweg erschlossene Große Pfahl an der B 85 westlich von Viechtach; die weithin sichtbare, bizarre Felsmauer gilt als schönste erhaltene Partie des gesamten Pfahles. Auf dessen höchstem Punkt steht bei der Stadt Regen die Burgruine **Weißenstein** ❺. Von der zinnenbekränzten Aussichtsplattform des Bergfriedes bietet sich ein faszinierendes Panorama beider Teile des Bayerischen Waldes: Der Blick schweift hinauf zu Lusen, Rachel und Falkenstein im Nationalpark auf dem Grenzkamm zu Böhmen ebenso wie zum Arber und zum Kaitersberg, während sich im Vorderen Wald der drachenkammartig herausgewitterte Felsgrat Teufelstisch bei Bodenmais und als höchste Erhebungen der Einödriegel und der **Geißkopf** ❻ oberhalb der Breitenau zeigen. Ein weiterer Aussichtsberg liegt wenig weiter westlich bei Sankt Englmar: Der **Hirschenstein** ❼ mit seinen mächtigen Felsfreistellungen gilt als »König des Vorderen Bayerischen Waldes«. Vom steinernen Aussichtsturm schweift der Blick zu Arber, Falkenstein, Rachel, Lusen und Dreisessel sowie auf die Breitenau am Geißkopf; bei entsprechendem Wetter reicht die Sicht bis zu den Alpen. Der **Brotjacklriegel** ❽ ist der südlichste Bergstock, den der Bayerische Wald der Donau entgegenstemmt. Er weist die für diese Region typische »Riegel«-Form auf: ein lang gezogener, breit ausladender Bergrücken.

Donauauen und Inselberge am Fuß des Waldgebirges Längs der Donau erheben sich am Südrand des Naturparks inselartige Berge, die wegen ihres botanischen Reichtums zum Teil geschützt sind, alte Burgruinen oder Kirchen tragen und eine imponierende Aussicht

BIKEPARK AM GEISSKOPF

Für Mountainbike-Enthusiasten eine Top-Adresse: der Bikepark am Geißkopf ❻. Der Hausberg von Bischofsmais ist durch einen

Sessellift und mehrere Schlepplifte erschlossen und wartet mit rund einem Dutzend MTB-Routen unterschiedlicher Länge und Schwierigkeitsgrade auf: vom einfachen Trainings- und Kinderparcours bis zu Jump- und Freeride-Trails mit Wippen, Sprunghügeln und 2 m hohen Drops. Der Aussichtsturm des Geißkopfes gewährt eine prachtvolle Rundschau. Mitte Mai findet das Geißkopffest statt, an Mariä Himmelfahrt (15. August) wird die Geißkopfkirchweih veranstaltet.

gewähren, darunter der Bogenberg, der »heilige Berg Niederbayerns«, der Natternberg oberhalb der Isarmündung bei Deggendorf sowie der Frauen- und der Rohrberg in Hengersberg gegenüber der Benediktinerabtei Niederaltaich. Sie alle sind Teil eines Gneisriegels, dessen hartes Gestein den Lauf des Flusses am Südrand des Waldgebirges lenkt. Der **Bogenberg** ❾ mit der gotischen Marienwallfahrtskirche ist eine von Laubwäldern und mediterranen Pflanzen besiedelte Gneiskuppe, die oberhalb der Stadt Bogen zwischen den hügeligen Südausläufern des Bayerischen Waldes und der flachen Gäubodenlandschaft des Dungaus 118 m aus dem Donautal aufragt und eine einzigartige Aussicht bis zu den Alpen, nach Österreich und zu den höchsten Höhen des Bayerischen Waldes gewährt.

Aufgrund der exponierten Lage empfängt der Bogenberg starke Sonneneinstrahlung und ist von Pflanzen besiedelt, die extreme Hitze, Trockenheit und Hunger vertragen. Auch der Frühling beginnt hier früher als andernorts: Wenn die höheren Lagen des Waldgebirges noch schneebedeckt sind, blühen im Südhang des Bogenbergs Küchenschelle, Frühlingsfingerkraut, Hungerblümchen und Blaustern.

Malerisch – mit Blick auf die Donau – krönt die Marienwallfahrtskirche den »heiligen« Bogenberg.

Naturpark Bayerischer Wald 83

Die Anwesenheit von Menschen auf diesem markanten Landschaftspunkt, das Wahrzeichen einer ganzen Region, ist archäologisch seit der frühen Bronzezeit belegt. Wie die Legende berichtet, schwamm 1104 ein steinernes Marienbild donauaufwärts und landete am Bogenberg: Dieser wurde darauf als »Berg der heiligen Maria« eines der bedeutendsten Wallfahrtsziele Niederbayerns. Das alte Gnadenbild steht in einer Nische rechts des Hochaltars in der Wallfahrtskirche: eine archaische, steinerne Sitzmadonna mit Krone und Kind, die von Kunsthistorikern mit den Schwarzen Madonnen der Romanik verglichen wird. Das um 1400 geschnitzte neue Gnadenbild zeigt eine Maria in der Hoffnung: Der Bogenberg war ein bevorzugtes Wallfahrtsziel von Schwangeren und von Frauen, die sich Kinder wünschten. Von der Wallfahrtskirche leiten mehrere Wege mit herrlicher Aussicht durch die Südflanke dieses wundersamen Berges.

Auch in **Niederaltaich** ❿ verbinden sich Natur, Kultur und Legenden. Die Benediktinerabtei mit der monumentalen Doppelturmfassade der barocken Abteikirche liegt links der Donau in einem ehemaligen Altarme- und Auengebiet, das noch der Name bewahrt: Altaich = Altaha = Altwasser. Der Agilolfinger Herzog Odilo von Bayern gründete das Kloster 731 auf einer nur per Boot erreichbaren, hochwassersicheren Terrasse in der 3 bis 4 km breiten Donauaue mit ihren Altwassern, Inseln, Auwäldern und Sümpfen.

Die wilde Flusslandschaft unterhalb der Isarmündung ist seit der Donaukorrektur im 19. Jahrhundert und der Errichtung von Volldämmen ab 1938 einer Kanal- und Graben-

MUSEUMSDORF BAYERISCHER WALD

Das Museumsdorf Bayerischer Wald am Dreiburgensee in Tittling (bei ⓫) ist das größte Freilichtmuseum des Bayerischen Waldes. Auf etwa 20 ha präsentiert es fast 150 historische Gebäude aus dem 17. bis 19. Jahrhundert: Höfe mit Nebengebäuden, Schmieden, Sägewerke, Dorf- und Wegekapellen, Mühlen (Bild), Flurdenkmäler und dazu die älteste Volksschule Deutschlands. Das Museum dokumentiert mit rund 60 000 Objekten Wohnen und Wirtschaften von Groß- und Kleinbauern, Tagelöhnern, Dienstboten und Handwerkern vom 18. bis in das frühe 20. Jahrhundert: bäuerlicher Hausrat, Möbel, Trachten, Kleidung, Wäsche, Werkzeuge und Zeugnisse der Volksfrömmigkeit. Zur Einkehr lädt das altbayerische Gasthaus Mühlhiasl die Besucher ein.

landschaft gewichen, in der einige bedeutende Relikte wie das Naturschutzgebiet Staatshaufen und das von der Alten Donau umflossene Naturdenkmal Gundelau an die einstige Lage von Altaich erinnern. Ziel der

Die Sumpfdotterblume bringt Farbe an die Ufer der schnell dahinfließenden Bäche.

Die Stromschnellen der Ilzleiten sind für Wildwasserkanuten eine sportliche Herausforderung.

Klostergründung war es, den Nordwald urbar zu machen und zu christianisieren: Die systematischen Rodungen im Bayerischen Wald begannen um 1000, Niederaltaich wurde eines der reichsten Klöster und bedeutendsten Kulturzentren Altbayerns. Die archaische Verbindung zwischen Kloster und Fluss hat sich bis ins 3. Jahrtausend bewahrt: Jeweils am letzten Sonntag im Monat findet in Niederaltaich die feierliche Segnung der Donau statt; auch die Fronleichnamsprozession ist mit der Flusssegnung verbunden.

Alte Burgen in luftiger Höhe, Wildwasserfreuden auf der Ilzleiten Das wunderschöne **Dreiburgenland** 11 bei Saldenburg und Tittling westlich der Ilzleiten zählt mit seinen drei Höhenburgen – Saldenburg, Englburg und Fürstenstein –, dem Museumsdorf Bayerischer Wald am Dreiburgensee und seinen zahlreichenn, wirklich außergewöhnlichen Granitformationen zu den herausragenden Ferien- und Freizeitgebieten der Region. Die **Ilzleiten** 12 bilden eine der bedeutendsten Wildwasserstrecken ganz Deutschlands. Die Landschaft des granitenen Dreiburgenlandes unterscheidet sich deutlich von den umgebenden Gneisgebieten, am augenfälligsten sind die bizarren Felsformationen mit ihrer charakteristischen Wollsackverwitterung. Der Diebstein bei Saldenburg, der Drei-Schalen-Stein auf der Rückseite des Saldenburger Burgberges, der Höhenberg östlich des Dreiburgensees und der Hohe Stein bei Fürstenstein sind eindrucksvolle Beispiele für diese malerischen Felsformationen, deren bekannteste der Wackelstein bei Solla ist. Dieser rund 50 t schwere, im Lauf der Jahrmillionen glatt geschliffene Block liegt auf einem leicht gewölbten Felspodium auf und lässt sich mit der Hand hin und her wackeln, wenn man den »Zauberpunkt« kennt. Wie alle Wackelsteine ist er derart positioniert, dass er ungeachtet seines Gewichts durch ein leichtes Drücken an der richtigen Stelle ins Schaukeln gebracht werden kann.

Das **Ilztal** 13 ist als Rückzugsgebiet für gefährdete Pflanzen- und Tierarten ein Traum für alle Naturliebhaber. Seit 1997 steht dieser landschaftlich großartige Abschnitt der Ilz als Naturschutzgebiet Oberes Ilztal zwischen der Ettlmühle bei Grafenau und der Mündung der Wolfsteiner Ohe bei Fürsteneck unter Schutz. Das vom Ilztalwanderweg und weiteren Wanderwegen durchzogene Kerbsohlental mit seinen felsendurchsetzten, von Burgruinen bekrönten Steilhängen – als Leiten bezeichnet – erweckt vielerorts den Eindruck einer Schlucht, doch ist die Talsohle meist relativ breit. Den Fluss begleiten Bruchweiden- und Schwarzerlen-Gehölze, Auenwiesen, lindenreiche Eichen-Hainbuchen-Wälder und naturnahe Tannen-Buchen-Wälder. Unter Kanu- und Kajakfahrern besonders bekannt ist die nach Burg Dießenstein benannte Dießensteiner Leite. Die bedeutendste Veranstaltung hier ist die alle zwei Jahre im Frühjahr veranstaltete Bayerwald-Wildwasserregatta.

AUF SCHUSTERS RAPPEN DURCH DEN BAYERISCHEN WALD

Der Europäische Fernwanderweg E6 im Bayerischen Wald ist ein naturnaher, abwechslungsreicher und spannender Bergwanderweg. Auf der Grenze der Naturparks Oberer Bayerischer Wald und Bayerischer Wald führt er zwischen Lamer Winkel und Zellertal über den Schwarzeck-Kamm zum Großen Arber ❶, tritt dann in den Nationalpark Bayerischer Wald ein und überschreitet mit Falkenstein, Rachel und Lusen an der Grenze zum tschechischen Nationalpark Sumava drei weitere herausragende Böhmerwaldberge, ehe er am Dreisesselberg ⓰ endet bzw. seine Fortsetzung im Nördlichen Kammweg findet; Letzterer führt weiter nach Österreich. Wegen der zum Teil spürbaren Anstiege ist eine gute Kondition Voraussetzung für die Begehung, zudem wartet der Weg mit wurzeldurchsetzten, steinigen und zum Teil steilen Passagen auf. Außer den zahlreichen Unterkunftsmöglichkeiten in den Talorten gibt es an fast allen Gipfeln gasthofartige Berghäuser, so auch auf dem Dreisesselberg.

Die Ilz entspringt im Nationalpark Bayerischer Wald in mehreren Quellbächen. Unterhalb von Grafenau vereinigen sich Kleine und Große Ohe und Mitternacher Ohe zur Ilz, die nun das Naturschutzgebiet Oberes Ilztal durchfließt und bei Fürsteneck als weiteren Wildbach die Wolfsteiner Ohe aufnimmt.

In der ➡ **Buchberger Leite** ⓮ bei Ringelai hat die Wolfsteiner Ohe ein wildes Schluchttal geschaffen: Vom Parkplatz am Ortsrand von Ringelai geht es bachaufwärts auf schmalen Wegen, Pfaden und Felssteigen durch den steilen, von prächtigem Mischwald bedeckten, felsendurchsetzten Hang – gelegentlich ist der Weg geländergesichert, und an einer Stelle überspannt eine Hängebrücke den Bach. Nach Durchschreiten eines Felstunnels ist die von steilen Wänden umstandene Klamm der Buchberger Leite erreicht. Felsig und wurzelreich führt der Pfad weiter aufwärts. An einer malerischen Kaskade mit Strudeltöpfen laden Sitzbänke zur Rast ein, anschließend führt der Weg wieder in wildromantische Laubwälder mit mächtigen Felsen. Wenig später mündet der Saußbach ein: Hier vereinigen sich Reschbach und Saußbach zur Wolfsteiner Ohe.

Dieser Saußbach ist nicht zu verwechseln mit seinem Namensvetter, der sich bei Waldkirchen befindet: Die als Naturschutzgebiet ausgewiesene **Saußbachklamm** ⓯ ist eine tief in den Berg eingeschnittene Schlucht mit riesigen Granitblöcken. Von Waldkirchen aus führt ein bequemer Wanderweg hinauf in diese wildromantische Gegend.

Wo schon die Heiligen Drei Könige verweilten Es gibt nur wenige Stellen im Bayerischen Wald und im Böhmerwald, um die sich derart viele Sagen ranken wie um die drei Sessel auf dem ➡ **Dreisesselberg** ⓰ im Dreiländereck von Bayern, Böhmen und Österreich. Der am weitesten verbreitete Sagenstrang deutet die schalenförmigen Vertiefungen unter dem Aspekt der Dreiländerlage: »In der uralten Heidenzeit«, so heißt es in Adalbert Stifters Erzählung »Der Hochwald« (1844), »saßen auf ihm einmal drei Könige und bestimmten die Grenzen der drei Lande: Böheim, Baiern und Österreich – es waren drei Sessel in den Fel-

Der Arbeitsplatz des bedeutenden Schriftstellers Adalbert Stifter

Solche faszinierenden Waldbilder sind die Kulissen zu Adalbert Stifters »Hochwald«.

sen gehauen, und jeder saß in seinem eigenen Lande.« Legenden berichten, dass hier die Heiligen Drei Könige gesessen hätten, als sie sich während ihrer Wanderung zum Christkind, dessen Geburtsstätte sie im Bayerischen Wald vermuteten, verirrt hatten. Der Dreisesselfels bietet einen wunderbaren Panoramablick zu Lusen und Rachel sowie zum Arber und westwärts zum Brotjacklriegel; bei klarer Sicht zeigen sich die Alpen. Der Dreisesselfels erhebt sich neben dem gleichnamigen Berggasthaus und kann auf einer schmalen Stufenanlage erstiegen werden. In Adalbert Stifters historischem Böhmen-Roman »Witiko« (1865–67) erlebt die Hauptperson die Aussicht folgendermaßen: »Witiko kletterte über die Treppe empor, Wolf folgte ihm. Oben war ebener Stand und drei hohe Lehnen, über die man hinausblicken konnte. Witiko sah in das Land Bayern. Zu seinen Füßen sah er die großen Wälder, er sah dann den Inn, die Isar und die Donau, und an dem Rande sah er die Berge der Alpen. Er wendete sich dann um, und sah gegen Mitternacht und Morgen auf die dunkeln Häupter der nahen Wälder …«

Verbunden sind der Dreisesselberg und der nahe Plöckenstein – der höchste Böhmerwaldgipfel Tschechiens und Österreichs – durch den Nordwaldkammweg, der durch das sogenannte Steinerne Meer im Hang des Bayerischen Plöckensteins führt und ein Teil des Europäischen Fernwanderweges E6 ist, sowie durch den Kammweg zum Dreiländereck. Verknüpft sind sie ferner durch Adalbert Stifter, der 1805 in Oberplan (Horní Planá) im Moldautal östlich des Plöckensteins geboren wurde und seine Wanderungen in diesem Gebiet in »Der Hochwald« und »Witiko« literarisch verarbeitet hat. An ihn erinnern der Name »Adalbert-Stifter-Steig« für die Nordwaldkammweg-Passage vom Dreisesselberg durch das Steinerne Meer, das Denkmal des Erzählers über der Karwand des Plöckensteinsees und der »Witikosteig«, ein Wanderweg von Lackenhäuser zum Dreisesselberg.

19 Nationalpark und Biosphärenreservat Bayerischer Wald   Deutschlands erster Nationalpark

ANFAHRT
Auf der A 3 Regensburg–Passau bis zum Kreuz Deggendorf, weiter auf der B 11 über Regen und Zwiesel ins Falkensteingebiet; Bahnverbindungen nach Zwiesel und Spiegelau

LAGE
In den Landkreisen Regen und Freyung-Grafenau im Inneren Bayerischen Wald entlang der Grenze zur Tschechischen Republik, an den Naturpark Bayerischer Wald angrenzend

GRÖSSE
243 km^2

HÖCHSTE ERHEBUNG
Großer Rachel (1453 m)

GRÜNDUNG
1970; 1997 erweitert

INFORMATION
Hans-Eisenmann-Haus
Böhmstraße 35
94556 Neuschönau

TELEFON
08558/96 150

INFOHÄUSER
In Frauenau, Mauth, Spiegelau, St. Oswald, Bayerisch Eisenstein und Zwiesel

INTERNET
www.nationalpark-bayerischer-wald.de

Wo Moore Filze heißen und Weideflächen Schachten sind, wo geheimnisvolle Bergfichtenwälder an die Märchen aus der Kindheit erinnern und glasklares Quellwasser eilig über Fels und Wurzelwerk hüpft, liegt eines der ältesten Gebirge der Erde und Deutschlands erster Nationalpark. Das »Wäldle«, wie es die Einheimischen nennen, birgt Schönheit und Größe. Damit sind weniger die riesigen Waldflächen – die größten in Mitteleuropa – gemeint als vielmehr die Erhabenheit und Stille der Natur, die Schönheit und Gelassenheit der Gebirgsregion. Entlang der deutsch-tschechischen Grenze türmen sich gewaltige Bergmassive auf: Falkenstein, Rachel, Lusen und Dreisessel.

Einst höher als die Alpen Die Berge des Bayerischen Waldes waren im Erdaltertum höher als die der Alpen. Seit etwa zwei Millionen Jahren werden verwitterungsfähige Gesteinsschichten abgetragen und abgeschliffen, zurück bleiben tiefe Täler und hohe Gipfel aus dem harten Urgestein Gneis (Arber, Rachel), Granit (Lusen, Dreisessel), Glimmerschiefer (Osser) und Hornblendgestein (Hoher Bogen). Im jetzigen Stadium ist der Bayerische Wald das zweithöchste deutsche Mittelgebirge und die Heimat riesiger Nadelwälder. 80 Prozent seines Bestandes sind Fichten, die in den Hochlagen beste Wachstumsbedingungen finden. Ein uriger Wald, im wahrsten Sinne des Wortes, zerklüftete Felsen und schroff nach Süden abfallende Hänge, eingehüllt in dichten, dunklen Tannenwald oder lichten Mischwald. Bäche plätschern über ihr Kiesbett, über bemooste Wurzeln und braune Tannennadeln und suchen ihren Weg mal über, mal unter ausgewaschenem Gestein. Der Waldreichtum, seine Lage außerhalb der großen Touristenströme, dazu eine an Großindustrie arme Region mit klarer Luft, begünstigen seine natürliche Entwicklung. Das Klima der Region ist rau. Lang anhaltende Nebel prägen November und Dezember; der Februar ist schneesicher und der Sommer nur kurz. Doch der Blütenreichtum in dieser kurzen Zeit ist üppig.

Der Nationalpark teilt sich in drei Gebiete auf, die von den Gipfeln des 1453 m hohen Rachel und des 1373 m hohen Lusen dominiert werden. Mit der Erweiterung des Nationalparks 1997 kam der 1315 m hohe Falkenstein im Norden hinzu. Auf 300 km ausgewiesenen Wanderwegen kann man alle drei Gebiete naturnah erleben.

Wölfe und viele andere wilde Tiere sind in den beiden Tierfreigeländen zu beobachten.

Wahrhaftiger Höhepunkt in wilder Berglandschaft: Der Aufstieg zum Gipfel des Großen Rachel ist ein Erlebnis.

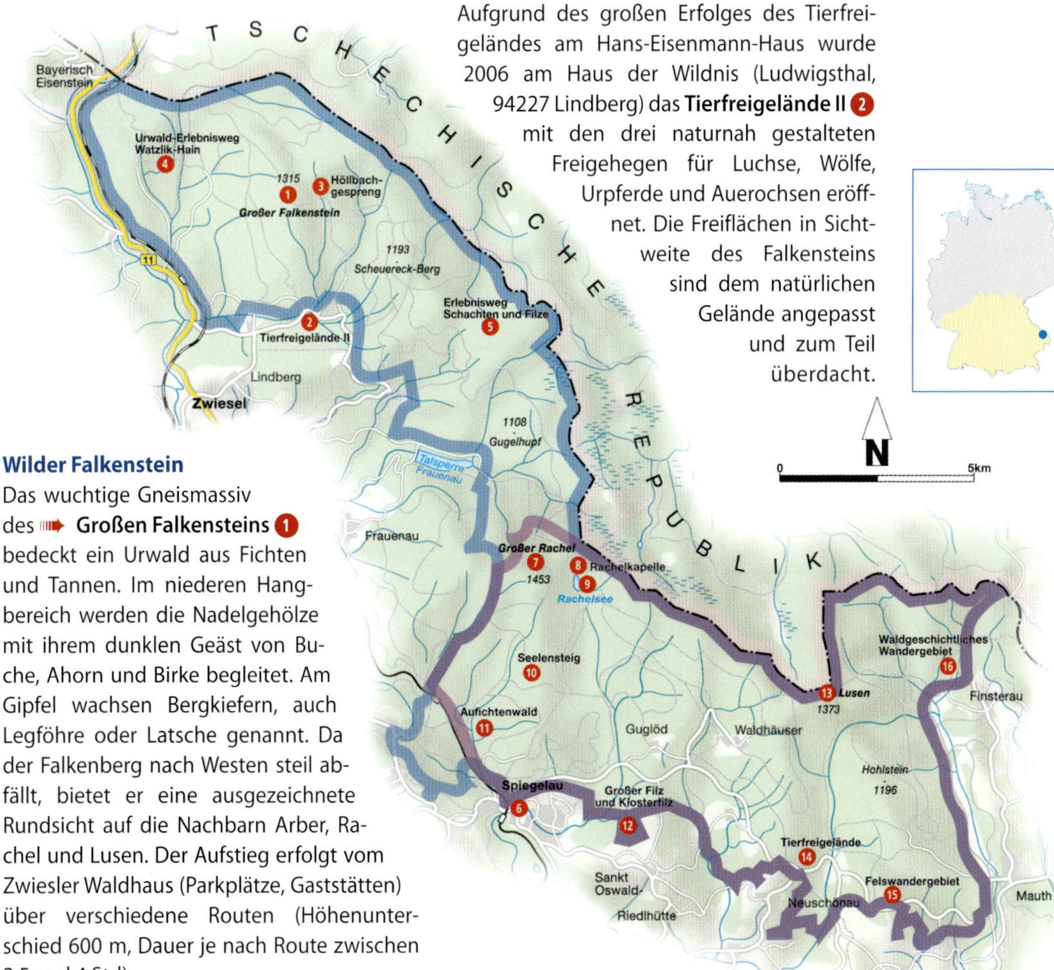

Aufgrund des großen Erfolges des Tierfreigeländes am Hans-Eisenmann-Haus wurde 2006 am Haus der Wildnis (Ludwigsthal, 94227 Lindberg) das **Tierfreigelände II** ❷ mit den drei naturnah gestalteten Freigehegen für Luchse, Wölfe, Urpferde und Auerochsen eröffnet. Die Freiflächen in Sichtweite des Falkensteins sind dem natürlichen Gelände angepasst und zum Teil überdacht.

Wilder Falkenstein

Das wuchtige Gneismassiv des ➡ **Großen Falkensteins** ❶ bedeckt ein Urwald aus Fichten und Tannen. Im niederen Hangbereich werden die Nadelgehölze mit ihrem dunklen Geäst von Buche, Ahorn und Birke begleitet. Am Gipfel wachsen Bergkiefern, auch Legföhre oder Latsche genannt. Da der Falkenberg nach Westen steil abfällt, bietet er eine ausgezeichnete Rundsicht auf die Nachbarn Arber, Rachel und Lusen. Der Aufstieg erfolgt vom Zwiesler Waldhaus (Parkplätze, Gaststätten) über verschiedene Routen (Höhenunterschied 600 m, Dauer je nach Route zwischen 2,5 und 4 Std).

LUCHS (*Lynx lynx*)

Das Wappentier des Nationalparks Bayerischer Wald wird bis zu 1,30 m groß, bei einer Schulterhöhe von 65 cm – es ist die größte Katze Europas. Der Luchs lebt als Einzelgänger, der vor allem in der Dämmerung und nachts kleine und mittelgroße Huftiere jagt. Im Übrigen gehören zu seiner Beute praktisch alle im jeweiligen Lebensraum vorhandenen kleinen und mittelgroßen Säuger und Vögel. Das Leben als Einzelgänger geben die Luchse nur zur Paarungszeit zwischen Februar und April auf. Die zwei bis drei Jungen werden meist nach einer Tragzeit von zehn Wochen in einer Felsenhöhle geboren und bleiben bis zum nächsten Frühjahr bei der Mutter. Die Lebensdauer eines Luchses liegt bei zehn bis zwölf Jahren, es wird allerdings auch von älteren, bis zu 24-jährigen Einzeltieren berichtet.

Das **Höllbachgespreng** ❸ unterhalb des Falkensteins ist eines der ältesten Naturschutzgebiete im Bayerischen Wald. In dieser felsigen Region stürzt sich der Höllbach als imposanter Wasserfall über haushohe Felsen, wahrlich ein furchterregender Ort. In grauer Vorzeit vermutetete man in dieser einsamen, wilden Bergregion gar den Eingang zur Hölle – eine Vorstellung, die wegen der von der Schwefelflechte gelb gefärbten Felsüberhänge durchaus glaubhaft war. Der Aufstieg durch diese Landschaft verlangt Kondition und Trittsicherheit. Etwas einfacher zu laufen ist der **Urwald-Erlebnisweg Watzlik-Hain** ❹ zwischen Zwiesler Waldhaus und Schwellhäusl. Ein schmaler Pfad führt als etwa 2 km langer Erlebnisweg unter 50 m hohen Baumriesen durch den Watzlik-Hain. Die Kolosse haben bereits 500 Winter überstanden.

In das wilde Falkensteingebiet führt der ➡ **Erlebnisweg Schachten und Filze** ❺. Auf die 1000 bis 1200 m hoch gelegenen Schachten, die Almen des Bayerischen Waldes, trieb man früher im Sommer Jungrinder und Ochsen. Die Waldhirten lebten in kleinen Holzhütten und waren ganz auf sich gestellt. Seit 1962 werden diese Waldweiden nicht mehr genutzt, sodass der Wald das ihm entrissene

Der Rachelsee mit seinem kristallklaren Wasser – ein gern besuchtes sommerliches Idyll in stiller Bergwelt

Auf 1140 m Höhe liegt die erhaltene Berghütte des 1829 angelegten und 1962 aufgegebenen »Verlorenen Schachten«.

Land zurückerobern kann. Wie eine Kette reihen sich die Schachten in den höheren Lagen zwischen Falkenstein und Rachel aneinander, Inseln im Waldmeer mit uralten Exemplaren von Ahorn und Buche. Zwischen den Schachten blieben Hochmoore erhalten, die im Bayerischen Wald Filze genannt werden. An manchen Stellen verbindet ein naturschonender Holzbohlensteg die charakteristischen Schachten und Filze zu einem Erlebnisweg. Eine Tageswanderung beginnt am Parkplatz der Talsperre Frauenau und schlägt einen weiten Bogen nach Buchenau (Möglichkeit zur Einkehr); von dort sind es 1,5 km Rückweg bis zur Talsperre.

Großer Rachel – imposanter Gipfel in glasklarer Luft Der Urlaubsort **Spiegelau** ❻ ist bekannt für sein Kristallglas und seine glasklare Luft. Zahlreiche Wanderwege führen zu den schönsten Stellen des Bayerischen Waldes: zum zauberhaften Seelensteig, zum geheimnisvollen Aufichtenwald oder auf den Gipfel des Großen Rachel. Kinder fühlen sich im Waldspielgelände bestens aufgehoben. Die Tour auf den zweithöchsten Berg im Bayerischen Wald, den ▸ **Großen Rachel** ❼, beginnt am Parkplatz Gfäll, den die umweltfreundlichen Igel-Busse fast stündlich anfahren. Bis zum 1453 m hohen Gipfel sind 500 m Höhenunterschied zu bewältigen. In den niederen Hanglagen führt der Weg zunächst durch geschlossene Bergmischwälder: Fichten, begleitet von Weißtannen und Rotbuchen, herrschen vor, auf geschützten Hängen wachsen auch Bergahorn, Bergulme, Esche und Wildkirsche, mitunter selbst die seltene Eibe. Der Weg führt beständig bergan. Durch die Kronen der Bäume fallen goldene Lichtflecke auf den holprigen Pfad. Einen märchenhaften Wald bilden die Fichten in den höheren Berglagen. Bis zum Waldboden reichen ihre struppigen Äste – verfilzt und undurchdringlich ist hier der Wald. Es gibt kaum Pflanzengrün außer vereinzelten Farnen, dafür im Unterholz aber Pilze in den vielfältigsten Formen und Farben. Bevor das flachgewölbte Gneisplateau des Rachel erreicht wird, verheißt die Rachelschutzhütte Erfrischung auf Holzbänken mit Fernsicht. Bis zum Gipfelkreuz ist es nur noch ein kurzer, aber steiler und steiniger Aufstieg. Sturm und Schnee machen der Pflanzenwelt in Gipfelnähe das Leben schwer. Hier halten sich trotzdem Latschen und die widerstandsfähigen Vogelbeerbäume, Flechten, Moose und Farne

Lichter tanzen auf den Wassern der Kleinen Ohe, wenn sie sich ihren Weg durch das Granitgestein am Lusen bahnt.

überdecken Steine und Geröll. Auch Bärlapp, Siebenstern, Blauer Eisenhut und den Frühblüher Soldanelle, Bergglöckchen genannt, kann der aufmerksame Wanderer entdecken. Sogar der seltene und deshalb streng geschützte Ungarische Enzian ist zu finden. Vom Großen Rachel überblickt man die Berge des Böhmerwalds (auf Tschechisch: Sumava), der wie sein deutsches Pendant zum Nationalpark erklärt wurde.

Urwald in unwegsamem Gelände Der Abstieg zur **Rachelkapelle** ❽ beginnt über steile Felsstufen. Vor langer Zeit, erzählt eine Geschichte, verweigerte das Pferd des Försters im dichten Nebel den Gehorsam und bewahrte so seinen Herrn vor dem Absturz von der Felswand. Zum Dank errichtete der Reiter diese kleine, ausgeschmückte Holzkapelle.

An der steil zum **Rachelsee** ❾ abfallenden Seewand hat sich ein urwüchsiger Wald gebildet. Die schroffen Felshänge, das abgestürzte Holz, verwitterte Wurzeln und überwuchertes Gestein sind ein bizarrer Kontrast zu der spiegelglatten Wasserfläche des Sees, der sich im 14 m tiefen Bett eines eiszeitlichen Gletschers gebildet hat. Den See umgibt eine feierliche Stille, nur bisweilen vom fernen Klopfen eines Spechtes unterbrochen. Sein schwefelhaltiges Wasser lässt der Pflanzenwelt keine Chance. Über den Abfluss des Sees, die Große Ohe, trifteten früher Waldarbeiter Holz in das Gebirgsvorland. Informationstafeln und ein Lehrpfad erläutern die Spuren der letzten Eiszeit und machen mit der Waldentstehung im Rachelseegebiet bekannt.

Ein lokaler Gewittersturm verwüstete im Sommer 1983 die Bergmischwälder am Fuße des Rachel. Abertausende vom Wind geworfene Fichten türmten sich zu einem undurchdringlichen Verhau. Die Natur zauberte, was

Hochmoore mit ihrer interessanten Vegetation werden im Bayerischen Wald Filze genannt.

kaum jemand für möglich hielt, in nur zehn Jahren aus dem Chaos einen Märchenwald. Ein Holzsteg, genannt ➠ **Seelensteig** ❿, überquert gestürzte Bäume und Bachläufe und umgeht Unwegsamkeiten – die Erde wird von den Füßen der Naturliebhaber nicht berührt. Das Dunkel des tiefen Waldes, der Duft der Wildblumen, erdige Gerüche, das leise Rascheln von kleinen Waldlebewesen, all das schärft die Sinne. Zusammenhänge in der Natur und ihre Selbstheilungskräfte werden sichtbar. Hier hat das Wachsen, Werden und Vergehen uneingeschränkten Vorrang.

Östlich von Spiegelau erstreckt sich ein Moorgebiet, das **Großer Filz und Klosterfilz** ⓬ genannt wird. Auch dieses Hochmoor bleibt weitgehend sich selbst überlassen und darf im Kernbereich nicht betreten werden. Jedoch ermöglicht ein Aussichtsturm einen Blick auf das allmählich zuwachsende Hochmoor, auf dessen nährstoffarmer Torfschicht Sonnentau und Scheidiges Wollgras wachsen. Der Turm kann nach einem 20-minütigen Fußweg vom Parkplatz Filzwald an der Nationalparkstraße von Spiegelau nach Neuschönau erreicht werden.

> **BÄRWURZ** (*Meum athamanticum*)
>
> Die lateinische Bezeichnung soll auf den römischen Naturforscher Plinius d. Ä. (1. Jh.) zurückgehen. Die weißen Blütendolden leuchten aus dem Wiesengrün, das Blattkraut ähnelt dem Dill: Bärwurz wird bis zu 60 cm hoch und blüht von Mai bis Juni auf Weiderasen mit durchlässigem, feuchtem Boden. Das feine Laub und die Wurzeln haben einen kräftigen Geschmack. Im Bayerischen Wald werden die Wurzeln zum Brennen von Bärwurzschnaps verwendet und in die charakteristischen braunen Steingut-Flaschen abgefüllt.

Auf den nassen Böden des Tals bei Spiegelau wächst natürlicher **Aufichtenwald** ⓫. Seinen Wurzeln bietet der weiche Untergrund nur wenig Halt, sodass es immer wieder zu Windwürfen kommt. Sie bestimmen die natürliche Entwicklung des Aufichtenwaldes. Ein Steg, der durch das Gebiet gelegt wurde, hält die Füße der Wanderer trocken und ermöglicht Einblicke in den positiven Ablauf der sich selbst überlassenen Natur.

Erhabener Lusen Der Aufstieg auf den mit 1373 m zweithöchsten Berg des Nationalparks, den ➠ **Lusen** ⓭, führt über den schnurgeraden Sommerweg zuerst mäßig bergan, dann aber über die steilen Steintreppen der »Himmelsleiter« direkt zum Gipfel. Der mühevolle Aufstieg wird bei entsprechendem Wetter mit einer grandiosen Fernsicht belohnt. Die kahle Kuppe bedecken heillos durcheinander geworfene Granitbrocken.

BORKENKÄFER *(Scolytinae)*

In den höheren Lagen strecken sich reihenweise bleiche Baumgerippe in den Himmel (Bild). Gegen den Borkenkäfer müsse man doch etwas unternehmen, lautet eine häufige Forderung. Nein, sagen die Naturschützer, der Borkenkäfer befalle nur kranke Bäume, besonders in Monokulturen mit gleich großen, gleich alten und gleich labilen Fichten. Denn die Fichte liebt es kalt und feucht; in Mitteleuropa kommt sie natürlich erst ab Höhen von 900 m vor, ist also in den oberen Lagen des Bayerischen Waldes durchaus anzutreffen. Gesunde Fichten wehren sich mittels ihres zähflüssigen Harzes erfolgreich gegen den Befall durch die nur reiskorngroßen Insekten. Nach dem Motto »Natur Natur sein lassen« hat man nichts gegen den Borkenkäfer unternommen und den Wald auf 10 000 ha seinem Schicksal überlassen. Doch im Gegensatz zu den bewirtschafteten Forsten bleiben die toten Fichten stehen. Darunter wächst erstaunlich rasch, innerhalb weniger Jahre, ein neuer, artenreicher Bergwald heran. Das ist naturgemäßer und kostengünstiger, als befallene Fichten zu fällen und wieder aufzuforsten.

Während der Eiszeit hat der ständige Wechsel zwischen schneller Erwärmung und Abkühlung den Granitfelsen auseinanderbrechen lassen. Die alten Bergfichtenwälder am Lusen fielen ab 1995 dem Borkenkäfer zum Opfer; doch stirbt nicht der ganze Wald, nur einzelne alte Bäume gehen ein. Im Schutz der toten Bäume wächst stürmisch ein neuer, wilder Jungholzwald nach.

Das Lusenschutzhaus mit Einkehrmöglichkeit befindet sich nur wenige Meter unterhalb des Lusengipfels. Die Öffnungszeiten sind zu Beginn der Tour auf einer Infotafel des Nationalparks am Parkplatz zu erfahren. In der Regel wird die Berghütte im Sommer durchgehend bewirtschaftet, im Winter nur von Freitag bis Sonntag, ansonsten bei Bedarf. Der Abstieg erfolgt über den Winterweg, der von mächtigem Bergahorn und von Buchen gesäumt wird.

Der Ausgangspunkt für die Bergtour ist der Parkplatz Lusen, der im Sommer (Mitte Mai bis Ende Oktober) von 9–16 Uhr nur mit den Igel-Bussen erreicht werden kann; im Winter ist die Straße ab Waldhäuser für Autos gesperrt (20 Minuten mehr Wegzeit). Die Tour erfordert festes Schuhwerk und Trittsicherheit (Länge 4,2 km, Höhenunterschied 250 m, zum Gipfel hinauf sehr steil auf der »Himmelsleiter«, Dauer etwa 2,5 Std.).

Eine rund dreistündige Wanderung nimmt ebenfalls am Parkplatz Lusen ihren Anfang, führt aber ab der Wegkreuzung »Schutzhütte Böhmweg« zum sagenumwobenen Teufelsloch. In dieser tiefen Felsschlucht rauscht unter Tausenden Granitblöcken dumpf und geheimnisvoll das Wasser des Flüsschens Kleine Ohe. Am Weg blühen unzählige Blumen und Kräuter: Alpenmilchlattich, Berghahnenfuß, Waldgeißbart und Pestwurz. Über die »Wanderlinie Ranne« gelangt man zur Martinsklause, einem Teich, der im vergangenen

An den feuchten Bachläufen im Halbdunkel der riesigen Fichten gedeiht prächtig die Pestwurz.

Jahrhundert zur Holztrift angelegt wurde. Von hier geht es zurück zum Parkplatz.

Bär, Wolf & Co. Unter dem dichten Kronendach der Laub- und Nadelwälder wächst im spärlichen Sonnenlicht nur wenig Nahrung für große Tiere. So ist frei lebendes Wild im Naturwald schwer zu beobachten. Das 200 ha große ➡ **Tierfreigelände** ⑭ bei Neuschönau erlaubt es dem Besucher dennoch, sich mit den 45 heimischen Tierarten vertraut zu machen, die vor etwa 150 Jahren hier noch in freier Wildbahn lebten. In den Freigehegen tummeln sich Bären, Wölfe, sogar Wisente und ein Luchspärchen, Biber, Otter und viele Greifvögel. Die Tiere lassen sich am frühen Vormittag und am späten Nachmittag am besten beobachten und fotografieren. Für den 7 km langen Rundweg sollte man sich mindestens drei Stunden Zeit nehmen. Die Wege eignen sich auch bestens für Kinderwagen und Rollstuhlfahrer. Ausreichend Parkplätze gibt es am Informationszentrum Hans-Eisenmann-Haus.

Die Wanderung zum **Felswandergebiet** ⑮ führt durch die Vorberge des Lusen. Die markantesten Felsen, Große und Kleine Kanzel, gewähren weite Ausblicke auf das Vorland. Steile Steintreppen aus Natursteinblöcken, schulterenge Felspassagen, Pfade auf federndem Waldboden und gigantische Wurzelteller riesiger umgestürzter Bäume rufen eine urzeitliche Stimmung hervor. Die Landschaft des Steinberges ist äußerst abwechslungsreich, beeindruckend und leicht zu erlaufen. Der Rundweg mit 170 m Höhenunterschied beginnt am Parkplatz Felswandergebiet an der Straße zwischen Neuschönau und Mauth. Im Sommerhalbjahr ist das Felswandergebiet auch mit Igel-Bussen erreichbar, die Wege sind im Winter nicht geräumt (etwa 1,5 Std. Wanderzeit).

Wandern und lernen kann man auch im **Waldgeschichtlichen Wandergebiet** ⑯ bei Finsterau. Auf der 8,5 km langen Wanderung lernt man den Wald als Wirtschaftsraum im Laufe der Zeit kennen. Der Rundweg beginnt am Parkplatz Wistlberg und führt über das Finsterauer Filz zum Waldsee Reschbachklause und auf den Aussichtspunkt Siebensteinfelsen. Ein Besuch im Freilichtmuseum Finsterau mit zehn originalgetreu aufgebauten Waldhäusern rundet einen erlebnis- und wissensreichen Tag ab.

Der Gipfel des Lusen ist ein erhabener Ort zum Abschiednehmen von einem wunderbaren Wandertag.

20 Naturpark Stromberg-Heuchelberg
Weltkulturerbe Kloster Maulbronn, Highlight im Naturpark

ANFAHRT
Auf der A 6 bis zur Ausfahrt Sinsheim/Steinsfurt und weiter nach Eppingen, dort ist der Ottilienberg an der Straße nach Mühlbach ausgeschildert; nächstgelegene ICE-Bahnhöfe in Bruchsal und Stuttgart

LAGE
Im westlichen Baden-Württemberg

GRÖSSE
330 km²

HÖCHSTE ERHEBUNG
Baiselsberg (477 m)

GRÜNDUNG
1980

INFORMATION
Naturparkzentrum
Stausee Ehmetsklinge
74374 Zaberfeld

TELEFON
07046/88 48 15

INFOHAUS
In Zaberfeld

INTERNET
www.naturpark-stromberg-heuchelberg.de

Stromberg und Heuchelberg erheben sich über den Gäulandschaften von Kraichgau und Neckarbecken. Der Laubwald mit seinem Vogelreichtum – der gesamte Stromberg ist Vogelschutzgebiet –, die zahlreichen Wander- und Radwege, die Weinberge und Streuobstwiesen, die teils als Naturschutzgebiete ausgewiesenen, teils als Badeparadiese genutzten Teiche, die Kulturattraktionen in den Fachwerkorten haben Strom- und Heuchelberg zu einem klassischen Naherholungsgebiet werden lassen. Kultureller Höhepunkt ist das Kloster Maulbronn.

Von der Pilgerkapelle zum Welterbe, vom Milchbrunnen zum Weindorf Auf der Eppinger Hardt liegt eine aussichtsreiche Sandsteinkuppe: der **Ottilienberg** ➡ ❶. Innerhalb eines keltischen Ringwalls erheben sich die Ruinen der spätgotischen Ottilien-Wallfahrtskapelle. Ihr Turm fungiert als Aussichtsturm und bietet einen erstklassigen Blick auf die Fachwerkstadt Eppingen im Elsenztal und auf die 1000 Hügel des Kraichgaus. Am Wanderparkplatz am Aufgang zum Ringwall beginnen herrliche Wanderwege in die umgebenden Laubwälder, darunter zum Kraichgaublick, auf dem Eppinger-Linien-Weg zum Hügelgräberfeld im Kopfrain sowie zum Jägersee, dem ehemaligen Klosterteich im Teufelsgrund am Fuß des Ottilienberges. Alljährlich im Frühjahr sind die Waldwege nördlich des Berges Schauplatz des am Kraichgaustadion beginnenden »Ottilienberglaufes«, eines der drei 10-km-Volksläufe um den Heuchelberg-Cup.

Der größte Strombergrücken erstreckt sich von Sternenfels ostwärts zwischen Zabergäu und Kirbachtal bis fast an den Neckar, auf dem Rücken verläuft der »Rennweg«, ein als Rad- und Wanderweg genutzter mittelalterlicher Höhenweg. **Sternenfels** ❷ ist das Weindorf an der Quelle der Kraich, die mitten im Ort entspringt und der Region den Namen gab. Wer dem Bach ca. 15 Minuten talwärts folgt, gelangt zum Trinkwaldsee, zum Rotwildgehege und zum Kraichsee. Der Schlossbergturm ist das Wahrzeichen von Sternenfels. Er gewährt oberhalb der Weinberge einen prachtvollen Blick auf das Dorf und über den Kraichgau bis zum Odenwald und zur Pfalz. Der Schlossbergturm, bei dem sich ein Wanderparkplatz befindet, ist Ausgangspunkt für Wanderungen auf dem Rennweg, an dem die

Kloster Maulbronn, Teil des Weltkulturerbes, stellt einen besonderen Anziehungspunkt im Naturpark dar.

EPPINGER-LINIEN-WEG

Das Kraichgaustadion im Norden des Ottilienberges ❶ ist Ausgangspunkt dieses 40 km langen Höhenwanderweges. Die Eppinger Linien (Bild) sind eine historische Verteidigungslinie, die Ludwig Wilhelm I. von Baden-Baden 1695-97 während des Pfälzischen Erbfolgekrieges zum Schutz vor den Truppen des französischen »Sonnenkönigs« Louis XIV. zwischen Neckar und Enz errichten ließ. Am besten erhalten ist diese aus einem Wall-Graben-System mit Wachtürmen bestehende Schutzlinie im Naturpark. Der Eppinger-Linien-Weg folgt dieser alten Verteidigungslinie von Eppingen bis Mühlacker. Markiert ist er mit einer Chartaque, dem charakteristischen Wachturm. Viele Infotafeln entlang der Strecke geben Auskunft über Entstehung und Geschichte der Eppinger Linien.

Ruinen der Stauferburg **Blankenhorn** ❸ ein viel besuchtes Ausflugsziel sind. Unterhalb der Burg entspringt in der schluchtenartigen Milchbrunnenklinge der Milchbrunnen: Sein Wasser ist so kalkhaltig, dass es oft milchweiß aussieht.

Der im Nordosten aus dem Kamm vorspringende ➡ **Michaelsberg** ❹ ist das Wahrzeichen des Zabergäus. Seit dem Mittelalter trägt der rebengeschmückte Bergrücken eine dem Erzengel geweihte Wallfahrtskirche. Das ebenfalls auf dem Gipfel errichtete ehemalige Kapuzinerhospiz (1739) dient als katholisches Jugendhaus. Erreichbar ist der aussichtsreiche Gipfelbereich in knapp 15 Minuten vom ausgeschilderten Parkplatz an der Straße Cleebronn-Bönnigheim. Bei gutem Wetter reicht die Fernsicht bis zum Katzenbuckel im Odenwald, zu den Löwensteiner Bergen und zur Schwäbischen Alb.

Einen Ausblick über die Weinberge im Süden des Naturparks sowie über das Enztal hinweg zu den Höhen der oberen Gäue und des Schwarzwaldes bietet der Aussichtsturm der Eselsburg auf dem **Eselsberg** ❺ beim Wein- und Fachwerkdorf Ensingen.

Die **Zisterzienserabtei Maulbronn** ❻ ist eine erhaltene mittelalterliche Klosteranlage. 1993 nahm die UNESCO das von der Romanik bis zur Spätgotik entstandene Gebäudeensemble und die von Mönchen angelegten Teiche im Salzachtal in die Liste des Weltkulturerbes auf. Die Anlage stellt sich in der Art eines Freilichtmuseums dar – wie eine »Klosterstadt« mit Ringmauer, Türmen, Mühle, Spital, Schmiede, Scheune und Gesindehaus. Gegründet wurde die Abtei 1147 als Tochterkloster des elsässischen Zisterzienserklosters Neuburg. In der Folgezeit entstanden als bedeutendste Werke die Klosterkirche mit romanischer Westfassade, Paradies und Netzgewölbe, der gotische Kreuzgang mit der Brunnenkapelle, das Herrenrefektorium, der Kapitelsaal sowie das Parlatorium (Gesprächsraum). Das Weiher- und Grabensystem oberhalb des Klosters Maulbronn ist teilweise erhalten und ebenfalls Bestandteil des UNESCO-Welterbes.

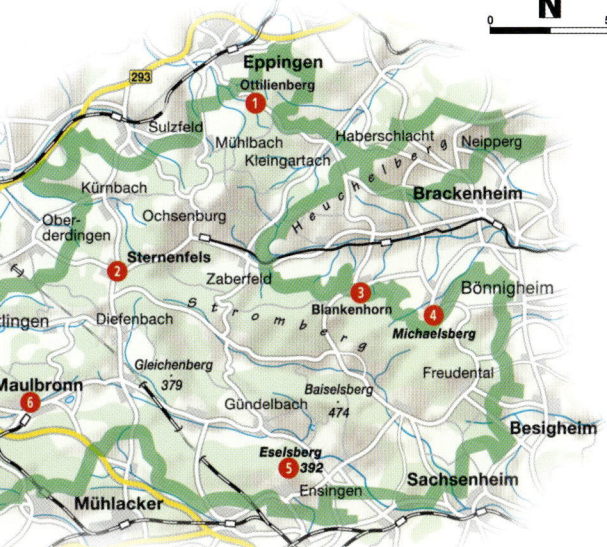

21 Naturpark Schwäbisch-Fränkischer Wald
Klingen, Schluchten, Grotten und ein UNESCO-Weltkulturerbe – na bitte

ANFAHRT
Auf der A 81 Stuttgart–Heilbronn bis zur Ausfahrt Ilsfeld, weiter nach Beilstein; nächstgelegene Bahnhöfe in Heilbronn und Backnang

LAGE
Nordöstlich von Stuttgart im Nordosten Baden-Württembergs zwischen den Flüssen Neckar (Westen), Kocher (Norden und Osten) und Rems (Süden)

GRÖSSE
904 km²

HÖCHSTE ERHEBUNG
Hohe Brach (586 m)

GRÜNDUNG
1979

INFORMATION
Naturpark
Schwäbisch-Fränkischer Wald e. V.
Naturparkzentrum
Marktplatz 8
71540 Murrhardt

TELEFON
07192/21 38 88

INFOHAUS
In Murrhardt

INTERNET
www.naturpark-sfw.de

Die Löwensteiner Berge im Nordwesten, die Waldenburger Berge im Nordosten, Mainhardter und Murrhardter Wald im Zentrum und schließlich der Welzheimer Wald im Süden bilden die Naturräume, die der Naturpark umfasst. Karg ging es hier einst zu, denn auf weiten Flächen eignen sich die Böden im Keuperbergland nicht zum Ackerbau. Reichlich gab es nur zweierlei: Holz und Wasser.

Was früher die Menschen zur Abwanderung trieb, lockt heute die Erholungsuchenden: Wem der Trubel im wirtschaftsstarken Großraum Stuttgart mit seinen 2,7 Millionen Einwohnern zu viel wird, der fährt gerne in das dünn besiedelte, waldreiche Bergland nordöstlich der Landeshauptstadt zum Wandern, Radfahren, Schwimmen – oder zu genussreicher Einkehr.

Flugkünste, Fernblicke und eine natürliche Felsbrücke Adler und Geier kreisen majestätisch über sonnenbeschienenen Rebhängen: Das ist das ebenso irritierende wie reizvolle Bild, das sich dem Besucher täglich bei der Burgfalknerei **Hohenbeilstein** ❶ bietet (www.falknerei-beilstein.de). Vom fachwerkgeprägten Städtchen Beilstein, das durchaus einen Bummel lohnt, fährt man bergan (weiträumig ausgeschildert) zum Großparkplatz. Am kurzen, gemächlichen Aufstieg zur Burg informiert ein Weinlehrpfad über verschiedene Aspekte der Rebpflege. Weit schweift der Blick ins Land, u. a. in das rebenreiche Bottwartal. Bald ist die um 1255 errichtete, weitgehend erhaltene bzw. rekonstruierte Burg erreicht, die auf eine Befestigung aus dem 11. Jahrhundert zurückgeht. Im ehemaligen Burggraben sind heute die Volieren der etwa 100 Tag- und Nachtgreifvögel untergebracht; die faszinierenden Tiere werden hier nicht nur gehalte und gezeigt, sondern auch nachgezüchtet und (beispielsweise nach Verletzungen) aufgepäppelt. Den Höhepunkt aber stellt die Flugschau dar, wenn der Falkner seine beeindruckenden Schützlinge aufsteigen lässt

Beeindruckenden Felsformationen begegnet der Besucher des Naturparks immer wieder, wie hier am Hohlenstein.

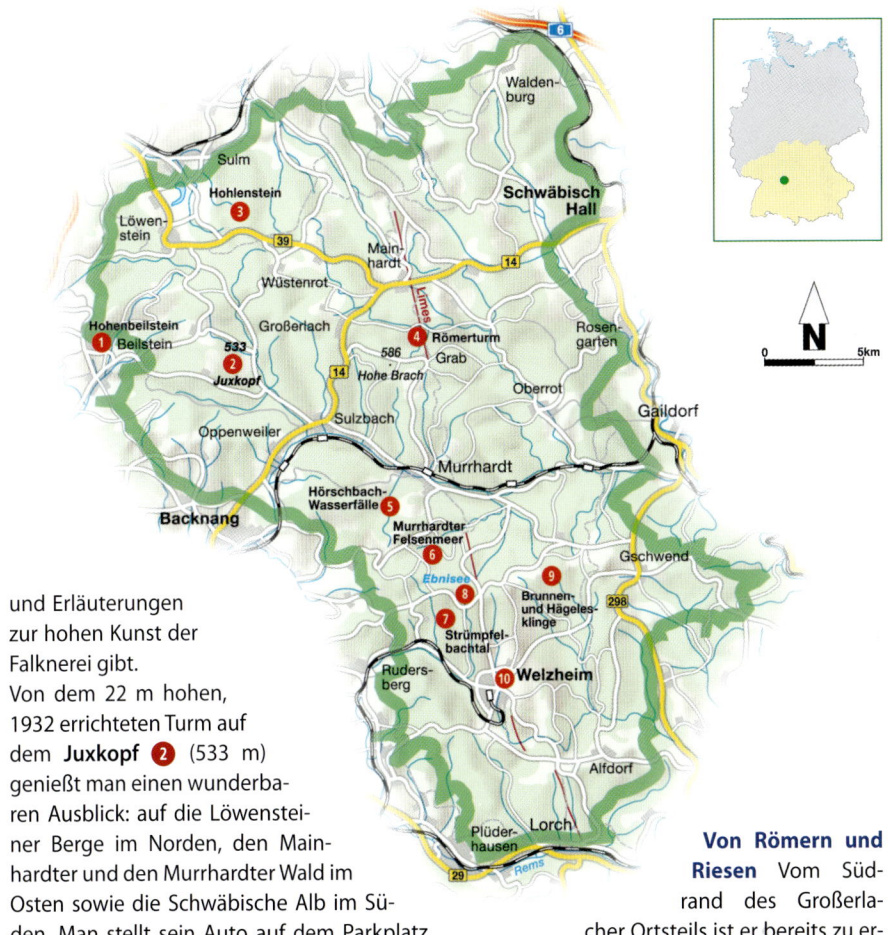

und Erläuterungen zur hohen Kunst der Falknerei gibt.
Von dem 22 m hohen, 1932 errichteten Turm auf dem **Juxkopf** ❷ (533 m) genießt man einen wunderbaren Ausblick: auf die Löwensteiner Berge im Norden, den Mainhardter und den Murrhardter Wald im Osten sowie die Schwäbische Alb im Süden. Man stellt sein Auto auf dem Parkplatz am nördlichen Ortseingang von Jux (Haltestelle »Kindergarten«) ab und spaziert rund 400 m auf einer Landwirtschaftsstraße zum Turm hinauf. Er ist in den Sommermonaten sonntags geöffnet und bewirtschaftet, zu anderen Zeiten kann man sich den Schlüssel im Gasthaus Zum Löwen in Jux holen.

Eine geologische Sensation stellt zweifellos der ➡ **Hohlenstein** ❸ dar, ein geschütztes Naturdenkmal. Man parkt auf dem ersten Wanderparkplatz links der B 39 von Löwenstein nach Wüstenrot und nimmt dann den linken Weg, den durch Holzschilder markierten Sommerrainweg. Nach rund 1 km durch artenreichen Mischwald weist ein kleines Schild rechts steil bergab (gutes Schuhwerk!). Nach etwa 200 m steht man im schummrigen Halbdunkel des dichten Waldes vor dem zauberhaften Naturphänomen: Eine kleine Klinge mit einem Bächlein wird von einer natürlichen Brücke überspannt, die man – entsprechend vorsichtig – sogar betreten kann.

Von Römern und Riesen Vom Südrand des Großerlacher Ortsteils ist er bereits zu erkennen: der ➡ **Römerturm bei Grab** ❹ auf dem Heidenbuckel (536 m). Man parkt, nachdem man sich den Turmschlüssel im Gasthof Löwen oder Rössle in Grab geholt hat, am Fuße des Berges und nimmt entweder den etwas längeren, auch für Rollstühle geeigneten Weg nach oben (10 Min.) oder den kürzeren, steileren Weg. Dort oben glaubt sich der Besucher wahrhaft zurückversetzt in die Römerzeit: Nicht nur der Wachturm wurde rekonstruiert, sondern auch Teile von Graben, Wall und Palisade; außerdem wurde – so wie es früher war – der Wald entlang dem schnurgeraden alten Grenzverlauf des Limes auf einer Länge von 300 m gerodet. Die Fachleute sind sich mittlerweile weitgehend einig darüber, dass es sich beim Limes weniger um eine Verteidigungsanlage als vielmehr um ein Machtsymbol gehandelt hat. Der Eingang lag in der Regel im mittleren Stock und war nur über eine Leiter zu erreichen. Im Fall eines Angriffs hätten die Turmwächter die Leiter

DER LIMES

2005 hat die UNESCO den zwischen 100 und 160 n. Chr. errichteten Obergermanisch-Rätischen Limes in die Liste des Weltkulturerbes aufgenommen; zusammen mit dem Hadrianswall in Großbritannien bildet er die Welterbestätte »Grenzen des Römischen Reiches«. Der 550 km lange Limes durchquert auch den Naturpark Schwäbisch-Fränkischer Wald; beeindruckende Zeugnisse dieser Grenzbefestigung hier sind etwa der Römerturm bei Grab ❹ und das Ostkastell in Welzheim ❿. Zwischen diesen beiden Orten verläuft der ausgeschilderte, 45 km lange Limeswanderweg (Broschüre). Von Grab aus 28 km nach Norden führt ein Limes-Lehrpfad; deutlich länger ist der Deutsche Limes-Radweg. Auch die Deutsche Limes-Straße (braune Schilder; www.limesstrasse.de) vom Rhein bis zur Donau quert den Naturpark.

---

eingezogen und so Zeit gewonnen, die Besatzung des stets in Sichtweite stehenden Nachbarturmes mit Rufen, Trompetensignalen, Feuerzeichen oder anderen Alarmsignalen auf die drohende Gefahr hinzuweisen.

In Murrhardt folgt man westlich der Ausschilderung Richtung Siebenknie und dann den kleinen, braunen Schildern zum Wanderparkplatz Wasserfälle. Bereits dort hört man in der Waldesstille das Rauschen und Plätschern der **Hörschbach-Wasserfälle** ❺, denn schon nach 80 m Weg hat man den vorderen, 6 m hohen Wasserfall erreicht. Ein ausgeschilderter, 5 km langer Wanderpfad (gutes Schuhwerk!) führt die Besucher durch die unter Naturschutz stehende Hörschbachschlucht mit ihrem urtümlich anmutenden Wald und den beeindruckenden Felswänden bis zum hinteren Wasserfall mit seinen 12 m Höhe. Solche Kaskaden verdanken ihre Entstehung der Tatsache, dass das Gestein lagenweise unterschiedlich hart ist; das Gewässer schafft es nicht, sich in eine harte Schicht einzugraben, wohl aber, die darunter liegende, weichere Lage abzutragen.

Südlich von Murrhardt, Richtung Althütte, beginnt am ersten Wanderparkplatz ein 6 km langer Waldlehrpfad, auf dem man nach gut 500 m das ➔ **Murrhardter Felsenmeer** ❻ erreicht. Wirr liegen hier die gigantischen, bemoosten Felsbrocken an der Flanke des Riesberges durcheinander. Früher konnte man sich das Naturschauspiel nur so erklären, dass Riesen die Felsen dorthin geworfen haben. Tatsächlich aber handelt es sich um harte Sandsteine, die von einer darüber liegenden Kante abgebrochen sind.

Enge Klingen und ein römisches Kastell Als naturnahes, einsames Waldtal, wie es einst typisch war für den Schwäbisch-Fränkischen Wald, lädt das **Strümpfelbachtal** ❼ zu einem Besuch ein. In dem Naturschutzgebiet entdeckt man zahlreiche seltene Tier- und Pflanzenarten und zauberhafte Felsgruppen. Hier herrschen nach wie vor die starken Kräfte der Erosion, und so kann es durchaus vorkommen, dass auch einmal ein Stück des Weges nicht passierbar ist. Man fährt von Althütte in Richtung Ebni, biegt gleich nach dem Ortsausgang rechts ab zur (abgebrannten) Nonnenmühle (kleines Schild) und parkt dort. Nach gut 2 km erreicht man die Mündung des Strümpfelbachs in die Wieslauf.

Der großräumig ausgeschilderte **Ebnisee** ❽ bietet dagegen eher Unterhaltung in einer reizvollen Landschaft als ein stilles Naturerlebnis. Kiosk, Wirtshaus und Nobelhotel sorgen für jede Art von Verpflegung, Badestellen und ein Bootsverleih bieten Erfrischung und sportliche Betätigung. Das Gewässer entstand um die Mitte des 18. Jahrhunderts als Schwellsee für die Brennholzflößerei; war er voll aufgestaut, konnte man sechs Tage lang die hier im Überfluss vorhandenen und andernorts dringend benötigten Stammabschnitte zu Tal schwemmen. Jedoch auch Naturliebhaber werden hier fündig: Gleich neben dem See liegt ein kleines Schongewässer mit naturnahem Bewuchs und entsprechender Tierwelt, und nur gut 1 km von der Nordspitze des Ebnisees entfernt lockt die großartige Gallengrotte.

Die ▶ **Brunnen- und Hägelesklinge** ⑨ bilden das wohl schönste Klingensystem des Naturparks. Man stellt das Auto auf dem ersten Wanderparkplatz links der Straße Kaisersbach–Cronhütte ab (dort auch großer Kinderspielplatz), geht rund 300 m parallel zur Straße weiter und biegt dann links, den Holzschildern folgend, in ein Tälchen ein. Bald verengt sich das Tal zur Schlucht der Brunnenklinge, nur mühsam kommt der Wanderer, über Baumstämme und Steinbrocken hinweg, im Mischwald voran. Kleine Grotten und überhängende Felsnasen ziehen immer wieder den Blick auf sich. Das Ende der Klinge wird (typischerweise) von einer Grotte markiert. Nach rund 200 m ist auch die ebenfalls wildromantische Hägelesklinge erreicht, benannt nach einem Deserteur, der sich hier im 19. Jahrhundert versteckte.

Das stille Waldstädtchen ▶ **Welzheim** ⑩ lockt mit seinem reizvollen Ortsbild, einem beachtlichen Stadtmuseum mit geologischer und römischer Abteilung (geöffnet So 14–17 Uhr) und einem Stadtpark mit uralten Mammutbäumen. Vor allem der Archäologische Park Ostkastell (frei zugänglich) lohnt einen Besuch.

Während sich viele Kastelle zu Orten entwickelten und überbaut wurden, blieb das hiesige, zum Limes gehörige und 1,64 ha große quadratische Ostkastell aus der zweiten Hälfte des 2. Jahrhunderts n. Chr. ohne diese Veränderungen und konnte in den 1890er-Jahren, 1976/77 und 1981 ausgegraben werden. Besonders beeindrucken die Grundmauern des Badegebäudes, das rekonstruierte Westtor und der Brunnen, in dem die Archäologen nicht weniger als 100 römische Lederschuhe fanden – er dürfte einem Schuster als Müllkippe gedient haben. Abgüsse einiger Fundstücke und gut gemachte Informationstafeln geben Einblicke in das Leben der wohl 130 bis 140 Soldaten, die einst hier stationiert waren. Das Gebiet gehört zur UNESCO-Welterbestätte Limes.

Der Römerturm bei Grab gehört zu den sehr gut rekonstruierten Teilen des Obergermanisch-Rätischen Limes.

22 Naturpark Altmühltal
Paradies in weiß – leuchtend helle Felsenlandschaften aus Kalk

ANFAHRT
Auf der A 9 München–Nürnberg bis Ausfahrt Denkendorf oder auf der A 6 Nürnberg–Heilbronn bis Ausfahrt Ansbach, von dort jeweils auf der B 13 nach Weißenburg; nächstgelegener Bahnhof in Weißenburg

LAGE
Im Grenzgebiet von Oberbayern, Oberpfalz und Franken, zwischen Nürnberg, Kelheim, Ingolstadt und Donauwörth

GRÖSSE
2962 km²

HÖCHSTE ERHEBUNG
Dürrenberg (656 m)

GRÜNDUNG
1969

INFORMATION
Informationszentrum
Naturpark Altmühltal
Notre Dame 1
85072 Eichstätt

TELEFON
08421/98 760

INFOHÄUSER
In Eichstätt und Treuchtlingen

INTERNET
www.naturpark-altmuehltal.de

Zwischen dem Thermalbad Treuchtlingen und der Mündung in die Donau bei Kelheim durchfließt die Altmühl das landschaftlich großartigste Karstdurchbruchstal Deutschlands. Fantastisch geformte Jurakalkfelsen und seit der Steinzeit genutzte Höhlen prägen dieses windungsreiche Tal im Süden der Fränkischen Alb ebenso wie malerische Altstadtbilder und trutzige Burgen auf felsigen Höhen: Die Verbindung aus urwüchsiger Natur und hochrangigen Kulturdenkmälern prägt wesentlich das Erlebnis im Naturpark. 2006 nahm das Bundesministerium für Umwelt das Altmühltal und das Wellheimer Trockental in die Liste der bedeutendsten Geotope Deutschlands auf. Die zweite Leitlinie im Naturpark ist neben der Altmühl der Rätische Limes: Seit 2005 steht diese »Teufelsmauer« als Welterbe unter dem Schutz der UNESCO.

Auf den Spuren von Römern und Bajuwaren Mit einer Länge von 550 km ist der ➡ **Obergermanisch-Rätische Limes** ❶ das größte historische Denkmal in Deutschland. Seit 2005 steht diese befestigte Demarkationslinie zwischen dem römischen Kaiserreich und dem freien Germanien als Weltkulturerbe unter dem Schutz der UNESCO. Als die Alemannen zu Beginn des 3. Jahrhunderts n. Chr. dieses Verbundsystem aus Palisaden – noch heute gibt es zahlreiche »Pfahl«-Flurnamen, die sich darauf beziehen –, Wällen, Gräben, Militärlagern, Wachtürmen und Heerstraßen erstmals ernsthaft bedrohten, wurde der Limes durch bis zu 3 m hohe Steinmauern zusätzlich befestigt: An diesen Abschnitt aus Stein erinnert die vom Volksmund geprägte Bezeichnung »Teufelsmauer«. Im heutigen Naturpark Altmühltal erreichte der Rätische Limes sein östliches Ende: Von der »Römerstadt« Weißenburg führte er ohne Rücksicht auf landschaftliche Gegebenheiten nahezu schnurgerade südostwärts, durchquerte bei Pfünz das Altmühltal und endete am Kastell Abusina bei Kelheim. Die »Deutsche Limes-Straße« ist zwar nach ihm benannt, kann jedoch nur in etwa seinem Verlauf folgen: Auf dem Gebiet des Naturparks ist der Limes oft nur noch als Wall oder Aufschüttung erkennbar, vielerorts wurden

Eine der spektakulärsten Landschaften des Naturparks: der Donaudurchbruch in der Nähe des Klosters Weltenburg

Mächtige mittelalterliche Stadtmauern und ein Wassergraben umschließen die Altstadt von Weißenburg.

Lauf der Jahrtausende teils als heilige Stätte, teils militärisch genutzt wurde und heute ein bedeutendes geowissenschaftliches Biotop ist. Von oben blickt man hinab in das Altmühltal und auf Markt Kipfenberg mit seinen Kirchen und Burgen. Links der Altmühl erhebt sich der bewaldete Pfahlbuck, auf dessen Rücken der Rätische Limes verlief, und im Tal oberhalb von Kipfenberg liegt das alte Dorf Böhming mit seiner Karstquelle und – etwas außerhalb bei der romanischen Johanneskirche – den Resten eines im 2. Jahrhundert angelegten Römerkastells.

Stromabwärts vom Karlsgraben zur Perle des Altmühltals Bei Treuchtlingen, wo sich die Flusssysteme von Donau und Main bis auf wenige Kilometer nähern, befindet sich die ➡ **Fossa Carolina** ❷. Sie ist ein erhaltenes Teilstück des Kanals, mit dem Karl der Große ab 793 eine schiffbare Verbindung zwischen Nordsee und Schwarzem Meer herzustellen versuchte.

jedoch einstige Anlagen rekonstruiert – wie der Wachturm im Wald bei Kipfenberg oder Teile eines ganzen Lagers wie in Pfünz. Das Bayerische-Limes-Informationszentrum im Römermuseum in Weißenburg dokumentiert die Geschichte des Grenzwalls – auch anhand archäologischer Funde. Zahlreiche Fundstücke aus römischer Zeit befinden sich im Römer- und Bajuwaren-Museum in der Burg Kipfenberg. Alljährlich im August feiert der Markt Kipfenberg, auf dessen Gebiet sich ein gut erhaltenes Teilstück des Rätischen Limes mit rekonstruiertem Wachturm befindet, das »Limesfest«. Einen sehr guten Blick auf das ehemalige Grenzgebiet des Römischen Reiches bietet der aussichtsreiche Michaelsberg, ein markanter Dolomit-Felssporn hoch über Kipfenberg: Seine teilweise senkrecht abfallenden Felswände bilden eine natürliche Festung, die im

Das Museum Karlsgraben in Graben dokumentiert dieses Projekt, das als Vorläufer des Rhein-Main-Donau-Kanals betrachtet werden kann. Das erhaltene, etwa 500 m lange Teilstück wird vom zuständigen Umweltministerium zu den schönsten Geotopen Bayerns gerechnet.

Die Siebentälerstadt **Treuchtlingen** ❸ ist der westliche Ausgangspunkt für die Erkundung des Altmühltals. Hier beginnt der »romantische« Durchbruchsabschnitt der Altmühl

Imposant ragen die Zwölf Apostel, die schon 150 Millionen Jahre alt sind, aus den Kalkhängen von Solnhofen auf.

durch das Juragestein. Die erste der malerischen Städte des Altmühltals ist die Burg- und Schlossstadt Pappenheim – ehemalige Residenz der 1628 in den Reichsgrafenstand erhobenen Familie Pappenheim – auf einer von der Altmühl umflossenen Hügelzunge. Das flussabwärts gelegene **Solnhofen** ❹ ist weltberühmt für seine Plattenkalke (Schiefer) und Fossiliensteinbrüche. Arbeiter fanden 1861 im Solnhofener Schiefer die erste von bislang acht dort entdeckten Versteinerungen des Archaeopteryx (»Urflügel«). Das einst taubengroße Tier wird heute als Übergangsform zwischen Reptilien und Vögeln angesehen. Das Jura-Museum auf der Willibaldsburg in Eichstätt zeigt zahlreiche Fossilien aus den Solnhofener Plattenkalken, darunter ein Exemplar des Archaeopteryx.

Im Prallhang unterhalb von Solnhofen stehen die Felstürme der ⟹ **Zwölf Apostel** ❺. Sie zählen zu den Wahrzeichen des Altmühltals und werden in der Gütesiegelliste der schönsten Geotope Bayerns geführt. Diese isoliert aufragenden Felstürme aus zerklüftetem Kalkgestein sind die Reste eines Riffgürtels, der vor rund 150 Millionen Jahren im tropisch warmen Jurameer entstand; die Erosion hat die frei stehenden Felsen aus dem weicheren Kalkgestein der Umgebung herausgeschält.

Dollnstein mit von wehrmauerumgebenem Ortskern liegt in einem weiten Talkessel am einstigen Zusammenfluss von Urdonau und Altmühl. Bis ins Pleistozän floss die Urdonau durch das heutige **Wellheimer Trockental** ❻ nordwärts, nahm beim heutigen Dollnstein die Altmühl auf und schuf das Flusstal, durch das jetzt die Altmühl fließt. Flussverlagerungen in der jüngeren Erdgeschichte führten dazu, dass die Donau ihren Lauf weiter südlich fand und das einstige Urdonautal südlich von Dollnstein über weite Strecken trocken fiel. Das Wellheimer Trockental mit dem Burgort Wellheim und dem Klettergarten Dohlenfelsen ist das reizvollste Seitental der Altmühl. Den Wacholderheideflächen, die schon im Dollnsteiner Raum landschaftsprägend sind, begegnet man erneut in der **Gungoldinger Wacholderheide** ❼, einem Paradies für Wanderer mit Blick auf das Altmühltal sowie zur Burgruine Arnsberg auf einem senkrecht zum Tal abfallenden Dolomitfelsen. Auf der Wacholderheide blühen zahlreiche Pflanzen wie etwa Heideröschen, Enzian und Küchenschelle. Nach Passieren von Kipfenberg, dem

Marktort am geografischen Mittelpunkt Bayerns, gelangt man zum aussichtsreichen Michelsberg und dem rekonstruierten Wachturm am Limes.

Ab Beilngries nutzen der Altmühltal-Radweg, die »Tour de Baroque« und der Fünf-Flüsse-Radweg gemeinsam die Route durch das Altmühltal. In der historischen Altstadt von **Beilngries** ❽ ist die Stadtmauer mit ihren elf Türmen sehenswert, über die man sich auf Tafeln informieren kann. Von Beilngries geht es weiter flussabwärts, bei Töging beginnt die alte Eisenbahntrasse in die Siebentälerstadt **Dietfurt** ❾ an der Mündung der Weißen Laaber. Nach Umfahren des von Wallanlagen umgebenen Wolfsberges stößt der Radweg hinter Mühlbach wieder auf den Main-Donau-Kanal, folgt ihm nach Riedenburg, der »Perle des Altmühltals«. Hier liegt auch das faszinierende **Schloss Prunn** ❿, eine der am besten erhaltenen Ritterburgen Bayerns: Auf einem 70 m hohen Felsen thront es über der Altmühl. Kurz nach Passieren des mittelalterlich anmutenden Ortes **Essing** ⓫ mit einer der längsten Holzbrücken Europas ist an der Mündung der Altmühl in die Donau das vom Michelsberg überragte Kelheim erreicht.

Rund um Kelheim – Natur und Kultur vom Feinsten Befreiungshalle, Donaudurchbruch, das Benediktinerkloster Weltenburg – wie kaum andernorts in Deutschland bietet sich rund um **Kelheim** ⓬ eine Fülle bedeutender Natur- und Kultursehenswürdigkeiten.
Der **Michelsberg** ⓭ (478 m) mit dem »Keltenwall« im Mündungswinkel von Altmühl und Donau trug in keltischer Zeit das größte Oppidum (stadtähnliche Höhensiedlung) in Bayern und ist zugleich eine der bedeutendsten Fundstätten der jungsteinzeitlichen Michelsberger Kultur in Deutschland. Die monumentale Befreiungshalle ist neben der Walhalla bei Donaustauf und der Ruhmeshalle auf der Münchner Theresienwiese das dritte Nationaldenkmal, das König Ludwig I. von Bayern Anfang bis Mitte des 19. Jahrhunderts in Auftrag gab. Sie thront auf einem Ausläufer des Michelsberges hoch über der Mündung der Altmühl mit einmaligem Blick auf die beiden von Jurafelsen flankierten Flusstäler. An der Befreiungshalle beginnt der Wanderweg zum Kloster Weltenburg, begleitet von den Lehrtafeln eines Archäologischen Wanderpfades. Bequem führt er durch die Wälder im als Naturschutzgebiet ausgewiesenen Hang des Michelsberges.

Zwischen den Bäumen fällt der Blick hinab auf die ➡ **Weltenburger Enge** ⓮: Bis zu 40 m hohe Weißjurafelsen schnüren die Donau auf eine Breite von 110 m ein. König Ludwig I. von Bayern ordnete 1840 den Schutz dieses Canyons an und ließ das während der napoleonischen Kriege 1803 säkularisierte **Kloster Weltenburg** ⓯ 1842 von Benediktinern neu besiedeln. Es ist eines der Urklöster Bayerns – die von den Gebrüdern Asam 1716–36 errichtete und ausgestaltete Klosterkirche zählt zu den bedeutendsten Werken des Spätbarock. Doch nicht nur sein kunsthistorischer Rang und seine Schönheit machen das Kloster, das von weitem so wirkt, als sei es von einem Maler der Romantik in die Flusslandschaft hineinkomponiert worden, zum Anziehungspunkt: Die 1877 eröffnete Klosterschenke ist das traditionsreichste Ausflugslokal im Naturpark.

ALTMÜHLTAL-RADWEG UND -PANORAMAWEG

Der Altmühltal-Radweg von Gunzenhausen über Eichstätt nach Kelheim ist 164 km lang. Markiert ist er mit den Zeichen versteinerte Schnecke, Radler und blauer Fluss. Er führt durch die Felsenlandschaften zwischen Treuchtlingen ❸ und Kelheim ⓬ und ist durch das nur sanft abfallende Geländeprofil auch für Genussradler geeignet. Die Etappen lassen sich dank der hervorragenden Infrastruktur – bestens ausgebaute und beschilderte Wege, Übernachtungs- sowie Variationsmöglichkeiten mit Bahn und Ausflugsschiffen – individuell einteilen. 2005 wurde der Altmühltal-Panoramaweg eröffnet. Auf der 200 km langen Route können Wanderer eine abwechslungsreiche Kombination aus Tal-, Steilhang- und Höhenstrecken genießen. Hinzu kommen 20 als Tagesrundwanderwege angelegte »Schlaufen«, die zu Kultur- und Natursehenswürdigkeiten abseits der Hauptroute führen. Markiert ist er mit rotem Flusssymbol auf gelbem Grund neben der versteinerten Schnecke; die Schlaufenwege tragen das Zeichen gelber Fluss auf blauem Grund.

23 Naturpark Schwarzwald Mitte/Nord
Unser größter deutscher Naturpark – ein Paradies für alle Sinne

ANFAHRT
Auf der A 8 bis zur Ausfahrt Pforzheim-Nord, von dort weiter auf der B 463 nach Pforzheim; nächstgelegener ICE-Bahnhof in Karlsruhe

LAGE
Im westlichen Baden-Württemberg zwischen Karlsruhe, Pforzheim und Schramberg

GRÖSSE
3750 km²

HÖCHSTE ERHEBUNG
Hornisgrinde (1163 m)

GRÜNDUNG
2000

INFORMATION
Naturpark Schwarzwald Mitte/Nord e. V.
Schwarzwaldhochstraße 2
77889 Seebach

TELEFON
07449/91 30 54

INTERNET
www.naturparkschwarzwald.de

Von den sanften Nordschwarzwald-Vorbergen bei Karlsruhe und den lichten Hecken- und Wiesenlandschaften der Oberen Gäue bei Pforzheim erstreckt sich Deutschlands größter Naturpark 90 km weit südwärts bis in die burgenreiche Ortenau, an deren Südgrenze der Naturpark Südschwarzwald anschließt. An Abwechslungsreichtum, Schönheit und natürlicher Wildheit ist das durch Ferienstraßen, Wanderwege, Radrouten und Naturlehrpfade bestens erschlossene Gebiet mit seinen traditionsreichen Fachwerkstädtchen kaum zu übertreffen. Gerade dieses Miteinander von grandioser Natur, gepflegter Kultur und Wellness in den zahlreichen Kurorten macht den unverwechselbaren Reiz dieser Region aus.

Der in der Hornisgrinde (1163 m) gipfelnde Grindenkamm ist der First des Nordschwarzwaldes und der aussichtsreichste Bergrücken des Naturparks. Ihm folgen die drei großen auto-, wander- und radtouristischen Hauptadern: Die Schwarzwaldhochstraße (B 500) zwischen Baden-Baden und Freudenstadt – eine traumhafte Route, die zu vielen der nachfolgend beschriebenen Sehenswürdigkeiten im Westen bzw. in der Mitte des Naturparks führt – verläuft kammnah im Hang, der Westweg führt als bequemer Wanderweg über den Kamm, und der Schwarzwald-Radweg besticht hier als Mountainbike-Strecke mit hohem sportlichem Anspruch. Der breite, vermoorte Buntsandsteinkamm bildet die Wasserscheide zwischen Acher und Murg, früher trug er die Grenze zwischen Baden und Württemberg. Wegen seiner einzigartigen Vegetation wurde der Grindenkamm 1911 unter Naturschutz gestellt. Westwärts stürzt er in von Wasserfällen durchbrausten Felsflanken zu den Rebfluren der Bühler Vorberge und in die sonnige Ortenau sowie südwärts ins Kinzigtal, das größte Tal im Naturpark, ab, während ihm auf der Ostseite die Quellbäche der Murg entströmen. Landschaftlich geprägt wird er durch den Wechsel von weiten Borstgrasmatten mit Legföhren, einzelnen Fichten und sperrigen Wetterkiefern in exzentrischen Formen. Aber auch kleine Hochmoore und Heidevegetation, im Herbst mit reichem Bestand an Blau- und Preiselbeeren, findet man hier.

Rast mit herrlicher Aussicht: Die Bäderstadt Baden-Baden ist auf fast allen Seiten von Bergen umgeben.

Ideal für Wanderer und Radler Der Wildwasserabschnitt **Unteres Würmtal** ❶ bei Pforzheim ist ein wunderschönes Schluchttal. Ein Wander- und Radweg folgen dem Fluss durch Laubwälder, Feuchtwiesen, an Hochstaudenfluren und Felswänden vorbei durch ein 155 ha großes Naturschutzgebiet, das sich zwischen der Mündung der Würm in die Nagold am »Kupferhammer« und der Immelsklinge oberhalb der Burgruine Liebeneck erstreckt. Während der familienfreundliche Radweg asphaltiert ist, verläuft der Wanderweg auf einem überwiegend naturbelassenen Wurzelpfad zwischen Baumriesen, Felswänden und bemoosten Steinblöcken – ein Hochgenuss, auch wenn von der gegenüberliegenden Talseite immer wieder die Bundesstraße zu hören ist. Startpunkt der Wege durch das Naturschutzgebiet ist die Gaststätte Kupferhammer an der Mündung der Würm in Pforzheim. Hier beginnen der Westweg (Europäischer Fernwanderweg E1) nach Basel, der Ostweg nach Schaffhausen und der Mittelweg nach Waldshut. Die Route durch das Untere Würmtal bildet den Auftakt des Ostweges, der kurz darauf durch die ebenfalls urtümliche, heute noch autofreie Monbachschlucht bei Bad Liebenzell zur Nagold zurückführt.

Hoch über der Bäderstadt Das im Oostal gelegene **Baden-Baden** ❷ war schon in der römischen Antike ein berühmtes Heilbad und ist seit dem 19. Jahrhundert der Inbegriff einer kultivierten Bäderstadt. Die Lichtentaler Allee längs der Oos zählt zu den schönsten Landschaftsparks im Schwarzwald, an ihr liegen u. a. das Theater und die Staatliche Kunsthalle. Das 1824 eröffnete Casino, in dem schon Tolstoi und Dostojewski (»Der Spieler«) die Kugel rollen ließen, ist die größte Spielbank Deutschlands und mit seinen prachtvollen Sälen im Stil französischer Königsschlösser auch eine der schönsten der Welt. 1998 wurde hier das mit 2500 Plätzen größte deutsche Festspielhaus eröffnet. Nicht zuletzt strömen jedes Jahr rund 180 000 Menschen ins nahe gelegene Iffezheim, wo 1858 die ersten

WALD DER HEILBÄDER UND QUELLEN

Der Naturpark Schwarzwald Mitte/Nord ist eines der bedeutendsten Bäderzentren Deutschlands. Thermen, Säuerlinge, sulfatreiche Brunnen sowie Sole- und Schwefelquellen decken neben Mooranlagen und Kneippkurorten fast den gesamten Bereich der kurmäßigen Bädertherapie ab – und dies teilweise seit Jahrhunderten: Bad Peterstal im Renchtal wird 1360 erstmals als Heilbad erwähnt; Bad Wildbad (Bild, bei ❻) erlangte Berühmtheit, als 1367 die Grafen von Eberstein den dort badenden württembergischen Herzog Eberhard überfielen; und in den heißen Salzthermen von Aquae, wie Baden-Baden ❷ in römischer Zeit hieß, suchten schon die römischen Kaiser Trajan, Hadrian und Caracalla Erholung – 1700 Jahre später auch Bismarck, Dostojewski, Tolstoi und Flaubert.

Vollblüter auf der Baden-Badener Galopprennbahn starteten – heute sind die Rennen ein sportliches und gesellschaftliches Top-Ereignis im internationalen Turfsport.

Rund um Baden-Baden erhebt sich ein malerisches Bergensemble. Die steil aufragenden Kegel von Merkur, Fremersberg und Yberg sowie die unter Naturschutz stehenden Felsriffe des Battert bieten herrliche Ausblicke zu den höchsten Nordschwarzwald-Bergen sowie an klaren Tagen über die Oberrheinebene bis nach Straßburg, zum Pfälzerwald und zu den Vogesen. Hausberg der Bäderstadt ist der Merkur (668 m), der seinen Namen nach einem in römischer Zeit aufgestellten Götterbild trägt – eine Replik davon befindet sich am Gipfel beim Aussichtsturm. Man erreicht ihn mit einer Standseilbahn – ein technisches Wunderwerk: Auf 1192 m Länge meistert sie Steigungen von bis zu 54 %. Vom Merkurgipfel führt ein Wanderweg in einer guten Stunde bequem zurück zur Talstation. Der zweite herausragende Baden-Badener Berg ist der von Laubmischwäldern bestandene Battert, ein beliebtes Klettergebiet mit Felstürmen und Massivwänden, die eine Höhe von bis zu 60 m erreichen.

Durch die Hänge über der Bäderstadt führt als 40 km langer Rundwanderweg der »Baden-Badener Panoramaweg«; dank der Stadtbus-anbindung kann man ihn bequem in einzelnen Etappen gehen. Zu seinen Höhepunkten zählt der **Geroldsauer Wasserfall** ❸. Vom Parkplatz an der Schwarzwaldhochstraße führt der ausgeschilderte Weg in nur 10 Minuten in die Schlucht. Wenige Gehminuten oberhalb lädt das Gasthaus Bütthof zur Einkehr ein.

Wanderungen durch romantische Täler und ein Hochmoor Weitere lohnende Ziele im nördlichen Teil des Naturparks sind das **Albtal** ❹ und seine Seitentäler. Sie stehen auf einer Fläche von 636 ha unter Naturschutz. Zwischen den sanften Bergen des Nordschwarzwalds hat sich die Alb tief eingeschnitten. Charakteristisch sind die großen, zusammenhängenden, durch Wander- und Radwege erschlossenen Wälder – durchbrochen durch die Rodungsinseln der Dörfer – sowie die schmalen Talauen mit ihren Wiesen und Ufergehölzen. Ausgangspunkt für einen Streifzug durch die autofreie höchste Region des Albtales ist der Kurort Bad Herrenalb. Im Umkreis des Ortes entspringen mehr als 60 Quellen – mit unterschiedlichstem Charakter: Es gibt Sturzquellen, Quellsümpfe, gefasste Quellen; erkunden kann man sie auf

dem »Quellenerlebnispfad«, einer äußerst romantischen Wanderroute, die zur mehr als 700 Jahre alten Plotzsägmühle führt. Die Plotzsägmühle ist ein uriges Ausflugsrestaurant mit einem kleinen Technikmuseum, das u. a. ein Holzsägewerk mit oberschlächtigem Wasserrad umfasst. Ein treuer Gefährte auf dem Weg zur Mühle ist die Alb, ein Wildbach, der sich unweit des Lehrpfades mal schäumend über Geröll, mal ruhig durch die Wiesen schlängelt. Die Alb entspringt in einem schluchtenartigen Einschnitt zwischen Langmartskopf und **Teufelsmühle** ❺ (908 m); auf beide Berge führen Wanderwege, die Teufelsmühle ist zudem auf einer serpentinenreichen Mautstraße mit dem Auto erreichbar. Der Aussichtsturm des Schwarzwaldverein-Wanderheimes auf ihrem nördlichen Vorgipfel (893 m) bietet einen prachtvollen Blick über das Murgtal hinweg auf die Baden-Badener Berge. Benannt ist die Teufelsmühle nach den zahllosen Buntsandsteinblöcken, die wie die Trümmer einer riesenhaften vorzeitlichen Burg in den Wäldern verstreut liegen und der Legende nach die Überreste einer zerstörten Mühle des Teufels sind.

Oberhalb von Bad Wildbad liegt das größte Hochmoor im Schwarzwald: das Naturschutzgebiet ➠ **Wildseemoor** ❻, in dem im Mittsommer das Wollgras seinen weißen Haarbusch zeigt und im Herbst Moorpflanzen in leuchtendem Rot erstrahlen. Die zwei größten Moorseen sind der Hornsee und der Wildsee. Auf der von Hochmooren und Wald bedeckten Buntsandsteinfläche, die jährlich bis zu 1800 mm Niederschlag empfängt, leben Pflanzen und Insekten, die nach der Eiszeit wegen der hohen Feuchtigkeit und der niedrigen Temperaturen sonst nur in Skandinavien überlebt haben. Zwischen Legföhren und Birken führt ein hölzerner Steg durch das Naturschutzgebiet, er gibt den Blick frei auf den von Schwingrasen umgebenen Wildsee. Mitten durch das Moor, dessen Torfschicht bis zu 7,5 m dick ist, verläuft auch die Grenze zwischen Baden und Württemberg. Idealer Ausgangspunkt für einen Ausflug in das Wildseemoor ist der zur Stadt Gernsbach gehörende

Dank des gut ausgebauten Wegenetzes lassen sich viele Teile des Naturparks hervorragend zu Fuß erkunden.

Das Wildseemoor – ein unberührtes Mosaik aus Seen, Schwingrasen und Wäldern mit Birken, Kiefern und Fichten

Naturpark Schwarzwald Mitte/Nord **109**

Weiler Kaltenbronn (in etwa 40 Min. erreicht man von hier aus das Moor). Lohnend ist auch die Ausstellung im neuen Naturpark-Informationszentrum, das im historischen Jagdhaus an der Passstraße vom Enz- ins Murgtal eingerichtet wurde. Hier können sich Interessierte über das Ökosystem Hochmoor informieren. Während das Wildseehochmoor nur zu Fuß zu erkunden ist, ist das ebenfalls unter Naturschutz stehende **Eyachtal** ❼ eine Paradestrecke für Radwanderer. Die Eyach entspringt in mehreren Quellbächen nördlich des Wildseemoores, das Tal ist bis hinab zur Ausflugsgaststätte Eyachmühle durchgehend autofrei.

Jähe Schluchten und Karseen mit wunderlichen Wesen Über die Schwarzwaldhochstraße erreicht man leicht den **Gertelbach** ❽. Er hat oberhalb des Luftkurortes Bühlerhöhe eine faszinierende Wasserfallschlucht ausgetieft. Auf einer Länge von 1000 m überwindet der Wasserlauf im Granit einen Höhenunterschied von über 200 m und bildet zahlreiche, bis zu 7 m hohe Wasserfälle. Beidseits der nur 5 bis 20 m breiten Schlucht ragen Granitwände auf, aus denen teilweise sehr hohe Felsstücke herausgewittert und in die Schlucht gestürzt sind: Über dieses Geröll sucht sich der Gertelbach seinen Weg. Der markanteste anstehende Felsen ist der 10 m hohe Emilienfelsen. Mal rechts, mal links des Wildbaches windet sich ein Wanderpfad entlang der Kaskaden durch naturnahen Bergmischwald aufwärts. Mehrmals überquert der Steig den Bach auf Stegen und Brücken, später führt er unter Felsklippen dahin und erreicht schließlich oberhalb einer Schutzhütte den größten Wasserfall. Hier kann man rasten und dem Tosen der Wasserflut lauschen. Der Steig durch die Schlucht ist Teil eines ausgeschilderten Rundwanderweges, der oberhalb der Wasserfälle zum aussichtsreichen Wiedenfelsen und zum Falkenfelsen weiterführt: Letzterer ist das berühmteste der zahlreichen Granitmassive oberhalb von Bühlertal. Der Falkenfelsen entragt etwa 80 m dem Steilhang, er wurde 1932 erstmals erklettert. Für Wanderer zugänglich ist ein geländergesicherter Ausläufer, der sich 45 m senkrecht aus dem Wald erhebt und das wohl schönste Panorama von Bühlertal und seiner Umgebung bietet. Gleich in der Nähe können sich Wanderer im Waldgasthaus Kohlbergwiese stärken, dann führt der Rundweg zurück nach Bühlertal. Für diese spannende und auch für Kinder zu empfehlende Wanderung sollte

Mehrere Quellbäche speisen die Eyach – auf ihrem Weg talabwärts wächst sie zu einem stattlichen Wildbach heran.

man etwa 4 Stunden rechnen, wobei festes Schuhwerk unerlässlich ist.
An der Südseite der Hornisgrinde liegt der ⟶ **Mummelsee** ❾. Mit knapp 18 m ist er der tiefste Karsee des Schwarzwaldes – und der reizvollste. Er ist ein viel besuchter Ort an der Schwarzwaldhochstraße und wird wegen seiner Parkplätze, des Berghotels und des Tretbootverleihs zuweilen als »Rummelsee« bezeichnet, doch seiner Schönheit tut dieser Trubel keinen Abbruch. Am Berghotel beginnt der 800 m lange Rundwanderweg um diesen sagenumwobenen See, in dessen Tiefen Nixen, Zwerge und andere als Mummeln bezeichnete wunderliche Wesen hausen sollen. Das Wort »Mummel« bezieht sich zugleich auf die gleichnamige Teichrosengattung, die hier zur Mittsommerzeit ihre gelben Blüten entfaltet. In Vollmondnächten, so wird erzählt, drehen sich die Mummeln im Reigen auf dem Wasser, am Tag verwandelten sie sich in alten Zeiten in Weiblein und halfen den Frauen in den Dörfern beim Spinnen.

Bei klarer Sicht lohnt sich vom Mummelsee der Aufstieg auf die **Hornisgrinde** ❿ auf 1163 m, den höchsten Nordschwarzwaldberg – er dauert nur rund 30 Minuten. Steil erhebt sich der teilweise vermoorte, teilweise von artenreichen Bergwiesen bedeckte Gipfelrücken auf dem Grindenkamm, weithin erkennbar am Funkturm des Südwestfunkes. Die Bezeichnung »Grinde« weist darauf hin, dass das Gipfelplateau früher als Viehweide genutzt wurde und waldfrei ist, dementsprechend ausgezeichnet ist die Aussicht: Westwärts schweift der Blick über die Ortenau und das Rheintal hinweg zu den Vogesen und ostwärts über das Murgtal bis zur Schwäbischen Alb. Der 1910 am Südende des Gipfelplateaus als Aussichtsturm errichtete Hornisgrindeturm ist seit 2005 wieder zugänglich, und in der Nähe des Funkturmes steht als zweite Aussichtsmöglichkeit der Bismarckturm. Ein Naturlehrpfad führt vom Hornisgrindeturm zum Bismarckturm und durch die Moore hoch über dem Biberkessel wieder zurück. Der naturschönste Aussichtsberg des Grindenschwarzwaldes ist – neben dem Schliffkopf – der ⟶ **Seekopf** ⓫ über dem Wildseekar. Vom Naturschutzzentrum Ruhestein an der Schwarzwaldhochstraße schwebt man im Sessellift bequem bis auf 1000 m Höhe und spaziert dann in einer Viertelstunde durch das herrliche Naturschutzgebiet zum Aussichtspunkt über dem Wildsee. Legföhren und eindrucksvolle Wetterfichten säumen den Wanderweg, dem auch der Westweg und der Europäische Fernwanderweg E1 folgen, dann blinkt tief unten der Wildsee auf, ein von urwaldähnlichen Bergwäldern gerahmter Karsee. Die Aussicht am Seekopf ist so göttlich, dass man an diesem Ort seinen ewigen Frieden finden könnte, mag sich der Philosoph und Sprachforscher Julius Euting (1839–1913) gedacht haben, Mitbegründer des Vogesenclubs und einst Vorsitzender des Verbandes Deutscher Gebirgs- und Wandervereine: Er hat hier in einer Urnengrabstätte seine letzte Ruhe gefunden. Wer dem Westweg vom Euting-Grab weiter folgt, gelangt wenig später an die Verzweigung Wildseewegle: Hier beginnt der beschwerliche, nur für Trittsichere zu empfehlende Steig zum Wildsee. Der Westweg hingegen behält seine

> ## VOGTSBAUERNHOF
>
> Das Schwarzwälder Freilichtmuseum »Vogtsbauernhof« (Bild) in der Gemeinde Gutach im Gutachtal, südlich von Kniebis ⓯ und Kinzigtal, ist das meistbesuchte kulturgeschichtliche Museum des Schwarzwaldes. Rund um den 400 Jahre alten Vogtsbauernhof wurden weitere Höfe des 16. bis 18. Jahrhunderts aus dem mittleren und nördlichen Schwarzwald hierher versetzt: Stuben, Schlaf-
>
>
>
> kammern und Ställe sind mit Einrichtungsgegenständen und Werkzeugen der damaligen Zeit ausgestattet. Hinzu kommen Nebengebäude wie Speicher, Kapelle, Backhaus, Mühle, Schmiede, Säge und von Buchsbaum umrahmte Bauerngärten. Die Waldausstellung im Lorenzenhof informiert über Waldarbeit, Holztrift und Flößerei. Historische Bauerngärten, Kräutergärten und alte Obstbäume gehören ebenso zum Freilichtmuseum wie die Kühe auf der Weide, die Schweine, Hühner, Schafe, Ziegen und Gänse.

TORFMOOSE (Sphagnopsida)

Torfmoose sind extrem genügsam. Die wenigen Nährstoffe, die sie benötigen, erhalten sie von oben aus dem Regenwasser – daher haben sie auch keine Wurzeln. Wie ein Schwamm saugen die Pflanzen, die große, zusammenhängende Polster bilden, Nässe auf und können dabei eine Flüssigkeitsmenge speichern, die dem 20-fachen ihres eigenen Gewichts entspricht. Während die oberen Torfmoosschichten ständig wachsen, sterben die tieferen ab und vertorfen; die Moosdecke wird langsam angehoben – um ca. 1 mm im Jahr. Hochmoore sind nach dieser Wölbung benannt: Wo die Feuchtigkeit am größten ist, wachsen die Torfmoose am schnellsten, die Torfmoosdecke erhebt sich dadurch uhrglasförmig über die Randbereiche des Moors.

Höhe bei und erreicht schon bald das abgeschiedene, rustikale Ausflugslokal Darmstädter Hütte, in dem man auch übernachten kann.

Tanz auf der Felsenklinge Dem messerscharfen Eichhaldenfirst, bekannt auch als **Karlsruher Grat** ⑫, folgt die berühmteste Kletterwanderroute im Schwarzwald. Früher galt er als Geheimtipp, seit er jedoch als Top-Sehenswürdigkeit sogar an der Autobahn ausgeschildert ist, erfreut er sich großer Beliebtheit. Festes Schuhwerk, Trittsicherheit und Schwindelfreiheit sind jedoch Voraussetzungen für die Begehung des Felsgrates. Alle kniffligen Passagen können allerdings auch auf einem einfacheren Pfad umgangen werden.

Westlich des Karlsruher Grates hat der Gottschlägbach eine von bis zu 8 m hohen Wasserfällen durchbrauste Schlucht, das wilde ➡ **Gottschlägtal** ⑬ gegraben. Der berühmteste Wasserfall tost beim sagenumwobenen »Edelfrauengrab«, einer vom Wasser ausgestrudelten Höhle, durch die Felsen. Der Sage nach soll hier die Bosensteinerin, die Frau des Herrn von Burg Bosenstein – die Ruinen liegen etwa 1 km entfernt über dem Achtertal – von ihrem Gatten bei lebendigem Leib eingemauert worden sein.

Wer »nur« den Karlsruher Grat erwandern möchte, verlässt am Ruhestein die Schwarzwaldhochstraße und fährt Richtung Allerheiligen bis zum Bosensteiner Eck: Hier schnürt man die Stiefel und erreicht nach 10 Minuten den oberen Ansatz des Grates. Wer zusätzlich durch die Wasserfallschlucht wandern will, parkt besser in Ottenhöfen am Schotterwerk: An der Straße Richtung »Schwarzwaldhochstraße« ist der Parkplatz ausgeschildert. Der Aufstieg bis zum Bosensteiner Eck ist steil, er dauert hin und zurück etwa drei Stunden.

Auf dem Orkan-Lehrpfad durch das Grinden-Naturschutzgebiet Als der stimmungsvollste Hochgipfel des Nordschwarzwaldes wird häufig der ➡ **Schliffkopf** ⑭ beschrieben. Er ist einer der Berge mit hervorragender Aussichtsmöglichkeit. Nur knappe 15 Minuten dauert der Aufstieg vom Schliffkopf-Hotel an der Schwarzwaldhochstraße aus: Schon die Aussicht auf den mittleren Schwarzwald und die Ortenau am Eingang des Hotels ist atemberaubend, dann führt der Weg hinauf in das Naturschutzgebiet und zwischen Legföhren auf den Schliffkopf, wo sich an der Panoramatafel beim Bergkreuz nahezu der gesamte Schwarzwald einschließlich der Berge im Süden entrollt.

Der Quellberg der Rechtmurg und der Allerheiligenfälle ist Namensgeber eines der ältesten und größten Naturschutzgebiete in Baden-Württemberg: Das Grinden-Naturschutzgebiet Schliffkopf umfasst den Grindenkamm auf einer Länge von knapp 10 km vom Naturschutzzentrum Ruhestein im Norden bis zur Jugendherberge Zuflucht am Kniebis im Süden. Niedere Legföhrenbestände, offene Grindenflächen, Wälder und Wollgrasmoore prägen seine Hochlagen ebenso wie die Windwurfflächen am »Lotharpfad«. Dieser Erlebnispfad führt auf einer Länge von 800 m durch das verwilderte Windwurfgelände, das durch das verheerende Wirken des Weihnachtsorkans »Lothar« im Jahr

1999 am Plonkopf entstanden ist. Das Forstamt hat die entwurzelten Fichten liegen gelassen, und zwischen den ineinander verkeilten Stammbruchstücken entwickelt sich jetzt neues Leben, Ebereschen und Birken wachsen empor.

Streifzüge durch die Stille Die Murg ist die Seele des Nordschwarzwaldes. Von den Wäldern am Schliffkopf sucht sie ihren Weg in die Auen und Wiesen von Baiersbronn; weiter unten bei Forbach liegt ihr felsenreiches Bett oft trocken, weil das Wasser dort seit Jahrhunderten zur Energiegewinnung genutzt wird. Ab der Fachwerkstadt Gernsbach durchfließt sie das am stärksten industrialisierte Tal des Naturparks, ehe sie nach 97 km unterhalb von Rastatt in den Oberrhein mündet. Ihre Hauptquellbäche sind Recht- und Rotmurg, die am Osthang des Grindenkammes entspringen und sich am Kurpark des Luftkurortes Obertal-Buhlbach vereinigen. Die genannten Bäche sowie der Buhlbach mit dem Buhlbachsee, der Gute Ellbach mit dem Ellbachsee und der Sankenbach mit den Sankenbachwasserfällen am **Kniebis** ⑮ durchfließen eine wunderbare Natur mit den stillsten Wandertälern des Nordschwarzwaldes. Wer es sich bequem machen will, parkt am Kurpark in Obertal, fährt dann mit dem Bus hinauf zum Ruhestein, zum Schliffkopf-Hotel oder zur Zuflucht am Kniebis und wandert durch eines der zauberhaften Wald- und Wiesentäler zurück zum Auto. Jedes Tal ist unverwechselbar. Die meiste Spannung und Abwechslung bietet das felsenreiche Rotmurgtal, das schluchtenartig in den roten Buntsandstein eingeschnitten ist. Ihren Namen trägt die Rotmurg der Sage zufolge, weil am Wasserfall an der Teufelsmühle – hier stürzt der Fluss über eine Felsstufe in ein nahezu kreisrundes Becken – einst ein verwundeter Ritter im Sterben lag und sein Blut die Wassermassen drei Tage lang färbte. Im Buhlbachtal erfreuen die magische Stille des entlegenen Buhlbachsees und die Tiefblicke vom Hangweg in den weit unten durch die Schlucht brausenden Bach; im Rechtmurgtal im Hang des Schliffkopfes befindet sich direkt am Murgtalwanderweg der Murgbrunnen, die Hauptquelle der Murg. Während die beschaulichen Quellbachtäler der Murg Wanderern vorbehalten sind, kommen Radfahrer auf der belebten »Tour de Murg« zwischen Freudenstadt und Rastatt auf ihre Kosten. Dieser äußerst attraktive Radweg folgt dem Fluss auf fast durchgehend autofreien Wegen und kann dank der zahlreichen S-Bahnhöfe auch problemlos in kurzen Einzeletappen durchfahren werden: Wer also beispielsweise mit Kindern hier unterwegs ist, kommt mit der Murgtal-S-Bahn bequem zum jeweiligen Ausgangspunkt zurück.

Als Grinden bezeichnet man die karge, fast baumfreie Feuchtheidevegetation in den Hochtälern des Nordschwarzwaldes – auf dem Bild die Hornisgrinde.

24 Naturpark Südschwarzwald
Hier schultert ganz Deutschland begeistert den Rucksack

ANFAHRT
Über die A 5 Basel–Karlsruhe zur Ausfahrt Freiburg-Nord und über Waldkirch nach Elzach (B 294), kurz vor Elzach links abzweigen Richtung Biederbach. Der nächste Bahnhof ist Elzach, Endbahnhof der Breisgau-S-Bahnlinie Freiburg–Waldkirch–Elzach, von dort fährt der Bus nach »Oberbiederbach Kreuz«

LAGE
Im Südwesten Baden-Württembergs zwischen Freiburg, Waldshut, Donaueschingen und Triberg

GRÖSSE
3700 km²

HÖCHSTE ERHEBUNG
Feldberg (1493 m)

GRÜNDUNG
2000

INFORMATION
Naturpark Südschwarzwald
Dr.-Pilet-Spur 4
79868 Feldberg (Schwarzwald)

TELEFON
07676/93 36 10

INTERNET
www.naturpark-suedschwarzwald.de

Breit ist das Spektrum der landschaftlichen Reize, das von Urwäldern, tosenden Wasserfällen und spektakulären Felsformationen über Almen mit Alpenblick bis zu romantischen Seen und trutzigen Burgen reicht. Dabei liegen Natur und Kultur im Südschwarzwald nie weit voneinander entfernt – jahrhundertealte Kurorte und Fachwerkstädtchen laden zum Bummeln ein und locken mit spannenden Museen. Der Naturpark greift weit über den eigentlichen Südschwarzwald hinaus und umfasst auch den Süden des mittleren Schwarzwaldes bis hinauf zu den Triberger Wasserfällen und ostwärts bis zum Schwenninger Moos, dem Quellmoor des Neckars.

Paradiese über dem Elztal Herrliche Panoramen bieten sich auf dem Kandel-Höhenweg vom Biederbacher Gasthof Zum Kreuz bis hin zum **Hünersedel-Aussichtsturm** ❶. Hier scheint die Zeit stillzustehen: Verträumte Gipfel und Täler breiten sich im Norden aus. Am Waldrand fällt der Blick über die Feuchtwiesen und Moore des Naturschutzgebiets Brai im Quellgebiet des Biederbaches sowie über das Elztal hinweg zum Kandel, während sich links davon die mächtigen Bergstöcke von Rohardsberg und Brend mit ihren Wäldern und Wiesen hoch über dem Yach- und dem Simonswälder Tal zeigen. Kein Wunder, dass der Gasthof Zum Kreuz ein beliebter Ausgangspunkt für Wanderungen ist: Nahe Ziele sind die Schutterquelle mit schönem Rastplatz in den Wiesen rund um den Quellteich, von dem der Blick hinaus auf die Rheinebene schweift, und der Hünersedel (744 m), die höchste Erhebung des durch zahllose Täler und den Wechsel von Wiesenland, Wald und Einzelhöfen geprägten Gneis- und Granitgebietes im Nordwesten des Naturparks. Der 29 m hohe Aussichtsturm auf der Gneiskuppe bietet einen fantastischen »30-Täler-Blick« auf

Eine Landschaft, wie sie spektakulärer kaum sein könnte: die Triberger Wasserfälle inmitten einer grünen Schlucht

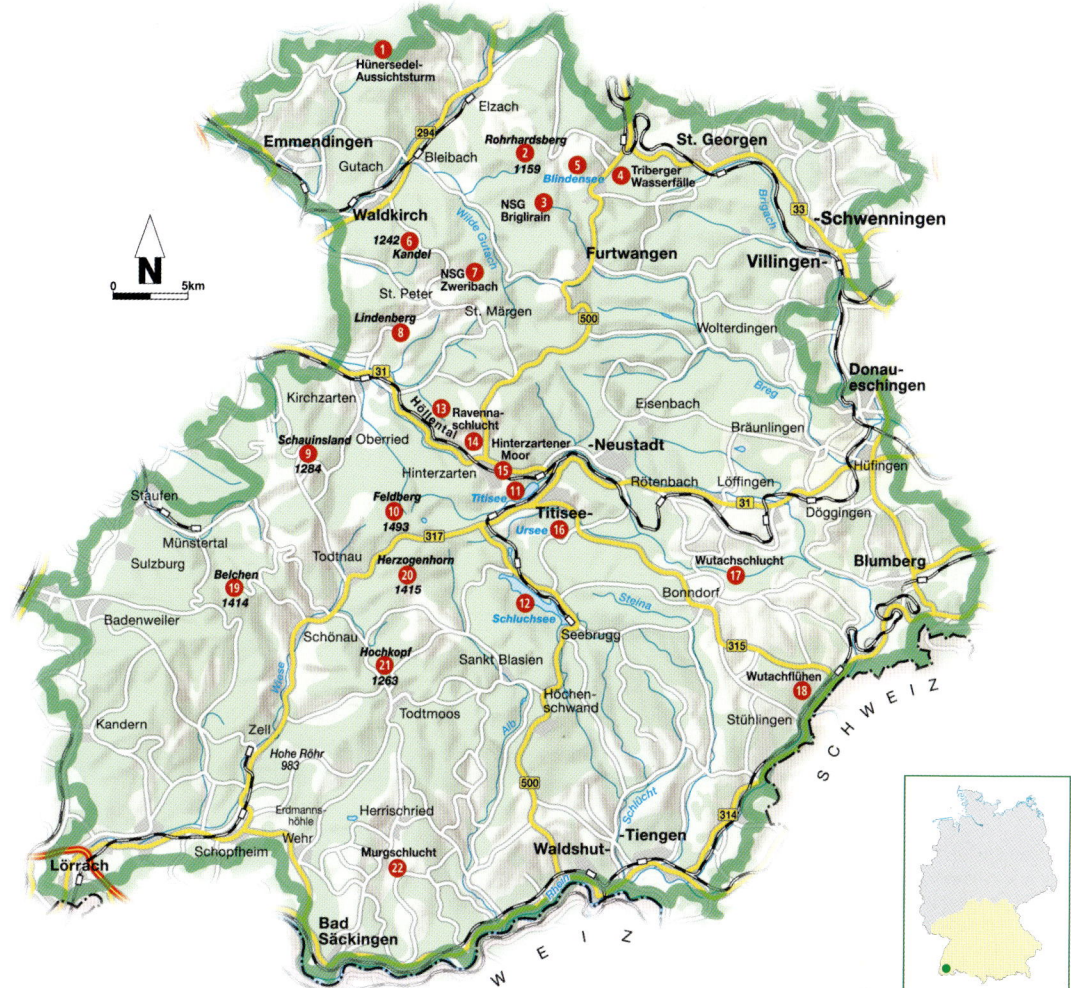

Kaiserstuhl, Vogesen und die höchsten Schwarzwaldberge: Kandel, Feldberg und Belchen sowie den Hochblauen über dem Markgräflerland und – jenseits des Elztales – den Rohrhardsberg.

Das Massiv des **Rohrhardsberges** ❷, dessen Ausläufer die Elz auf drei Seiten umspült, ist mit 1163 m die höchste Erhebung im nördlichen Teil des Naturparks, sein Gipfel und das obere Elztal bilden das Kernstück des Naturschutzgebietes Rohrhardsberg-Obere Elz, das 1997 als 500. Naturschutzgebiet Baden-Württembergs eingerichtet wurde. Vegetation und Tierwelt des teils bewaldeten, teils vermoorten, teils von aussichtsreichen Wiesen bedeckten Rohrhardsbergs sind subalpin. Hier finden sich Gebirgspflanzen wie Alpen-Frauenfarn, Alpendost und Alpenrose; in den Mooren gedeihen prächtig Sumpfbärlapp und Siebenstern; im Gipfelbereich fühlt sich die gelborange, duftende Arnika wohl. Auch Vogelarten wie Auerhuhn, Habicht und Sperber haben auf dem Berg ein Rückzugsgebiet gefunden, der Wanderfalke wird als Nahrungsgast und die seltene Kornweihe als Durchzügler gesichtet. Seine Höhenlage und Schönheit machen den Rohrhardsberg auch zu einem beliebten Skiwandergebiet.

Die Elz entspringt im Hang des Farnberges in 1089 m Höhe, eines Ausläufers des Rohrhardsberges. Knapp 30 m tiefer liegt die eingefasste Quelle am Westweg im Wald oberhalb des **Naturschutzgebietes Briglirain** ❸. Die Elz durchfließt vom Briglirain, dem Sattel zwischen dem Elz- und dem Katzensteigtal, bis zu den Elzfällen (877 m) ein etwa 3 km langes, von Vermoorungen und Wiesenland geprägtes Hochtal, das Farnbergtal. Hier führen

Blick vom Kandel über die im Dunst blau schimmernden Höhen des Hochschwarzwalds

der Schwarzwald-Radweg, der Europäische Fernwanderweg E1 (Westweg) und zahlreiche weitere Rad- und Wanderwege aus allen Himmelsrichtungen hindurch, darunter auch Routen, die von oder zu den eindrucksvollen **Triberger Wasserfällen** ❹ mit einer beachtlichen Fallhöhe von rund 160 m und der Schönwalder Hochfläche mit dem verträumten, sagenumwobenen **Blindensee** ❺ leiten. Die Feuchtlandschaft der Briglirain-Senke vermittelt bis heute ein eindrucksvolles Bild davon, wie die Täler hier jahrhundertelang ausgesehen haben. Durch den Briglirain verläuft auch die europäische Wasserscheide zwischen Nordsee und Schwarzem Meer: Während die Elz über den Rhein in die Nordsee abfließt, strömen die Quellbäche im Südteil des Gebirges der Breg zu.

Die Bregquelle (1078 m) in der Nähe der Martinskapelle bei Furtwangen ist die höchstgelegene Donauquelle. 1 Liter Wasser tritt hier pro Sekunde aus und speist ein Bächlein, das sich nach 48 km in Donaueschingen mit der Brigach zum zweitlängsten Strom Europas vereinigt: »Brigach und Breg bringen die Donau zuweg.«

Der Kandel – wo im Breisgau die Hexen tanzen Mit seinen Felsen, Buchenwäldern und Hochweiden sowie seiner einzigartigen Aussicht ist der ➡ **Kandel** ❻ einer der schönsten Panoramaberge im Schwarzwald. Der Bergstock erhebt sich im Westen des Naturparks zwischen den Tälern von Elz, Glotter und Wilder Gutach mit einer Reliefenergie von fast 1000 Höhenmetern und springt mit seinen Westausläufern über das Suggental hinaus bis fast nach Denzlingen in die Rheinebene vor – ein Topziel für Mountainbiker ebenso wie für Wanderer und Gleitschirmflieger, die sich in Gipfelnähe neben dem Berghotel »Kandel« in den Wind legen. Vom Kleinen Kandelfelsen, einem der zahlreichen Felsbastionen, blickt man aus der Vogelperspektive hinab ins Glottertal mit der aus der TV-Serie bekannten »Schwarzwaldklinik«. Mit dem Auto erreichbar ist dieser sagenumwobene Berg, den die Legenden als »Hexentanzplatz des Breisgaus« kennen, auf der Schwarzwald-Panoramastraße: Von Waldkirch im Elztal führt sie auf 70 km Länge über den aussichtsreichen Kandelbergstock in die Klosterdörfer Sankt Peter und Sankt Märgen und

FELDBERG - BERGMASSIV MIT INTERESSANTEN GIPFELN

Die verschiedenen Feldberggipfel sind im Einzelnen: der eigentliche Feldberg ❿ (1493 m, Bild); der durch eine Seilbahn erschlossene Seebuck (1448 m) mit Feldbergturm (Aussichtsturm) und wunderschönem Blick zum Feldsee vom Bismarck-Denkmal aus; der bis weit in den Sommer hinein Schneefelder tragende Baldenweger Buck (1460 m) oberhalb von Zastler Loch, Rinkendobel und Feldseekar sowie der Mittelbuck (1472 m), der hoch über dem Zastler Loch aufragt.

über die Breitnau in das Wintersportzentrum Hinterzarten. In der Nähe des Plattenhofs, eines Bergbauernhofs mit dem Gasthaus Zur Platte an den Ostausläufern des Kandelmassivs über dem Simonswälder Tal, befindet sich das Naturschutzgebiet **Zweribach** ❼. Urwaldartige Schluchtwälder, die Zweribach- und Hirschbachfälle sowie der Hohwartfelsen zählen zu den unbestrittenen Höhepunkten dieser beeindruckenden Stein-, Wald- und Wasserwildnis, die – so warnt auch ein Hinweisschild – nur von geübten Wanderern mit festem Schuhwerk begangen werden sollte. Zweribach und Hirschbach stürzen durch ein Kar, das von einem Gletscher der letzten Eiszeit in der Ostkante der hochflächenartigen Platte ausgetieft wurde. Nähert man sich dem Talkessel von der Platte aus, etwa vom Plattenhof, öffnet sich der Blick auf das urwüchsige Gebiet erst kurz vor dem jähen Abgrund.

Steile Pfade führen hinab zu den tosenden Wasserfällen.
Belohnt wird, wer in Sankt Peter die Schwarzwald-Panoramastraße kurz verlässt und dem Schild zum **Lindenberg** ❽ folgt: Dieser Südostausläufer des Kandelmassivs trägt eine viel besuchte Marienwallfahrtskapelle, bei der sich ein einzigartiger Ausblick bietet.

Von luftigen Höhen in die Tiefen des Berges Die 15-minütige Seilbahnfahrt auf den Freiburger Hausberg **Schauinsland** ❾ ist fantastisch: Kein Wald verdeckt die Sicht, fast endlos schweift der Blick über die Rebfluren und Waldhügel der Rheinebene. Die älteste Großkabinen-Umlaufbahn der Welt transportiert zwischen der Talstation (473 m) in Horben und der Bergstation (1219 m) am Panorama-Restaurant Schauinsland auch Fahrräder. Während sich die einen mit ihren

Der Titisee ist der größte natürliche See im Schwarzwald und lockt mit zahlreichen Freizeitangeboten.

Mountainbikes auf einer der Downhill-Routen talwärts stürzen, wandern die anderen in 15 Minuten zum Aussichtsturm auf dem Gipfel (1284 m) und genießen das einmalige Schwarzwald-Vogesen-Alpen-Panorama. Der Schauinsland ist auch Standort eines großen Bergbaumuseums: Stollen von über 100 km Gesamtlänge durchziehen den Freiburger »Erzkasten«, das zutage geförderte Silber begründete vor 800 Jahren den Reichtum der Münsterstadt, deren filigraner Domhelm einer der schönsten Türme der Christenheit ist. Der Holzverbrauch beim Silberabbau führte zur weitgehenden Entwaldung des Bergstockes. Das Gelände wurde nicht wieder aufgeforstet, sondern als Weide genutzt.

So erstreckt sich heute im Südhang des Gipfels im Oberrieder Hofsgrund eine offene Hochweidenlandschaft mit mehrhundertjährigen Hudebuchen und Weidbuchenhainen und überwältigenden Ausblicken. Auch das Fraunhofer-Institut nutzt diese exponierte Lage und unterhält hier ein Sonnenobservatorium. Der abwechslungsreiche Erzkasten-Rundweg erschließt auf 5 km Länge die Kulturlandschaft des Schauinsland. Lehrtafeln informieren über Landschaft, Geologie, Bergbau, Besiedlung, Landwirtschaft, Wald, Natur- und Biotopschutz in dieser einzigartigen Bergwelt. Der Rundweg ist markiert (grüner Baum auf weißem Grund), man erreicht ihn am besten vom Parkplatz nahe der Bergstation der Schauinslandbahn.

Am Gipfel der Gefühle Der höchste Berg des Schwarzwaldes ist der ➡ **Feldberg** ❿, sein Gipfel die höchste deutsche Erhebung außerhalb der Alpen. 2006 wurde das Bergmassiv zusammen mit der Wutachschlucht in die Liste der schönsten Geotope Deutschlands aufgenommen. Der weit geschwungene Rücken des Feldberges mit seinen aussichtsreichen Weidfeldern und seltenen Pflanzen bildet einschließlich der Kare, Schmelzwasserrinnen, »Löcher« und Täler, die eiszeitliche Gletscher in seinen Flanken ausgehobelt haben, das älteste und größte Naturschutzgebiet Baden-Württembergs. Einer seiner Glanzpunkte ist das felsenumkesselte Feldseekar mit dem nahezu kreisrunden Feldsee. Die so weit nördlich ansonsten nur in den Alpen vorkommende Alpen-Troddelblume lässt hier als Eiszeitrelikt auf den Hängen nach der Schneeschmelze ihre lilafarbenen Blüten auswachsen und ist das Wahrzeichen dieses außergewöhnlichen Berges.

Dank der Weitläufigkeit der waldlosen Gipfelebenen bietet jeder Nebengipfel dieses Gneis- und Granitstocks andere Panoramen, sodass die Hochlagen des Feldberges ein be-

Ein wildromantisches Naturerlebnis verspricht eine Wanderung in der Ravennaschlucht in der Nähe von Hinterzarten.

quemes Wandergebiet bilden. Vor allem bei Inversionswetterlage, wenn der Blick bis zu den Alpen reicht, lässt es sich hier auf einer Strecke von 8 bis 9 km Länge herrlich spazieren. Idealer Ausgangspunkt ist das Naturschutzzentrum beim Feldberger Hof am Fuß des Seebucks.

Der aus dem Feldsee austretende Seebach fließt zum **Titisee** ⓫, dem größten natürlichen See des Schwarzwaldes. Vom Zweiseenblick hoch über Neuglashütten ist der Titisee ebenso zu sehen wie der **Schluchsee** ⓬: Der 1932 aufgestaute See ist der größte Schwarzwaldsee und ein bedeutendes Wassersportparadies für Segler und Surfer. Seine fast unverbaute Uferlinie macht ihn zu einem Eldorado für (Rad-)Wanderer, seine Strände locken im Sommer die Badegäste. Den Zweiseenblick erreicht man am leichtesten in gut 20 Wanderminuten auf dem Westweg vom Parkplatz am Caritasheim an der B 317 aus.

Von Schlucht zu Schlucht – durch das Höllental zur Wutach Das teilweise sehr schmal und tief eingeschnittene **Höllental** ⓭ bildet seit Jahrhunderten den Hauptanfahrtsweg von der Freiburger Bucht zu den Hochflächen von Hinterzarten, zum Titisee und zur Baar. Der früher gefahrvolle Weg durch »die Höll« ist der stauegeplagten B 31 gewichen. Am Hirschsprung, wo die felsigen Talflanken so dicht zusammenrücken, dass nur zwei schmale Fahrspuren zur Verfügung stehen, führt die ansonsten gut ausgebaute Straße parallel zur tunnelreichen Höllentalbahn aufwärts zum Hofgut Sternen, einer alten Poststation, in der schon Johann Wolfgang von Goethe übernachtete. Oberhalb des Gasthofes öffnet sich die **Ravennaschlucht** ⓮, die

von Kaskaden durchbrauste wildeste Seitenschlucht des Höllentales: Wer sie betreten will, braucht festes Schuhwerk – auch wenn Brücken, Metallleitern und andere Aufstiegshilfen die Fortbewegung erleichtern. Nach dem Überwinden der serpentinenreichen Streckenabschnitte oberhalb der Schlucht tritt die Straße in die Weitung des Wintersportortes Hinterzarten ein.

Das **Hinterzartener Moor** ⓯ ist mit einer Fläche von rund 70 ha der größte Hochmoorkomplex im Naturpark. Informationstafeln erläutern die Besonderheit des Moores und der umgebenden Wälder. Vor dem Bahnhof Hinterzarten geht man auf dem Bahnhofweg parallel zur Bahnlinie an den Bushaltestellen und Parkplätzen vorbei, zweigt am Adlerweiher links ab und läuft geradeaus in den Wald. Bald geht der Waldweg in einen Bohlenweg über, der durch das nasse Hochmoor mit Birken und Wollgräsern führt.

Ein weiteres paradiesisches Moor ist das Naturschutzgebiet um den **Ursee** ⓰ oberhalb von Lenzkirch, ca. 10 km südöstlich des Hinterzartener Moors. Von einem auf dem Wasser liegenden Schwingrasen ist der See umgeben

Im schaurig-schönen Hinterzartener Moor leben seltene Pflanzen – und angeblich auch Moorgeister!

ERDMANNSHÖHLE

Die Erdmannshöhle bei Hasel – einige Kilometer nördlich von Wehr an der Wehra über dem vom Belchen ⓳ überragten Wiesental – ist die berühmteste Tropfsteinhöhle im Schwarzwald. Ihr Schauteil ist 360 m lang, die vermessene Gesamtlänge der Karsthöhle beträgt 2185 m. Zu den Höhepunkten im Schauteil zählen die »Riesentropfsteine«, der größte ist über 4 m hoch und mehr als 2 m dick, sein geschätztes Alter beträgt rund 1 Million Jahre (Bild). Benannt ist die Höhle nach hilfreichen Wichteln, den Erdmännchen und Erdweibchen, die früher hier gewohnt haben sollen.

– Achtung, ihn zu betreten, kann lebensgefährlich sein! – und von einem Hochmoor, in dem seltene Pflanzen ein Rückzugsgebiet gefunden haben: Rosmarinheide, Wollgras, Moosbeere und Sonnentau sind hier ebenso heimisch wie die Kleine Teichrose und der Fieberklee, der die nährstoffreichen Ränder des Moores im Frühjahr in ein weißes Blütenmeer verwandelt. Den eigentlichen Moorbereich umgeben wie ein schützender Haingürtel Kiefern, Birken, Schwarzerlen und Fichten.

Ein weiterer lohnender Abstecher im Osten des Naturparks ist die ➠ **Wutachschlucht** ⓱, ein eindrucksvoller Canyon. Fast die ganze Schlucht steht unter Naturschutz einschließlich Haslachtal, Rötenbach- und Gauchachschlucht sowie weiterer Seitentäler. Für Wanderer ist diese felsen- und waldreiche Wildflusslandschaft mit ihrer vielfältigen Flora und Fauna besonders reizvoll, ist sie doch eine der wenigen Strecken in den deutschen Mittelgebirgen mit ansatzweise »alpinem« Charakter. Die Wanderung durch diese Schlucht ist eine Zeitreise durch 100 Millionen Jahre Erdgeschichte, denn die Wutach schneidet fast alle Gesteinsschichten Südwestdeutschlands an.

Der Europäische Fernwanderweg E1 führt von Lenzkirch-Kappel auf einer Länge von 11 km durch den Gneis- und Granitabschnitt zum Gasthof Schattenmühle, der auch rustikale Unterkünfte für Wanderer anbietet; es folgen 12 km im Muschelkalk- und Keuperabschnitt bis zur Wutachmühle. Am Ostrand des Naturparks hat der Fluss einen zweiten Schluchtabschnitt geschaffen: Die **Wutachflühen** ⓲ an der Schweizer Grenze sind berühmt wegen ihrer faszinierenden Landschaften und der »Sauschwänzlebahn«, einer Museumsbahn, die in zahlreichen Kehren (»Sauschwänzle«) zwischen Zollhaus-Blumberg und Stühlingen-Weizen dampft.

Die imposanteste Berggestalt des Schwarzwaldes ist der ➠ **Belchen** ⓳. Aus allen Himmelsrichtungen führen Wanderwege zum »König des Schwarzwaldes«, der stolz über die Täler zu seinen Füßen emporragt, die wie das Münstertal im Westen oder das Wiesental im Osten gut 1000 m niedriger liegen. Wegen der Steilheit des Geländes rückt bei allen Aufstiegen der von Felsmassiven umkränzte Gipfelbereich erst zuletzt ins Blickfeld – Ausnahme ist der Aufstieg ab Fröhnd-Hof.

Ganz bequem ist der Gipfel mit einer Panoramagondel der Belchen-Seilbahn zu erreichen. In nur 5 Minuten transportiert sie Ausflügler von der Talstation (1074 m) beim Hotel Jägerstüble über knapp 300 Höhenmeter hinauf zur Bergstation (1356 m), die sich neben dem nur zu Fuß erreichbaren Belchenhaus befindet – Baden-Württembergs höchstgelegenem Restaurant. Von dort führt ein Naturlehrpfad in 20 Minuten zum Gipfel mit

WESTWEG – HÖHENWEG DES SCHWARZWALDES

Der Westweg ist einer der attraktivsten Fernwanderwege in Deutschland. Von Pforzheim führt er auf einer Länge von rund 280 km über den Schwarzwald, erreicht am Feldberg ⓾ – bis hier ist die Route identisch mit dem Europäischen Fernwanderweg E1 – mit 1493 m die höchste Landmarke und endet am Badischen Bahnhof in Kleinbasel am Rheinknie im Dreiländereck Deutschland, Schweiz und Frankreich. Der Westweg berührt zahlreiche Natursehenswürdigkeiten, die zu den schönsten des gesamten Gebirges zählen. Im Naturpark Südschwarzwald, am »Feldberger Hof« (gleich neben der Talstation der Feldbergbahn) verzweigt er sich in eine West- und eine Ostvariante, die als Rundweg begangen werden können: Der Weststrang führt vom Feldberg zum Belchen ⓳ und dann via Hochblauen und Kandern durch das Markgräflerland nach Kleinbasel; der Oststrang führt über das schöne Herzogenhorn und über den Kamm zwischen Wiesen- und Alb- bzw. Wehratal hinab zum Dinkelberg, wo dann der Schlussspurt nach Basel beginnt. Für beide Varianten ist mit gut 20 Std. Gehzeit zu rechnen.

Herrliche Ausblicke bei einem Picknick auf den Höhen des Südschwarzwaldes

Gipfelkreuz in 1414 m Höhe. Weit reicht der Blick über den Süd- und Hochschwarzwald mit Feldberg, Herzogenhorn und Hochkopf, auf die Rheinebene mit dem Kaiserstuhl und zu den Namensvettern des Belchen im Dreiländereck: Großer Belchen (Grand Ballon), Elsässer Belchen (Ballon d´Alsace) und Kleiner Belchen (Petit Ballon) in den Südvogesen und Belchenflue im Schweizer Jura. Bei klarem Wetter reicht die Sicht über den Jura hinweg bis zu den Alpen. Etwas weiter östlich erhebt sich das **Herzogenhorn** [20]; auch hier bietet sich am Gipfelkreuz hoch über den Quellbächen der Alb ein traumhafter Panoramablick. Das Herzogenhorn bildet die höchste Erhebung des Kammes, der im Südschwarzwald das Wiesental und den Hotzenwald trennt; diesem Kamm folgt vom Feldberg aus über Herzogenhorn und **Hochkopf** [21] die Ostvariante des Westweges, des bekanntesten Höhenweges des Schwarzwaldvereins. Am Parkplatz beim Hochkopfhaus beginnt der bequeme Karl-Asal-Rundweg, einer der romantischsten Höhen-Rundwege des Südschwarzwalds: Er vereint den Forstweg in der Flanke oberhalb des Präger Gletscherkessels mit dem Westweg, der als urtümlicher Wurzelpfad über den Kamm führt.

Auf Schusters Rappen oder mit der Postkutsche durch das Murgtal Der mit mehr als 50 Lehrtafeln zu den Themen Wasser, Bodenkunde und Geologie, Wald, Moor, Wässerwiesen, der Auswanderung um 1850, der Landwirtschaft früher und heute versehene Murgtalpfad folgt der Hauensteiner Murg von ihrer Quelle in knapp 1000 m Höhe durch den Hotzenwald bis zu ihrer Mündung in den Hochrhein. Der Pfad führt durch zwei landschaftlich verschiedene Gebiete: Von der Quelle bis Hottingen, wo sich das »Energiemuseum« befindet, herrschen Hochflächen und Wiesenrücken vor. Erst ab dem Pfaffensteg unterhalb des Hottinger Beckens beginnt die urtümliche ➡ **Murgschlucht** [22], in der ein Lehrpfad der ehemaligen Postkutschenstrecke mit ihren Felstunneln folgt: Kilometerlang findet sich hier kein Haus, nur das dichte Grün des Schluchtwaldes, das Brausen der Murg, der Wasserfall Strahlbrusch und sonnige Talauen mit üppigen, farbenprächtigen Blumenwiesen. Ausgangspunkt des Murgtalpfads ist der Wanderparkplatz Steinernes Kreuz in Herrischried. Die Strecke ist autofrei, kann aber mit dem Fahrrad befahren werden. Bis heute verkehren hier Postkutschen als gerne genutzte Touristenattraktion.

25 Naturpark Schönbuch
Zeugnisse schwäbischen Landlebens präsentiert der kleine Naturpark

ANFAHRT
Von Norden auf der A 8 und der A 81 bis Hildrizhausen, von Westen auf der A 81 bis Herrenberg; nächstgelegener ICE-Bahnhof in Stuttgart

LAGE
In Baden-Württemberg, südlich von Stuttgart zwischen Böblingen, Aichtal, Reutlingen, Tübingen und dem Herrenberger Gäu

GRÖSSE
156 km²

HÖCHSTE ERHEBUNG
Bromberg (580 m)

GRÜNDUNG
1972

INFORMATION
Naturpark Schönbuch
Im Schloss
72074 Tübingen

TELEFON
07071/60 22 62

INFOHAUS
In Tübingen

INTERNET
www.naturpark-schoenbuch.de

Die Kloster- und Schlossanlage Bebenhausen: Sehenswert ist vor allem der Kreuzgang aus dem 15. Jahrhundert.

Zu verdanken haben wir dieses Naherholungsgebiet mit seinen großen Mischwäldern der Jagdleidenschaft der württembergischen Könige und Herzöge. Als deren Jagdrevier blieb der Schönbuch von Abholzungen weitgehend verschont. Noch heute führt nur eine größere Straße durch den Naturpark. Im 4000 ha großen Wildgehege dominiert das Rotwild, in kleineren Gehegen kann man Dam-, Schwarz- und Muffelwild beobachten. An den Bachläufen entdeckt man den seltenen Eisvogel, Wasseramseln und Teichhühner, aber auch viele Amphibien wie Teichmolch und Gelbbauchunke. Im artenreichen Uferbewuchs finden sich Kostbarkeiten wie Trollblume oder Pestwurz.

Wandern und Rasten in fast unberührter Natur Im Westen des kleinen Naturparks Schönbuch liegt an der Straße Herrenberg–Hildrizhausen das **Naturfreundehaus Jahnhütte** ❶ am Alten Rain. Hier beginnt der »Naturlehrpfad Schlossberg«, ein 7 km langer Rundweg. Wer möchte, kann auf einem Abstecher die Reste von Schloss Herrenberg besichtigen und bei

einem Stadtrundgang die netten Winkel der Altstadt Herrenberg. Mitten im Wald des Schönbuchs liegt der ➠ **Waldrastplatz Teufelsbrücke** ❷, der mit Schutzhütte und Grillstelle zum Verweilen einlädt. Man erreicht ihn von Süden aus vom Parkplatz Bebenhausen auf dem Weg durchs Tal des Großen Goldersbaches oder vom Parkplatz Franzensträßle durchs Tal des Kleinen Goldersbaches. Ganz in der Nähe finden sich die Reste einer ehemaligen Kapelle, die königliche Jagdhütte und ein Damwildgehege. Mit ein bisschen Glück kann man hier in den Hangwäldern einige Seltenheiten, wie z. B. den Schwarzspecht oder die Gelbbauchunke, entdecken. Am Wanderweg Richtung Bromberg liegt das Naturdenkmal Birkensee, ein See, der sich auf der Sohle eines aufgelassenen Räthsandsteinbruches gebildet hat. Befestigte Wege und Stege führen am hochmoorartigen Ufer entlang – hier wachsen Moosbeere, Heidenelke und der Rundblättrige Sonnentau.
Von 1946 bis 1952 war der Landtag von Württemberg-Hohenzollern im ➠ **Kloster Bebenhausen** ❸ untergebracht. Das Kloster wurde 1183 von Pfalzgraf Rudolph gegründet; bis zur Reformation lebten hier Zisterzien-

DURCHS SCHÖNE SCHAICHTAL

Vom Wanderparkplatz Schaichtal, östlich von Dettenhausen ⑤, führt ein Wanderweg durch das Schaichtal bis Neuenhaus. Man durchwandert eines der letzten naturnahen Bachtäler (Bild) des Schönbuchs. Die üppige Ufervegetation bietet Lebensraum für viele Vogelarten und Amphibien. Der Weg durch das Tal ist rund 9 km lang.

Naturparks. Nach etwa 1 km führt der Weg aus dem Tal und über den Kirnberg zurück zum Ausgangspunkt.

Wenn der Wald erzählt Geschichten zum Wald erfährt man im **Schönbuch-Museum Dettenhausen** ⑤: wie er als Hutewald genutzt wurde, welche Abholzungen für die Glasindustrie erfolgt sind und wie er den Abbau des Stubensandsteins erlebt hat. Zu alldem finden sich in den liebevoll gestalteten Ausstellungsräumen zahlreiche Informationen, Bilder und Gegenstände, die von der Lebens- und Arbeitswelt der Menschen dieser Gegend erzählen (Telefon 07157/12 63 2 oder www. dettenhausen.de).

Leider ist nur noch ein Flügel des 1482 vom württembergischen Grafen Eberhard erbauten Jagdschlösschens erhalten geblieben. Heute ist er Teil der ➡ **Domäne Einsiedel** ⑥ und Ausgangspunkt so mancher Wanderung auf der Hochfläche, dem Einsiedel. Hier beginnt auch ein geschichtlicher Lehrpfad, der auf zwölf Schautafeln die frühe Besiedlung des Einsiedel und seine weitere Entwicklung zum Thema hat. Der Rundweg hat eine Länge von 4,5 km, man braucht dafür etwa zwei bis drei Stunden.

Ausgangspunkt eines weiteren Lehrpfades ist der Parkplatz Burkhardtsmühle an der Straße von Waldenbuch nach Neuenhaus.

sermönche. Über die Jahrhunderte bauten sie das Kloster aus und schufen bemerkenswerte Baudenkmale, wie z. B. den Kreuzgang, der Ende des 15. Jahrhunderts entstand. Nach der Reformation und der Säkularisierung verfielen Teile der Klosteranlage, und eine Klosterschule wurde zwischenzeitlich hier untergebracht. Anfang des 19. Jahrhunderts ließ König Friedrich I. von Württemberg das Abtshaus zum Jagdschloss umbauen. Es gibt einiges zu bestaunen bei der Führung durch die Jagdgemächer mit ihrer teilweise sehr prunkvollen Ausstattung, einem Luxusbad und einer für diese Zeit hochmodernen Küche (www.klosterbebenhausen.de). Im ehemaligen Schreibturm des Klosters ist auch das Naturparkinformationszentrum untergebracht. Hier gibt es allgemeine Informationen über den Naturpark. Wer ein wenig dörfliche Idylle genießen will und Fachwerkhäuser liebt, sollte nach dem Klosterbesuch noch kurz durch Bebenhausen spazieren – hier gibt es so manchen malerischen Winkel zu entdecken.

Geologisch Interessierte fahren zum Parkplatz Sonntagsstelle an der alten B 27. Von hier verläuft ein Weg durchs **Kirnbachtal** ④ entlang markanter Felsformationen. Schaubilder erläutern interessante geologische Zusammenhänge und die Besonderheiten des

Der **Waldlehrpfad Betzenberg** ⑦ führt über den lang gezogenen Höhenrücken des Berges, dessen Sandstein bereits die Römer zu schätzen wussten. Bis zu 60 m mächtig ist die Gesteinsschicht hier. Die Tafeln am 3,5 km langen Rundweg erzählen die Geschichte des Schönbuchs und erläutern die Besonderheiten der Geologie, der Flora und Fauna.

Naturpark Schönbuch 123

26 Naturpark Obere Donau
Das Geheimnis der Donau

ANFAHRT
Von Süden auf der A 81 bis Villingen-Schwenningen und auf der B 27 sowie der B 14 über Wellendingen in Richtung Gosheim; von Norden auf der B 27 bis Schömberg und weiter über Wellendingen in Richtung Gosheim; nächstgelegene ICE-Bahnhöfe in Stuttgart und Tuttlingen

LAGE
Auf der Schwäbischen Alb, nördlich des Bodensees, zwischen Schwarzwald im Westen und Oberland sowie Allgäu im Osten

GRÖSSE
1300 km²

HÖCHSTE ERHEBUNG
Lemberg (1015 m)

GRÜNDUNG
1980

INFORMATION
Naturpark Obere Donau
Wolterstraße 16
88631 Beuron

TELEFON
07466 / 92 800

INFOHAUS
In Beuron

INTERNET
www.naturpark-obere-donau.de

Im Norden umfasst das Naturparkgebiet den höchsten Teil der Hochfläche der Schwäbischen Alb, die sich sanft nach Süden hin absenkt. Ein schroffes Durchbruchstal hat sich die junge Donau in diese Karstschichten gegraben. Vor allem der Abschnitt zwischen Mühlheim und Inzigkofen ist berühmt für seine mächtigen weißen Kalksteinfelsen.

Geologisch interessant ist das Phänomen der Donauversickerungen zwischen Immendingen und Möhringen sowie bei Fridingen. Durch ein Labyrinth von Karstgängen versickert hier das Wasser, und häufig kommt es vor, dass das Flussbett sogar ganz austrocknet.

Touristisch lockt der Naturpark mit vielfältigen Attraktionen: Wanderer finden ein gut ausgebautes Wanderwegenetz von über 3000 km Länge vor, darunter besonders aussichtsreiche Routen entlang der Talflanken und des Albtraufes. Kletterer sind begeistert von den vielen zum Klettern freigegeben Felsen – darunter einige der größten der deutschen Mittelgebirge. Freunde des Wassersports können schließlich die Donau auf verschiedenen Abschnitten während der Sommermonate mit dem Kanu oder Kanadier erkunden. Eine spannende Reise zurück in die Zeit der Kelten, die den Landstrich vor mehr als 2500 Jahren besiedelten, ermöglichen die Heuneburg und das Heuneburgmuseum in und bei Hundersingen.

Berge, die herrliche Ausblicke bieten Als ein sogenannter Zeugenberg ist der **Lemberg** ❶ nicht mehr direkt mit der Hochfläche der Schwäbischen Alb verbunden. Mit seinen 1015 m Höhe und einem über 30 m hohen Aussichtsturm bietet er einen weitreichenden Ausblick über die Hochebene der Baar bis hinüber zum Schwarzwald und auf die Gipfel der Alpen. Man parkt an der Straße Gosheim–Wilflingen. Am dortigen Wanderparkplatz sind einige Wanderwege ausgeschildert. Einer davon führt in etwa 30 Minuten hinauf auf den Lemberg-Gipfel. Von dort kann man mit dem Oberhohenberg und dem Hochberg zwei weitere Tausender der Schwäbischen Alb erklimmen. Die Felsen und Hangwälder der Südwestalb bilden ein artenreiches Ökosystem, in dem sich auch Pflanzen angesiedelt haben, die sonst nur in den Alpen vorkommen, z. B. Immergrünes Felsenblümchen und Alpendistel.

Auch vom **Dreifaltigkeitsberg** ❷ (985 m) kann man weit über das Land blicken. Dieser Berg ist von Spaichingen aus mit dem Auto oder auch zu Fuß auf einem Pilgerweg mit zahlreichen Kreuzwegstationen zu erreichen bzw. zu ersteigen. Der Pilgerweg endet an der Wallfahrtskirche, einem schönen Barockbau mit prächtigem Hochaltar. Etwas weniger besinnlich geht es auf dem von Denkingen aus mit dem Auto erreichbaren benachbarten Klippeneck (981 m) zu. Bei geeignetem Wetter herrscht auf dem Segelflugplatz reger Betrieb.

Und das Wetter stimmt hier sehr oft, denn nirgendwo sonst in Deutschland scheint die Sonne länger als auf dem Klippeneck. Bei einem kleinen Imbiss auf der Panoramaterrasse des Hotels kann man eine herrliche Aussicht genießen.

Vom Erdboden verschluckt Arme Donau – gerade erst entsprungen, muss der junge Fluss sein Wasser hier auch schon wieder an den Rhein abtreten und trocknet dabei im Sommer oftmals aus. Ein beeindruckendes

Bei strahlendem Herbstlicht am schönsten: der Blick vom Knopfmacherfels auf das Donautal und Kloster Beuron

Naturschauspiel bietet die junge Donau zwischen Immendingen und Möhringen. Viele Tausende Liter Flusswasser versickern hier an der ⇒ **Donauversickerung** ❸ im Kalkgestein. Vor allem im Sommer und Herbst kann es passieren, dass man ein völlig ausgetrocknetes Flussbett vorfindet. Wohin das Wasser verschwindet, haben Wissenschaftler anhand von Salzbeigaben und Färbeversuchen bereits im Jahr 1877 herausgefunden.

Nach 30 bis 80 Stunden war der tiefgrüne Quelltopf der rund 12 km südlich gelegenen Aach salzig. Über die Aach gelangt das Wasser in den Bodensee und von dort in den Rhein. Vater Rhein trickst hier auf recht hinterlistige Weise seine Schwester Donau aus und verschiebt unterirdisch die Europäische Wasserscheide zu seinen Gunsten.

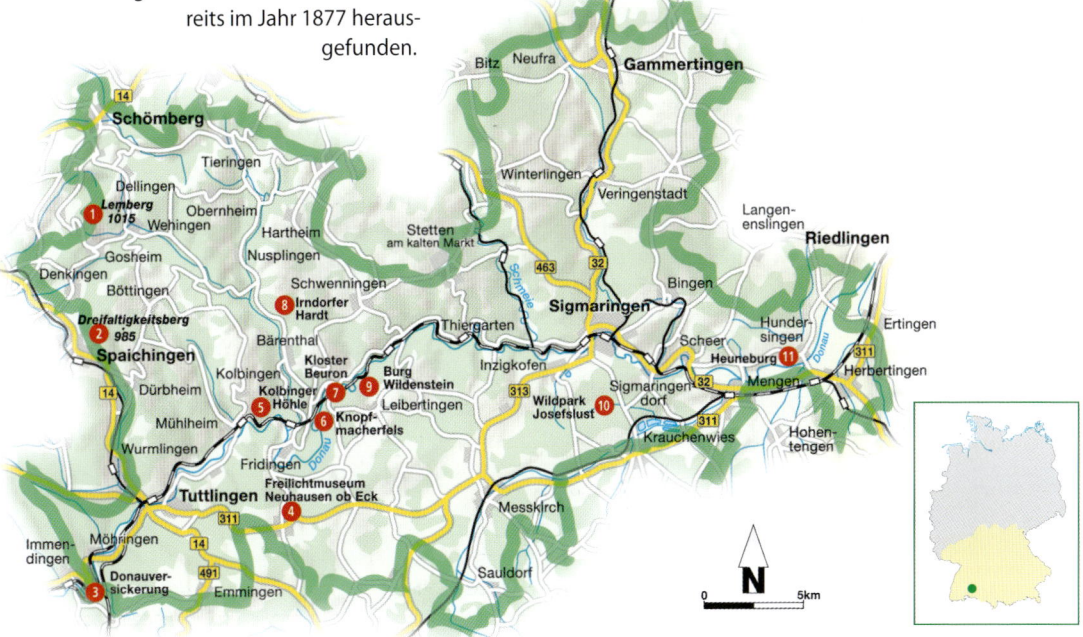

Naturpark Obere Donau

Ein Fluss verschwindet: Zwischen Immendingen und Möhringen kann man sehen, wie die Donau versickert.

Von Immendingen oder Möhringen führen Hinweisschilder zu Wanderparkplätzen, von denen die Versickerungsstellen bequem zu Fuß erreicht werden können. Ein etwa 2 km langer Rundweg führt zu den interessantesten Punkten.

Alte Dörfer, gespenstische Höhlen und die schönsten Gipfel des Parks Man meint, mitten in einem Dorf des 19. Jahrhunderts zu stehen, wenn man sich auf dem Marktplatz des ▶ **Freilichtmuseums Neuhausen ob Eck** ❹ befindet. Es ist alles da – Rat- und Schulhaus, Kirche, Brunnen und eine alte Schmiede. Auf dem weitläufigen Ausstellungsgelände gibt es aber noch mehr zu entdecken: In den über 20 Gebäuden – vom reichen Bauernhof bis hin zum schlichten Heim eines Tagelöhners – erhält man Einblick in das Leben und Arbeiten längst vergangener Zeiten. Das ganze Sommerhalbjahr (im Winter geschlossen) laden unterschiedliche Vorführungen zum Mitmachen ein, etwa beim Krautschneiden oder Mostpressen. In den Werkstätten zeigen Handwerker historische Techniken. In den Ställen und auf den Weiden grunzen, blöken, schnattern und muhen Schweine, Schafe, Gänse und Kühe. Auf den Feldern werden im Rhythmus der alten Dreifelderwirtschaft fast vergessene Getreidesorten angebaut. Auch einkehren kann man im alten Stil: Im gemütlichen historischen Gasthof Ochsen gibt es regionale Spezialitäten (geöffnet April–Okt. Di–So 9–18 Uhr).

Tropfsteinhöhlen sind auf der Schwäbischen Alb weit verbreitet. Mit zu den schönsten zählt die ▶ **Kolbinger Höhle** ❺. Auf einer Länge von 330 m sind ihre Gänge und Schächte erforscht. Die vorderen Höhlenteile sind schon seit dem 19. Jahrhundert bekannt. Der Ausbau zur Schauhöhle erfolgte im Jahr 1913, aber erst 1968 richtete die Ortsgruppe des Schwäbischen Albvereines die Weganlagen und eine elektrische Beleuchtung ein. Durch drei Hallen mit gespenstischen Tropfsteinformationen geht es bei einer spannenden Führung rund 90 m in den Berg hinein (geöffnet März–Okt. Sa 13–17, So 10–17 Uhr). Von einem der schönsten Aussichtspunkte im

Nicht nur von außen attraktiv: Im Freilichtmuseum Neuhausen ob Eck gibt es viel zu entdecken.

Tal der oberen Donau, dem sogenannten **Knopfmacherfels** ❻, geht der Blick hinunter auf die Klosteranlage Beuron im Osten und Richtung Westen hinüber nach Schloss Bronnen, das auf einem Felsmassiv thront. Vom Wanderparkplatz beim Knopfmacherfels bietet sich insbesondere für Familien mit Kindern eine kleine Höhenwanderung auf dem Walderlebnispfad der Stadt Fridingen an, bei dem immer wieder faszinierende Tiefblicke in das Donautal möglich sind, so z. B. vom Siegelesfelsen aus.

Ein weiterer Spaziergang (ca. 5 km) verbindet zwei ebenfalls sehr reizvolle Aussichtspunkte in der Nähe von Irndorf. Vom Rauhen Stein (Wanderheim und Wanderparkplatz) wandert man immer entlang der Talkante, vorbei am einzigartigen Felsengarten mit seinen extra für Besucher beschilderten Felsenpflanzen, zum bekanntesten Aussichtspunkt des Naturparks, dem Eichfelsen. Von hier hat man einen

Auf eine Augustinergründung im Jahr 1077 geht das heutige ➡ **Kloster Beuron** ❼ zurück. Nachdem es Sitz eines der ältesten Augustiner-Chorherrenstifts war, wurde es 1802 säkularisiert und ging in den Besitz des Fürstenhauses Hohenzollern-Sigmaringen über. Bemerkenswertes geschah 1862: Fürstin Katharina von Hohenzollern kaufte ihrem Stiefsohn Karl Anton von Hohenzollern die Kirche sowie die Klostergebäude ab und vermachte sie mittels einer Schenkung den Benediktinermönchen Maurus und Placidus. Damit erwachte das Klosterleben von neuem und setzt sich bis zum heutigen Tage fort. Um 1738 entstand die sehenswerte Klosterkirche, deren Innenraum durch die gelungene Verbindung von Rokoko- und Barockelementen fasziniert. Das Kloster selbst ist leider nicht zu besichtigen.

Im alten Bahnhof von Beuron ist heute das Haus der Natur untergebracht. Naturparkver-

AUF DEN SPUREN DER ALTEN RÖMER

Dass Archäologie richtig spannend sein kann, beweist das Römermuseum in Mengen-Ennetach (östlich von ❿). Das im Jahr 2001 eingerichtete Museum verfolgt einen angenehm modernen museumspädagogischen Ansatz mit hohem Erlebniswert. Grundlage der Ausstellungen sind Funde am Ennetacher Berg. Dort befand sich in der zweiten Hälfte des 1. Jahrhunderts ein römisches Kastell, in dem Soldaten verschiedener Einheiten stationiert waren.

Hörspiele und Videoinstallationen sollen den Besucher ins 1. Jahrhundert zurückversetzen. Das Alltagsleben in einer römischen Provinz wird am Beispiel Ennetachs gezeigt. Auch für Kinder ist einiges geboten: Sie können sich als Römer verkleiden (Bild) und thematischen Spielen widmen (geöffnet Ende März bis Dez. Di–So 10–18 Uhr).

herrlichen Blick auf die Burg Wildenstein sowie das Schloss Werenwag und den felsgesäumten Lauf der Donau. Zurück geht man über die Hochfläche vorbei am Wanderparkplatz Eichfelsen. Sportliche Naturen dehnen die abwechslungsreiche Wanderung weiter bis zum Schloss Werenwag aus, im 17. und 18. Jahrhundert auf den Mauern eines mittelalterlichen Vorgängerbaues errichtet.

ein und Naturschutzzentrum Obere Donau informieren gemeinsam mit einer großen, kostenlosen Ausstellung über die Region. Das jährliche Veranstaltungsprogramm umfasst über 100 Veranstaltungen – von der geführten Wanderung bis zum Filzkurs. Schüler- und Jugendgruppen können auf Wunsch individuell mehrstündige Umweltkurse, u. a. zu den Themen Wasser und Wald buchen.

Von blühenden Wiesen ins dunkle Mittelalter Ursprünglich war das **Irndorfer Hardt** ❽ wohl Jahrhunderte lang ein lichter Hutewald, in den die Irndorfer Bauern ihr Vieh zum Weiden trieben. Die Kühe fraßen aber nicht nur das Gras, sondern sorgten auch dafür, dass keine jungen Bäume nachwachsen konnten. Als sich im 18. Jahrhundert die Stallfütterung durchsetzte, gab man diese Bewirtschaftung auf, und die Bauern mähten zwischen den Bäumen mit der Sense. Aus dem Weidewald war eine »Holzwiese« geworden. Durch maschinelles Mähen, das Fällen von Bäumen und durch den Einsatz von Kunstdünger drohten die Magerwiesen zu verschwinden. Schon 1938 erklärte man das Irndorfer Hardt daher zum Naturschutzgebiet und sicherte damit den Bestand eines besonderen Lebensraumes. Im Frühjahr schmücken zahllose gelb leuchtende Trollblumen die Wiesen. Das botanisch geübte Auge entdeckt so manche Rarität: Buschnelke, Feldenzian, Gelber Enzian und Narzissen-Windröschen, um nur einige zu nennen. An der Straße von Irndorf nach Schwenningen ist auf der linken Seite ein Parkplatz ausgeschildert, von dem aus man in wenigen Minuten das Naturschutzgebiet erreicht.

Mit etwas Fantasie fühlt man sich auf **Burg Wildenstein** ❾ ins Mittelalter zurückversetzt. Rund 200 m über dem Donautal thront die 1077 erstmals erwähnte und im 16. Jahrhundert großzügig erweiterte Burg auf einem

DURCH DAS SCHÖNE SCHMEIETAL

Wer genug hat vom spektakulären Donaudurchbruchstal, von den Felsen und der Donauversickerung, dem sei diese Wanderung empfohlen: Von Dietfurt oder vom ehemaligen Bahnhof Inzigkofen aus erreicht man das liebliche Schmeietal (nordwestlich von ❿). Der Weg führt an der Schmeie entlang über die kleine Ortschaft Unterschmeien in das nicht viel größere Oberschmeien. Am Wegesrand gibt es einige botanische Kostbarkeiten zu entdecken! Nachdem man sich in Oberschmeien im örtlichen Gasthof gestärkt hat, kann man entweder wieder den Weg durchs Tal zurückgehen oder aber der Markierung liegendes rotes Y folgen. Dieser Weg führt auf einer Schlaufe über die Hochfläche zurück nach Unterschmeien. Oder man folgt der Markierung rote Raute und kommt so wieder zum Ausgangspunkt im Tal zurück.

Das Irndorfer Hardt wurde schon 1938 Naturschutzgebiet und Heimstatt für üppige Trollblumenwiesen.

Felsvorsprung. Ihr wehrhafter Charakter ist noch gut erkennbar. Über Zugbrücken geht man ins Burginnere, das durch Wehrgänge und Türme gesichert ist. Eine der am schönsten gelegenen Jugendherbergen Deutschlands bietet hier Unterkunft. In der Burgschenke lässt sich trefflich einkehren, beim Kinderspielplatz befinden sich auch Grillstellen. Von Leibertingen kommend ist der Parkplatz an der Burg ausgeschildert; diverse Wandertafeln informieren über Wanderwege rund um die Burg Wildenstein. Hier beginnt auch ein Walderlebnispfad, der als besonderes Highlight mit einer Uhuvoliere aufwartet.

Buchstäblich lustvoll ist ein Spaziergang im **Wildpark Josefslust** ❿ an der Straße zwischen Sigmaringen und Krauchenwies. Schön angelegte und gut gepflegte Wege führen durch den 800 ha großen Wildpark, vorbei an alten Baumgruppen und mächtigen Einzelbäumen, Skulpturen, gusseisernen Wegweisern und versteckten alten Toren. Für Kinder sind natürlich die beiden Teiche ein Anziehungspunkt, vor allem aber die Wildgehege mit Rothirschen, Damwild und Wildschweinen, Fasanen und Wölfen interessant. Für eine Pause gibt es Grill- und Rastplätze.

Gleich zwei Museen lohnen in und bei Hundersingen einen Besuch. Nicht nur ein Freilichtmuseum, sondern ein ganz besonderes Erlebnis stellt die ➡ **Heuneburg** ⓫ dar. Die originalgetreue Rekonstruktion eines keltischen Fürstenhofes aus dem 6. Jahrhundert v. Chr. zeigt anhand von Ausstellungen, Vorführungen und einer Multimedia-Präsentation das Leben auf der Burg zur damaligen Zeit.

Im Heuneburgmuseum in der ehemaligen Zehntscheuer des Klosters Heiligkreuztal sind die Originalfunde und auch die Forschungsergebnisse der langjährigen archäologischen Grabungen aus- und dargestellt. Die Funktion einer außerhalb des Heuneburgareales entdeckten Siedlung konnte inzwischen erklärt und dokumentiert werden: Diese sogenannte Außensiedlung war für die Versorgung der Heuneburg zuständig; es wurden landwirtschaftliche Aktivitäten nachgewiesen und Reste von Werkstätten gefunden (geöffnet April–Okt. Di–So 10–16.30, Juli, Aug. 10–18 Uhr). Ein 8 km langer archäologischer Rundwanderweg verbindet die beiden Museen; am Weg finden sich zahlreiche Grabhügel von beeindruckender Größe und eine Viereckschanze.

Für Groß und Klein, für Alt und Jung ist der Wildpark Josefslust mit Rot- und Damwild, mit Wildschweinen, Fasanen, aber auch Wölfen immer wieder ein Erlebnis.

27 Naturpark Augsburg-Westliche Wälder
Das schöne Erbe eiszeitlicher Gletscher

ANFAHRT
Auf der A 8 bis Augsburg, dann auf der B 2 bis Langweid und von dort nach Wertingen; nächstgelegene ICE-Bahnhöfe in Ulm und Augsburg, von dort bis Lauingen bzw. Dillingen und weiter mit dem Bus

LAGE
In Bayerisch-Schwaben im Westen Bayerns, westlich von Augsburg und östlich von Ulm

GRÖSSE
1200 km^2

HÖCHSTE ERHEBUNG
Höhenzug am Südrand des Naturparks (649 m)

GRÜNDUNG
1988

INFORMATION
Naturpark Augsburg–Westliche Wälder
Fuggerstraße 10
86830 Schwabmünchen

TELEFON
0821/31 02 22 78

INFOHÄUSER
In Gessertshausen und Oberschönenfeld

INTERNET
www.naturpark-augsburg.de

Der Naturpark Augsburg–Westliche Wälder mit seinen anmutigen und vielseitigen Landschaften ist wahrlich ein Naturmagnet. Im Norden bedeckt eine fruchtbare Lössschicht die Schotterablagerungen, die eine abwechslungsreiche Wald- und Wiesenlandschaft entstehen ließ. Den südlichen Teil prägen sanfte, reich bewaldete Höhenzüge. Ihre größte Ausdehnung erreichen die Waldgebiete im Holzwinkel nordwestlich von Augsburg und in den »Stauden«, im Südwesten der Fuggerstadt. Wälder, Bäche und Talwiesen beherbergen eine vielfältige Flora und Fauna. Besonderheiten unter den Pflanzen sind Seidelbast, Türkenbund und Küchenschelle. In den Strauchgürteln nisten zahlreiche Singvogelarten, in den Wäldern ist die sonst eher seltene Waldohreule anzutreffen.

Kunst, Kultur und Badespaß Die barocke Stadtkirche St. Martin aus dem Jahr 1700 überragt die Stadt ➠ **Wertingen** ❶ mit ihren beiden mächtigen Türmen. Sie sind mit Zinnen bewehrt, was einzigartig in Deutschland ist, auf denen alljährlich Störche nisten. Eine wechselvolle Geschichte liegt hinter diesem Bauwerk: Ein romanischer doppeltürmiger Vorgängerbau aus dem 13. Jahrhundert wurde 1462 zerstört, den spätgotischen Folgebau brannten 1646 die Schweden nieder. Im Wertinger Schloss, im 14. Jahrhundert erbaut, ist das Heimatmuseum zu finden. Die Sammlungen zu den Themen Vor- und Frühgeschichte, Stadtgeschichte, Landwirtschaft, Hand- und Kunsthandwerk sowie die Waffensammlung sind sehr umfangreich (www.wertingen.de). Auch ein Rundgang durch die Innenstadt von Wertingen hat seinen Reiz, denn Teile der alten Stadtbefestigung sind erhalten, es geht vorbei an schönen Fachwerkfassaden hinüber zum Marktplatz mit dem schmucken Marienbrunnen.

Das waldreiche Gebiet im nordwestlichen Teil des Naturparks ist der »Schwäbische Holzwinkel«. Dort liegt der Ort **Welden** ❷, der einen berühmten Sohn hat: Ludwig Ganghofer verbrachte hier seine Jugend. Näheres zu Leben und Werk des deutschen Heimatschriftstellers erfährt man in der Ganghofer-Stätte Welden im Landgasthof Zum Hirsch. Oberhalb des Städtchens, auf dem Theklaberg, steht weithin sichtbar die Theklakirche, eine wunderschöne Rokokokirche.

Hier werden alle Register gezogen: ein atemberaubender Regenbogen über dem Kloster Oberschönenfeld.

Die letzten Paradiese Süddeutschlands

HINEIN IN DEN WALD

Von Oberschönenfeld ❹ aus bieten sich mehrere Wandermöglichkeiten in östlicher Richtung, um in das Tal des Anhauser Bachs zu gelangen. Ein Weg führt durch dichte Mischwälder in das Tal und vorbei an mehreren Weihern. Ein Abstecher bringt den Wanderer zum Engelshof, einem sehr schön gelegenen Landgasthof mit großem Biergarten. Auch im Tal des Anhauser Bachs, im Ort Burgwalden, findet sich eine gemütliche Gastwirtschaft mit Biergarten. Für den Rückweg empfiehlt sich die Waldroute oder aber der Weg über Döpshofen und dann in nördlicher Richtung zurück nach Oberschönenfeld. Je nach Wegwahl sollte man mehrere Stunden für die Wanderung einplanen.

Mitten im Naturpark liegt die »Perle des Zusamtals«: ➡ **Zusmarshausen** ❸. Am großen Marktplatz fällt die Pfarrkirche Maria Immaculata ins Auge, deren spätgotischer Turm 42 m aufragt. Von der einstigen Bedeutung Zusmarshausens als Marktflecken zeugen die alte Posthalterei, heute »Hotel zur Post«, mit ihrem romantischen Innenhof. Erfrischung bietet im Sommer der nahe gelegene Rothsee: ein Badesee mit großen Liegewiesen, dessen östliches Ufer als Biotop geschützt ist. Am südlichen Rand von Zusmarshausen beginnt am »Horn« der Franz-Rödl-Waldlehrpfad. Hier erfährt man Wissenswertes über einheimische Gehölze.

Museen, Kirchen und ein schattiger Biergarten Auf dem Gelände von ➡ **Kloster Oberschönenfeld** ❹ befinden sich ein Volkskundemuseum, das Naturparkhaus, ein Zisterzienserinnenkloster, eine Schwäbische Galerie und eine Gastwirtschaft mit Biergarten. Das Schwäbische Volkskundemuseum bietet Ausstellungen, u. a. zu den Themen »Bräuche durchs Jahr – Feste im Leben«, »Wohnen auf dem Land« und »Von der Handarbeit zur Maschine«. Im ehemaligen Bräumeisterstadel zeigt die Schwäbische Galerie Retrospektiven mit Werken bedeutender schwäbischer Künstler. Das Informationszentrum im Naturparkhaus stellt die Natur und deren nachhaltige Nutzung durch den Menschen vor (geöffnet Di–So 9.30–17 Uhr).

Im Markt **Ziemetshausen** ❺ gibt es zwei kleine Museen, die Beachtung verdienen: das Weberei- und das Handwerkermuseum. Anziehungspunkt für viele Gläubige ist die von Ziemetshausen ausgeschilderte Wallfahrtskirche Maria Vesperbild. Ursprünglich stand hier eine kleine Feldkapelle, die 1650 eine Pietà erhielt. Die heutige Kirche stammt aus der Mitte des 18. Jahrhunderts. Fährt man die Straße weiter bergan, erreicht man nach wenigen Minuten das Schloss Seyfriedsberg, dessen Garten 1848 mit allerlei exotischen Sträuchern und Bäumen angelegt wurde. Leider ist das Schloss nur von außen zu betrachten, der Park ist jedoch frei zugänglich.

Biegt man von der Straße von **Markt Wald** ❻ nach Immelstetten nach rechts zum Ortsteil Oberneufnach ab, sind es vom dortigen Wanderparkplatz aus nur wenige Minuten zu einem Aussichtsturm mit schönem Blick über den Park. Im benachbarten Schnerzhofen schimmert dunkel das Wasser des moorigen Sees. Von Markt Wald aus ist der Parkplatz vor Schnerzhofen ausgeschildert.

28 Nationalpark und Biosphärenreservat Berchtesgaden – Deutschlands einziger alpiner Nationalpark

ANFAHRT
Von München über die A 8 bis zur Abfahrt 115 Bad Reichenhall; dann ca. 20 km auf der B 20 nach Berchtesgaden und weiter zum Königssee; auch die Deutsche Bahn fährt nach Berchtesgaden

LAGE
Im äußersten Südosten Bayerns; der Nationalpark umfasst im Wesentlichen den deutschen Anteil an den Salzburger Alpen

GRÖSSE
210 km²

HÖCHSTE ERHEBUNG
Watzmann (2713 m)

GRÜNDUNG
1978

INFORMATION
Nationalpark-Haus
Franziskanerplatz 7
83471 Berchtesgaden

TELEFON
08652/64 343

INFOHÄUSER
Nationalpark-Infostelle Hintersee
Nationalpark-Infostelle St. Bartholomä
Nationalpark-Infostelle Kühroint
Nationalpark-Infostelle Engert
Nationalpark-Infostelle Wimbachbrücke

INTERNET
www.nationalpark-berchtesgaden.bayern.de

Drei große Täler, drei tiefe Einschnitte in die gigantische Felslandschaft der Berchtesgadener Alpen, wild zerklüftete Bergstöcke, tiefblaue Seen und eisige Gletscher – all das wurde 1978 zum Nationalpark erklärt, zur Bewahrung und Wiederbelebung einer einzigartigen Bergwelt mitsamt ihrer Kultur. Die bekannten Glanzlichter des Nationalparks sind der malerische Königssee und das mächtige Gipfeltrio des Watzmanns, mit 2713 m der zweithöchste Berg Deutschlands. Die Bergmassive sind aus Dolomit und darüber lagerndem Dachsteinkalk aufgebaut, der vor rund 200 Millionen Jahren abgelagert wurde. Durch die außerordentliche Härte des Kalksteins ließen Verwitterungen keine gerundeten, sondern eher scharfkantige Formen entstehen. Deshalb wird heute noch das Landschaftsbild beherrscht von scharfen, gezackten Graten und schroffen Felswänden. Wie Balsam für die menschliche Seele wirkt der Anblick der Bergmischwälder, wo Raritäten wie Spirke und Zirbe wachsen. Auf den hoch gelegenen alpinen Matten gedeihen Kostbarkeiten wie die Alpenrose, das Edelweiß sowie der Blaue und der Gelbe Enzian – heute selten gewordene, geschützte Pflanzen. Auch für Steinböcke, Murmeltiere und Alpensalamander ist der Nationalpark inzwischen eine sichere Heimat geworden. Zu den imposantesten Vertretern der Vogelwelt zählt der Steinadler, der hoch über den Felswänden seine Kreise zieht.

Das unglaubliche Grün des Königssees Weit über die Grenzen Bayerns hinaus hat der ⇢ **Königssee** ❶ Berühmtheit erlangt. Durch Abschmelzen eines 1000 m mächtigen Gletschers am Ende der Eiszeit entstand der einzige fjordartige See in Mitteleuropa – ein 8 km langes und 200 m tiefes Trogtal, von klaren Schmelz- und Quellwassern aus den angrenzenden

Die Bindalm vor dem Bergmassiv der Mühlsturzhörner bietet einen herrlichen Blick ins Klausbachtal.

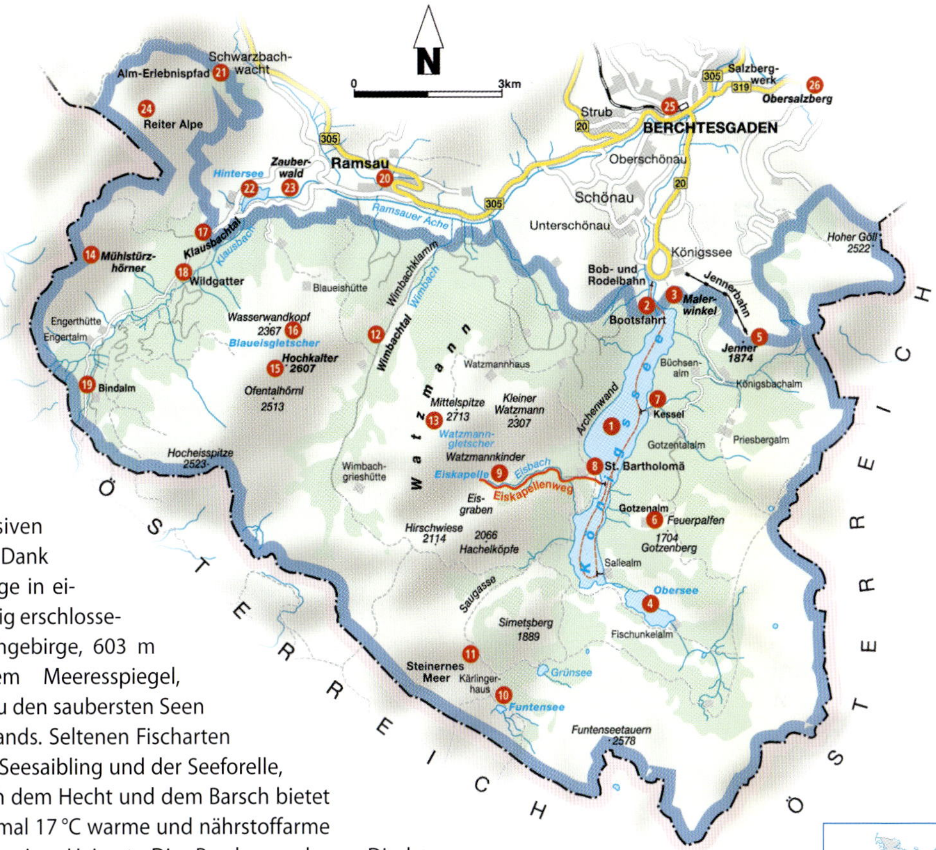

Bergmassiven genährt. Dank seiner Lage in einem wenig erschlossenen Hochgebirge, 603 m über dem Meeresspiegel, zählt er zu den saubersten Seen Deutschlands. Seltenen Fischarten wie dem Seesaibling und der Seeforelle, aber auch dem Hecht und dem Barsch bietet das maximal 17 °C warme und nährstoffarme Gewässer eine Heimat. Die Brechung des Lichts an den im Wasser gelösten Kalkteilchen zaubert das unglaubliche Grün dieses Sees.

Die knapp zweistündige **Bootsfahrt** ❷ über den Königssee bietet die beeindruckendste und schnellste Möglichkeit der Erkundung. Seit 1909 befördern Boote, durch umweltfreundliche Elektromotoren angetrieben, Naturfreunde aus nah und fern. Eine Unterbrechung der Rundfahrt ist auf der Halbinsel St. Bartholomä und an der Anlegestelle Salet möglich; auf Wunsch wird auch der kleine Anlegesteg Kessel am Ostufer angesteuert.

Die klassische Aussicht auf den See faszinierte nicht nur die Landschaftsmaler des 19. Jahrhunderts; auch heute ist der Rundwanderweg vom großen Parkplatz in der Ortschaft Königssee über die Seelände zum Aussichtspunkt **Malerwinkel** ❸ sehr beliebt. Die bizarren Gipfel des Watzmannmassivs und die Felswände des Steinernen Meeres spiegeln sich im See.

Am Ende der Eiszeit trennte ein letzter Gletschervorstoß ein kleines Gebiet vom Königssee ab, den **Obersee** ❹. Den kurzen Weg über die zurückgebliebene Endmoräne von der Anlegestelle Salet zum stillen Obersee säumen große Felsblöcke, die 1172 von den Gipfeln ins Tal stürzten.

Flussaufwärts dem felsübersäten Lauf des Eisbachs folgend bis zur fast 2000 m hohen Watzmann-Ostwand

Eine Seilbahn hinauf zur 1802 m hohen Bergstation des ➠ **Jenner** ❺ ermöglicht es auch dem müdesten Wanderer, den Nationalpark in seiner Einzigartigkeit auf einen Blick zu erfassen: gegenüber der Watzmann, im Süden das Steinerne Meer mit dem Großen Hundstod und der Schönfeldspitze, am Horizont der Gipfel des Hochkönigs und das Dachsteinmassiv – und tief eingeschnitten der Königssee. Der ehemals waldbedeckte Jenner ist heute eine durch Almwirtschaft und Holznutzung entstandene offene Landschaft mit Magerrasen, Latschenfeldern und kleineren Wäldern, ein hervorragender Ausgangspunkt für Wandertouren in das Gebiet des Nationalparks.

Ewiges Eis und uralte Bergwälder Die weitläufige Hochfläche **Gotzenalm** ❻ östlich des Königssees gehört den Murmeltieren. Ihre warnenden Pfiffe sind nicht zu überhören. Auf lieblichen Almen blühen im Sommer Arnika und der Punktierte Enzian. Der lockere Lärchenbewuchs entstand durch die Beweidung des Gebietes. Dessen Bewirtschaftung geht, urkundlich belegt, bis ins 8. Jahrhundert zurück. Vor dem halbstündigen Aufstieg zum Aussichtspunkt Feuerpalfen hält die Sennerin für den erhitzten Wanderer eine Erfrischung bereit. Die Belohnung nach dem steilen Anstieg ist wirklich spektakulär: der Blick auf den Königssee und die Watzmann-Ostwand.

An den östlichen Steilhängen des Königssees, im Gebiet der Bootsanlegestelle **Kessel** ❼, haben sich in naturnahen Bergwäldern die heimischen Baumarten wieder angesiedelt: Rotbuche, Bergahorn, Weißtanne und Fichte. Zwar wurde bis 1960 auch an steilen Hängen Holz geschlagen, das unwegsame Gelände und die Bodenbeschaffenheit verhinderten eine Wiederaufforstung mit reinem Fichtenwald zur holzwirtschaftlichen Nutzung.

➠ **St. Bartholomä** ❽ ist der Beweis: Die Männer Gottes hatten schon immer einen Blick für die schönsten Flecken dieser Erde. Im Verlauf von 10 000 Jahren schob sich das Verwitterungsgeröll aus den Watzmannwänden, vom reißenden Eisbach getragen, in den Königssee und bildete eine kleine Halbinsel. Ein imposanter Ort; auf dem Mündungsdelta wurde 1134 diese Wallfahrtskirche geweiht. Ihre roten Kuppeln leuchten über den See.
Ein gewölbeartiger Austritt des Eisbachs aus einem Schneefeld am Fuß der 2000 m hohen

Watzmann-Ostwand gibt der **Eiskapelle** 9 ihren Namen. Im zusammengepressten Schnee von Lawinenabgängen lassen die Schmelzwasser im Laufe des Sommers eine weite Öffnung entstehen. In früheren Zeiten muss die Eiskapelle wesentlich größer gewesen sein. Von 20 m Höhe, 30 m Breite und einer Länge von 200 m berichten die Chroniken. 1862 vernichtete ein Felssturz diesen großartigen Eisdom. Das Betreten oder Besteigen der Eiskapelle ist lebensgefährlich!

Der einsame **Funtensee** 10 am Rande des Steinernen Meeres liegt 1600 m über dem Meeresspiegel in einer Doline, einer trichterförmigen Vertiefung, entstanden durch den Einbruch einer Höhle. Diese Lage verhindert im Winter das Abfließen von Kaltluft – es wird eisig kalt. Am 21. Januar 2000 zeigte das Thermometer ein Rekordminus von 45,8 °C. Andererseits beeinflusst im Sommer das wärmere Klima der Zentralalpen die Vegetationsperiode am Funtensee. Frühjahr, Sommer und Herbst liegen in der kargen Hochmoor- und Weidelandschaft eng beieinander. So entsteht der Eindruck einer üppigen Blütenpracht. Diese klimatische Besonderheit fördert auch das Wachstum der Zirbenwälder.

Die Berghütte Kärlinger Haus am Funtensee bietet Möglichkeiten zum Übernachten. Die wilde, scheinbar vegetationslose Hochgebirgslandschaft des **Steinernen Meeres** 11 wird von Dolinen, Höhlen und ausgewaschenen Felsrinnen geprägt. Gräser und Blumenpolster verstecken sich in Gesteinsnischen

EDELWEISS *(Leontopodium alpinum)*

Das Edelweiß, eine der bekanntesten Alpenblumen, wird auch Wollblume, Irlweiß, Almsterndl, Federweiß und eher selten Silberstern und Wülblume (in der Schweiz) genannt. Die Pflanze erreicht eine Höhe von 3 bis 20 cm. Ihr Stern aus weißfilzigen Hochblättern ist nur eine Scheinblüte, die eigentlichen Blüten sitzen zu vielen Hunderten inmitten des Sterns beisammen. Auf vielfach durcheinander gewirkten, krausen Härchen sorgen Tausende kleine Luftbläschen dafür, dass das einfallende Licht reflektiert wird. So entsteht der blendend weiße Schimmer auf den Hochblättern. Das Edelweiß wächst ungleichmäßig verteilt auf steinigen Wiesen, Kalksteinfelsen, seltener auf Almwiesen, in Höhen zwischen 2000 und 2900 m. Die Art gelangte nach der Eiszeit aus innerasiatischen Steppen in die Alpen, ist also keine heimische Felsenpflanze. Unter Liebenden galt das Edelweiß früher als ein Zeichen der Verschwiegenheit.

Mit einem Touristenboot über den Königssee zur traumhaft in die Landschaft gebetteten Kapelle St. Bartholomä

und Mulden. Aufmerksame Wanderer entdecken in dieser Felswüste versteinerte Muscheln; vor 200 Millionen Jahren war das Hochplateau in der Tat ein Meer. Steinböcke fühlen sich hier wohl und kommen nicht selten nah heran.

Exkursion durch 70 Millionen Jahre Erdgeschichte Ein 10 km langer und bis 300 m mächtiger Schutt- und Geröllstrom »fließt« zu Tal: Im ➡ **Wimbachtal** ⑫ erlebt man Erdgeschichte live. Er entspringt im Steinernen Meer und wandert zwischen Watzmann und Hochkalter nach Südwesten. Die Wasser des Wimbachs fließen als Grundwasser unter dem Steinfluss und treten erst 3 km vor der Wimbachklamm ans Licht des Tages. Bei starken Regenfällen kann der Schuttkörper das Wasser nicht mehr aufnehmen, es fließt an der Oberfläche ab. So ist der Schuttstrom ständigen Veränderungen unterworfen, ein richtiger Fluss in Zeitlupe. Es bilden sich immer neue Rinnen, Böschungen und Inseln, auf denen sich kleine Bäume, Sträucher und Gräser ansiedeln. Die seltene Spirke, eine aufrecht wachsende Form der Latschenkiefer, hat sich den rauen Lebensbedingungen auf dem Schuttstrom besonders gut angepasst. Sie wird bis zu 10 m hoch.

Am Ausgang des Wimbachtals zwängt sich das Wildwasser durch eine enge Schlucht, die Wimbachklamm. Auch von den Wänden der Klamm stürzen Wasserfälle in die brodelnde Flut – nach starken Regenfällen und in der Zeit der Schneeschmelze ein beeindruckendes Erlebnis. Bereits in früheren Zeiten wurde in der Klamm ein Triftsteig angelegt, da das Holz für die Berchtesgadener Salinen durch diese Engstelle getriftet werden musste. Der Steg, sicher und massiv ausgebaut, wird noch heute genutzt und ermöglicht das Erleben der Urkräfte unserer Erde.

Um seinen Gipfel jagen Nebelschwaden – der Watzmann Der höchste Gipfel des Nationalparks, der **Watzmann** ⑬, misst 2713 m und ist nach der Zugspitze der zweithöchste Berg Deutschlands. Seine bizarre Form prägen drei fast gleich hohe Gipfel: die Mittel- und die Südspitze, das Hocheck sowie die fünf Zacken der sogenannten Watzmannkinder und der Kleine Watzmann. Markant ist die Ostwand, die fast 2000 m steil zum Königssee abfällt. Sie galt lange Zeit als unbezwingbar

Durch die brodelnden Wasser der Wimbachklamm wurden einst sogar Baumstämme zu Tale geflößt.

Noch verhüllen Wolken den Gipfel des Watzmanns, doch bald wird die Morgensonne die Berge und den Königssee aufleuchten lassen.

und ist noch heute eine große Herausforderung für Alpinisten. Selbst der Aufstieg vom 1928 m hoch gelegenen Watzmannhaus erfordert gute Bergkenntnisse und Ausdauer. Im September des Jahres 1999 donnerte ein 250 000-Tonnen schweres Stück des Gipfels der ⟹ **Mühlsturzhörner** ⑭ bis in das Klausbachtal hinab. Eine Druckwelle raste mit 300 Stundenkilometern voraus und brach 20 ha Wald. Der Klausbach änderte seinen Lauf, Brücken und Teile des alten Wanderweges verschwanden, meterhohe Felsblöcke und große Schuttmengen behindern seitdem die Durchfahrt auf der Nationalparkstraße. Am Gipfel des Kleinen Mühlsturzhorns ist die Abbruchstelle noch deutlich zu erkennen. Geologen sagen für die nähere Zukunft weitere Bergstürze im Gebiet der Mühlsturzhörner voraus. Die Dynamik von Entstehen und Vergehen der Alpen wird am zweithöchsten Gipfel (2607 m) des Nationalparks, dem markanten **Hochkalter** ⑮, deutlich sichtbar. Immer wieder brechen gewaltige Teile des Massivs ab und stürzen zu Tal. Bei den dramatischen Felsstürzen des vergangenen Jahrhunderts kam glücklicherweise niemand zu Schaden.

ALMWIRTSCHAFT

Auf dem Höhepunkt der Almwirtschaft um die Mitte des 19. Jahrhunderts gab es etwa 90 Almen. Das Weiderecht gestattet den Almbauern auch heute noch, ihre Rinder im Sommer von den tiefer gelegenen Weideflächen zu den Hochalmen zu treiben. Die Nationalparkordnung schränkt die uralten Rechte der Almbauern nicht ein, allerdings versucht man, auf freiwilliger Basis mehr Naturschutz einzuführen. So ermöglicht die extensive Nutzung der Almen erst einigen seltenen Pflanzen und Wildtieren das Überleben. Im Nationalparkgebiet liegen noch 25 Almen (Bild: Bindalm), lediglich in der nutzungsfreien Kernzone verfallen die Almhütten.

STEINBOCK *(Capra ibex)*

Er wurde im Jahr 1937 in den höheren Lagen des Nationalparks angesiedelt, obgleich er ursprünglich nicht hier beheimatet war. Da die Tiere nicht gejagt werden, sind sie nicht scheu und lassen sich mit etwas Glück aus nächster Nähe beobachten. In den Alpen lebt der Steinbock auf der Höhe zwischen der Wald- und der Eisgrenze. Eine Steinbockherde setzt sich aus 10 bis 20 Weibchen und Jungtieren zusammen. Der Bock bleibt den Winter über bei der Herde, verlässt sie aber im Frühling. Der Steinbock wurde in früherer Zeit stark mystifiziert, was dazu führte, dass fast alles Verwertbare des Steinbocks – Blut, Haare, sogar Exkremente – als Medizin eingesetzt wurde. Dies führte Anfang des 19. Jahrhunderts fast zum Aussterben der Art in Europa. Derzeit gilt der Bestand glücklicherweise als gesichert.

Der **Blaueisgletscher** ⓰, nördlichster Gletscher der Alpen, liegt im Gebiet des Hochkalters. Sein Eis befindet sich auf dem Rückzug, die namensgebende blaue Färbung ist nur noch schwer zu erkennen. Wegen seiner steilen Hanglage, zahlreicher Rinnen und Spalten kann er nur mit entsprechender Ausrüstung begangen werden. Einfach hingegen ist der Anstieg vom Parkplatz Seeklause am Hintersee zur Blaueishütte, die einen direkten Blick auf den Gletscher ermöglicht.

In den Steilhängen des **Klausbachtals** ⓱ nistet ein Steinadlerpaar. Der majestätische Flug der Raubvögel lässt sich oft sogar mit bloßem Auge beobachten. Sie machen hier paarweise Jagd auf Murmeltiere, Schneehasen und Gamskitzen sowie auf Raufußhühner.

Ein 45 ha großes **Wildgatter** ⓲ dient als Winterquartier für das Rotwild im Klausbachtal. Durch ihre Fütterung werden Verbissschäden und das Abschälen der Bäume verhindert. Tagsüber lässt sich das größte im Nationalpark lebende Tier kaum sehen, bei der Winterfütterung jedoch können Hirsche und Rehe in Ruhe beobachtet werden. Im Frühjahr zieht das Rotwild wieder in die höheren Gebirgslagen.

Seit 100 Jahren intakt – die wunderbare Welt der Almen Auf der so weiträumigen **Bindalm** ⓳ in den höheren Lagen des Klausbachtals lässt sich das nicht immer einfache Leben der Almbauern in den Kaser genannten Almhütten nachempfinden. Bei frischer Milch und einer herzhaften Brotzeit gewinnt man aufschlussreiche Einblicke in den Alltag der Senner.

Das Dorf **Ramsau** ⓴ dürfte eines der am meisten fotografierten Motive in den Alpen sein. Malerisch ragt der Zwiebelturm des Kirchleins vor den Bergen des Hochkalters und der Reiter Alpe in die Höhe, eine Brücke überspannt die quirligen Wasser des Flusses Ramsauer Ache. Wunderbare Postkartenmotive entdeckt man auch bei der Wanderung über den **Alm-Erlebnispfad** ㉑, der etwas entfernt von dem heilklimatischen Kurort an der Schwarzbachwacht in der Nähe des Taubensees beginnt. Er führt gleich über drei Almen und versorgt den Wanderer auf einem guten Dutzend Schautafeln mit allen wichtigen Information zum Almbetrieb, zu Bergmilch und Alpenkräutern (siehe auch Kasten auf der vorherigen Seite). Für den 11 km langen Pfad sollte man sich etwa vier Stunden Zeit nehmen, da ein Anstieg von 890 m bis auf 1540 m Höhe bewältigt werden muss.

Als den kleinen Bruder des Königssees kann man den **Hintersee** ㉒ bezeichnen – sicherlich nicht so spektakulär, doch wesentlich

An den steil abfallenden Ufern des Königssees hat die Natur freie Hand.

besser zugänglich und daher bei Urlaubern beliebt. Ein Spaziergang rund um den See dauert etwa eine Stunde. Abwechslung bietet eine Kahnpartie. Der gleichnamige Ort hält ein großes Angebot an Unterkünften bereit.

Vom Hintersee führt ein Naturlehrpfad in den **Zauberwald** ㉓. Dieser urwüchsige Bergwald verdankt sein Entstehen einem dramatischen Felssturz vor Jahrtausenden. Seither hat die Natur hier aus den riesigen Felsbrocken eine wildromantische alpine Ideallandschaft geformt. Zahlreiche Tafeln informieren über die Entstehung und die Pflanzenwelt dieser einmaligen Landschaft (für ca. 1,5 km Länge 1 Std. Gehzeit einplanen, 80 m Höhenunterschied).

Das Tafelgebirge der **Reiter Alpe** ㉔ im westlichsten Teil der Berchtesgadener Alpen wird von den Einheimischen Reiteralm genannt. Zahlreiche Gipfel, darunter das Große Häuslhorn (2284 m), das Stadelhorn (2286 m), das Wagendrischlhorn (2251 m) und , umkränzen das karstige Hochplateau. Nach außen fällt es fast überall steil ab, während es sich nach innen meist sanft wellt und lohnende Wander- und Skitourenziele bietet. Ausgangspunkt für Wanderungen ist wiederum die Schwarzbachwacht.

Diese über 1500 m hoch gelegene Hochfläche bedecken, besonders im nördlichen Teil, Almen und Weiden sowie alte Zirbenwälder und Zwergkiefernbestände. Die Zirbe, auch Zirbelkiefer oder Arve genannt, mit oft vom Sturm zerzauster Krone, gedeiht nur in den höheren Lagen der Alpen, den Karpaten und in Sibirien. Das größte Vorkommen dieser botanischen Rarität in Deutschland befindet sich auf der Reiter Alpe. In der Mitte des Hochplateaus liegt das Reitertrett, eine geheimnisvolle Erdspalte, angeblich der Zugang zu einem großen unterirdischen See. Das Ziel vieler Wanderer, die alte und die neue Traunsteiner Hütte, liegt ganz in der Nähe.

Uralte Stadt vor traumhafter Kulisse Im Jahr 2002 feierte **Berchtesgaden** ㉕ mit einem großen Fest sein 900-jähriges Bestehen. Einst wurde hier ein Augustiner-Chorherrenstift gegründet. Berchtesgaden war seit 1380 im Reichstag vertreten, seine Repräsentanten saßen sogar auf der Fürstenbank. Kronprinz Rupprecht, der Sohn des letzten bayerischen

> **STEINADLER** *(Aquila chrysaetos)*
>
>
>
> Steinadler stehen auf der Roten Liste. Früher in Deutschland verbreitet, leben sie jetzt nur noch in den Alpen. Ihre Anwesenheit ist ein Zeichen für ein intaktes Ökosystem, hier finden sie genug Beute. Das Jagdrevier eines Paares erstreckt sich über 60 km². Steinadler werden etwa 85 cm groß, ihre Flügel erreichen eine Spannweite von 2 m. Paare bleiben ein Leben lang zusammen.

Königs, gestaltete den fürstlichen Landsitz so, wie er sich noch heute dem Besucher zeigt. Er stattete die Räume mit Kunstwerken u. a. von Riemenschneider, Veit Stoß, Bustelli, Stieler und Rottmann aus. Die Gäste- und Besucherzahl stieg. Immer mehr Künstler, Schriftsteller und selbst Industrielle fanden Gefallen am Berchtesgadener Tal, darunter der norwegische Schriftsteller Henrik Ibsen. Ludwig Ganghofer ließ hier eine ganze Reihe seiner Heimatromane spielen. Romantische Maler wie Carl Rottmann und Caspar David Friedrich waren von den Berchtesgadener Alpen fasziniert und hielten sie in ihren Bildern fest. Bei den Malern waren vor allem der Hintersee und der Königssee als Motive beliebt – nicht ohne Grund heißt einer der schönsten Aussichtsplätze am Königssee noch heute Malerwinkel. Der Tourismus in dieser Landschaft entwickelt sich bis in die heutige Zeit rasant.

Der Nationalpark wäre ohne das Kehlsteinhaus am **Obersalzberg** 26 nicht vollständig beschrieben, auch wenn dieser Ort mit Natur nur wenig zu tun hat, umso mehr aber mit deutscher Geschichte und Vergangenheitsbewältigung. Der Obersalzberg war schon seit 1923 Hitlers Feriendomizil. Nach 1933 wurde er neben Berlin zum zweiten faschistischen Machtzentrum ausgebaut.

Seit 1999 dokumentiert eine ständige Ausstellung im Gästehaus Göll die Geschichte des Obersalzbergs und seine Verknüpfung mit dem Nazi-Regime. Das Dokumentationszentrum versucht mit den jährlich stattfindenden Obersalzberger Gesprächen, neue Denkanstöße zu geben.

Bizarre Felsen, abgestorbene Baumriesen, überwältigende Panoramen – eine Natur wie von Künstlerhand geschaffen

REGISTER

A
Abt-Degen-Steig 24 f
Ahorntal 64
Albtal 108 f
Alm-Erlebnispfad 138
Altenstein 25
Altschlossfelsen 45
Amberg 68
Amberg 69
Amorbach 49
Armesberg 39
Aufichtenwald 93

B
Bad Berneck 33 f
Bad Brückenau 21
Ungeheuersee 41
Bad Wildbad 108
Bad Windsheim 56, 57
Baden-Baden 107 f, 108
Battenberg 41
Bauersberg 20
Beilngries 105
Belchen 119, 120 f
Bellinger Warte 12
Berchtesgaden 139 f
Berwartstein 44
Bindalm 138
Bischofsgrün 31, 32 f
Blankenhorn, Stauferburg 97
Blaueisgletscher 138
Naturpark-Infozentrum Blech-
  schmidtenhammer 27
Blindensee 116
Bogenberg 83
Böhlgrund 54
Bootsfahrt, Königssee 133
Brand 35
Brennhausen 23
Brotjacklriegel 82
Brunnen- u. Hägelesklinge 101
Buchberger Leite 86
Bullenheimer Berg 57
Burg Lauenstein 26
Burg Wildenstein 128 f
Burgbernheimer Wald 58
Burgebrach 55
Burgruine Schwarzenfels 11
Burgsinn 14
Burgwallbach 21

C
Cadolzhofen 60
Castell 56

Charlottenhofer Weihergebiet 75

D
Dahner Jungfernsprung 44
Dettenhausen 123
Dietfurt 105
Döbraberg 28
Domäne Einsiedel 123
Dombühl 61
Donauversickerung 125 f
Drachenfels 42
Drachenfels 44
Dreiburgenland 85
Dreifaltigkeitsberg 124
Dreisesselberg 86, 86 f
Druidenhain 66
Druidenstein 66

E
Eberbach 52
Eberstadter Tropfsteinhöhle 53
Ebnisee 100
Ebrach 55
Eger 36 f
Egertal 37
Ehrenbürg 66 f
Eibengrat 67
Eiskapelle 134 f
Eixendorfer Stausee 79
Eltmann 55
Ensdorf, Salesianerkloster 69
Erlebnisweg Schachten und
  Filze 90 f
Erlenbach 48
Eselsberg 97
Essing 105
Europäisches Industriemuseum
  für Porzellan, Selb 35
Eyachtal 110
Eyershausen 23

F
Falkenstein 78 f
Feldberg 118 f, 120
Felsenlabyrinth, Lichtenstein 25
Felswandergebiet 95
Feste Dilsberg 52
Fichtelgebirgsmuseum 34
Fichtelseemoor 33, 35
Finsterau, Waldgeschichtliches
  Wandergebiet 95
Fladungen 18 f
Flossenbürg 72

Fossa Carolina 103
Freilandmuseum Grassemann 33
Freilichtmuseum Neuhausen ob
  Eck 126
Frickenhäuser See 20
Friedrich-Wilhelm-Stollen 27
Funtensee 135
Fürstenlager 47

G
Gangolfsberg 19
Gastenfelden 61
Geißkopf 82, 83
Gelnhausen 12 f
Gemünden am Main 17
Geroldsauer Wasserfall 108
Gertelbach 110
Gleißinger Fels 33
Gößweinstein 65
Gotzenalm 134
Grab, Römerturm 99 f, 100
Großer Arber 80 f, 86
Großer Arbersee 81
Großer Falkenstein 89
Großer Filz und Klosterfilz 93
Großer Rachel 91 f
Großer Waldstein 30
Grube Messel 48
Gscheibte Loh 71
Gungoldinger Wacholderheide
  104

H
Hafenlohrtal 15 f
Hambacher Schloss 44, 45
Haßberge 24
Haßfurt 24
Häuseloh 35 f
Heidelberg 51
Heidelstein 19
Heidenmauer, Bad Dürkheim 41
Heigenbrücken 15
Herzogenhorn 121
Hessenreuth 70 f
Heuneburg 129
Heunischenburg 29
Hintersee 138 f
Hinterzartener Moor 119
Hirschbachtal 64 f
Hirschbornteiche 12
Hirschenstein 82
Hirschwald 68
Hochkalter 137
Hochkopf 121

Hohenbeilstein, Burgfalknerei 98
Hoher Bogen 77
Hohlenstein 99
Höllbachgespreng 90
Höllental 119
Höllental 28
Hornisgrinde 111
Hörschbach-Wasserfälle 100
Hünersedel-Aussichtsturm 114

I
Ilzleiten 85
Ilztal 85
Iphofen 55 f
Irndorfer Hardt 128

J
Jenner 134
Johanniskreuz 43
Jossatal 12
Juxkopf 99

K
Kaitersberg 78
Kalmit 43
Kandel 116
Karlsruher Grat 112
Karlstalschlucht 43
Katzenbuckel 52
Kelheim 105
Kessel, Bootsanlegestelle 134
Kirnbachtal 123
Kirnberg 59
Klausbachtal 138
Kleiner Arbersee 76
Kleiner Waldstein 31
Kleinziegenfelder Tal 63
Klingenberg 16 f
Kloster Bebenhausen 122 f
Kloster Beuron 127
Kloster Oberschönenfeld 131
Kloster Weltenburg 105
Kniebis 111,113
Knopfmacherfels 127
Kolbinger Höhle 126
Königsberg in Bayern 24
Königshofen 23
Königssee 132 f
Königstuhl und Felsenmeer 51 f
Kösseine 35
Kreuzberg 20
Kronach 29
Kühkopf und Knoblochsaue
  46 f

Register 141

L

Lamer Winkel 76
Landschaftspark Ramholz 11
Lauterachtal 68
Felsenmeer, Reichenbach, 48
Lemberg 124
Burgruine Leuchtenberg 72, 73
Leupoldsdorf 32
Lichtenfels 62
Lillachtal 67
Limes 102
Lindenberg 117
Lohr 16, 17
Lorsch 46
Luisenburg 31, 34 f
Lusen 93 f

M

Malerwinkel 133
Margaretenschlucht 52, 53
Markt Wald 131
Melibokus 47
Mengen-Ennetach 127
Mespelbrunn 16
Michaelsberg 97
Michelsberg 105
Michelstadt 48 f
Miltenberg 47
Muggendorf 65 f, 67
Mühle Gehenhammer 72 f
Mühlsturzhörner 137
Mummelsee 111
Münchsteinach 56
Murgschlucht 121
Murrhardter Felsenmeer 100

N

Nabburg 74
Nanstein 43
Naturfreundehaus Jahnhütte 122
Naturschutzgebiet Briglirain 115, 116
Neuhaus 67
Neukirchen b. Heiligen Blut 77 f
Neuscharfeneck 43 f
Neuschönau, Tierfreigelände 95
Neustadt an der Waldnaab 72
Niederaltaich 84

O

Oberer Saubadfelsen 38
Oberes Püttlachtal 65
Obernzenn 59
Oberpfälzer Freilandmuseum 74
Oberpfälzer Turm 39
Obersalzberg 140
Oberschönenfeld 131
Obersee 133
Ochsenkopf 32
Odenwälder Freilandmuseum 53
Osser 76 f
Ostheim vor der Rhön 20
Ottilienberg 96

P

Parkstein 71
Petersberg 59
Pfaben 38
Pfahl 82
Pfreimd 75
Pfrentschweiher 73
Poppental 42
Pottenstein 65
Prackendorfer und Kulzer Moos 75

R

Rachelkapelle 92
Rachelsee 92
Ravennaschlucht 119
Reiter Alpe 139
Reutsee 23
Rißloch- oder Rieslochfälle 81
Rohrberg 16
Rohrhardsberg 115
Rothenburg ob der Tauber 59
Rotwildgehege, Oberer Saubadfelsen 38 f
Rudolfstein 32
Ruine Weißenstein 39
Ruine Wildenburg 49

S

Saale-Panoramastraße 27
Saußbachklamm 86
Schalkhausen 61
Schauinsland 117, 118
Scheinberg 57
Scheinfeld 56
Schillingsfürst 60 f
Schliffkopf 112
Schloss Auerbach 47
Schloss Prunn 105
Schloss Schillingsfürst 60
Schluchsee 119
Schlüchtern 10, 13
Schmeietal 128
Schöllkrippen 15
Schönbuch-Museum Dettenhausen 123
Schönseer Land 75
Schriesheim 51
Schwanberg 56
Schwarze Berge 21
Schwarzeck-Kamm 78
Schwarzes Moor 18, 20
Schwarzwihrberg 79
Schwedenschanze 23 f
Schwerspatschlucht 51
Seekopf 111, 112
Seelensteig 93
Silz 44, 45
Sippersfelder Weiher 40
Solnhofen 104
Sophienhöhle 64
Spiegelau 91
St. Bartholomä 134
Stadt Rötz 79
Staffelstein 63
Steinachklamm 29
Steinachtal 29
Steinau an der Straße 11 f
Steinbach an der Haide 27
Steinernes Meer 135
Steinwiesen 28
Sternenfels 96
Strahlenburg 51
Strümpfelbachtal 100

A

Tannenzapfenfelsen 38
Tännesberg 73
Teufelshöhle 65
Teufelshöhle, Steinau 11
Teufelsmühle 109
Teufelstisch 44 f
Tierfreigelände II 89
Titisee 119
Tittling 84
Treuchtlingen 103 f, 105
Triberger Wasserfälle 116
Trifels 44

U

Unfinden 24
Unteres Würmtal 107
Unterrodach 29
Urphar 17
Ursee 119 f
Urwald-Erlebnisweg Watzlik-Hain 90
Urwiese, Unfinden 24

V

Veitenstein 25
Villa Haselburg 48
Vilstal 68
Volkersberg 21

W

Walberla 67
Waldeck 38, 39
Waldlehrpfad Betzenberg 123
Waldnaabtal 71
Waldrastplatz Teufelsbrücke 122
Walldürn 53
Wallenfels 28
Wallfahrtskirche Maria Hilf 22 f
Wallfahrtskirche Vierzehnheiligen 62
Watzmann 136
Wegelnburg 44
Weiden in der Oberpfalz 71 f
Weiherlandschaft, Muckenthal 39
Weinheim 50
Weißenberg 43
Weißenstein 82
Welden 130
Wellheimer Trockental 104
Weltenburger Enge 105
Welzheim 100, 101
Wertingen 130
Wettringen 60
Wiesau 39
Wiesbüttmoor 12
Wiesenauenlandschaft 69
Wildgatter 138
Wildpark Josefslust 129
Wildseemoor 109 f
Wimbachtal 136
Windelsbach 60
Wonsees 63 f
Wutachflühen 120
Wutachschlucht 120

Z

Zabelstein 54
Zauberwald 139
Zeil am Main 24
Zeyerner Wand 29
Ziemetshausen 131
Zisterzienserabtei Maulbronn 97
Zusmarshausen 131
Zweribach 117
Zwölf Apostel 104
Zwölfgipfelblick 32

Die schönsten Naturparadiese

ISBN 978-3-7654-4304-6   ISBN 978-3-7654-5158-4   ISBN 978-3-7654-4555-2

Das komplette Programm unter
www.bruckmann.de

BRUCKMANN

IMPRESSUM

Unser komplettes Programm:
www.bruckmann.de

Produktmanagement: Claudia Hohdorf
Lektorat: Anne Christine Martin, Merxleben
Layout: Feldhoff&Martin, Merxleben
Repro: Cromika s.a.s., Verona
Kartografie: Heidi Schmalfuß, München
Herstellung: Thomas Fischer
Printed in Italy by Printer Trento S.r.l.

Alle Angaben dieses Werkes wurden von den Autoren sorgfältig recherchiert und auf den aktuellen Stand gebracht sowie vom Verlag geprüft. Für die Richtigkeit der Angaben kann jedoch keine Haftung übernommen werden.
Für Hinweise und Anregungen sind wir jederzeit dankbar. Bitte richten Sie diese an:
Bruckmann Verlag
Postfach 40 02 09
D-80702 München
E-Mail: lektorat@verlagshaus.de

Bildnachweis:
Bad Wildbad Touristik, S. 108; Belchenland Tourismus GmbH, S. 120; Bikepark Geißkopf, S, 83o.; Feldhoff&Martin, S. 2, 4/5, 6, 7 (2), 8, 22, 23, 24, 25u., 26, 27, 28 u., 29, 30, 31, 32, 33 (2), 34, 35 (2), 36 (2), 27 (2), 38, 39, 84u., 86u., 87, 88, 89, 90u., 91, 92(2), 93, 94 (2), 95, 112, 116, 121, 128 (2), 129, 132, 134, 135 (2), 136, 137 (2), 138, 139, 140 (2); Forstdirektion Schönbuch, S. 122; Freizeitland Geiselwind, S. 56; Harald Fritsche/Landratsamt Forchheim, S. 66; Gemeinde Hasel, S. 119u.; Ulrich Gohl, S. 101; Bildagentur Huber/Giel, S. 90; Bildagentur Huber/R.Schmid, S. 125; dpa/Bildagentur Huber, S. 77; Kloster Oberschönenfeld, S. 130; Uwe Kretschmann/Burg Brandenstein, S. 13u.; Naturpark Stromberg-Heuchelberg/Dietmar Gretter, S. 97; Römermuseum Mengen-Ennetach, S. 127; Werner Schaal, S. 123; Andreas Schwegele, S. 44; Stadt Amberg, S. 69; Stadt Bad Dürkheim, S. 43; Tourismusinformation Feldberg, S. 117; Touristeninfo Lohr am Main, S. 16; Touristinfo Waldmünchen, S. 79; Tourist Information Trippstadt/Stephan Marx, S. 42u.; Tourist-Information Perlesreut/Marianne Lechner, S. 85; Touristikgemeinschaft Odenwald, S. 52u.; S. 49o.; Bernd Weiler, S. 10; www.baden-baden.de, S. 106; www.seebach.de, S. 113; Ernst Wrba, S. 11, 12, 13o., 14, 15, 17, 18, 20 (2), 21, 40, 42o., 45 (2), 46, 47, 48, 49, 50, 52u., 53, 54, 55, 57, 58, 60, 61o., 62, 63, 64, 65, 67, 70, 72, 73, 74, 75, 78, 80, 81, 82, 83u., 84o., 86o., 96, 98, 100, 102, 103, 104, 109 (2), 110, 111, 114, 117u., 118, 119o., 126

Umschlagvorderseite: groß: Der Königssee zu Füßen des Watzmann-Masivs (dpa/Huber/Schmidt); klein (v.l.n.r.): Wildschweine (Reinhardt Tierfoto), Edelweiß, Rothenburg o.d.Tauber (Ernst Wrba)
Umschlagrückseite: Die Zwölf Apostel im Naturpark Altmühltal

Die Deutsche Nationalbibliothek verzeichnet diese Publikation in der Deutschen Nationalbibliografie; detaillierte bibliografische Daten sind im Internet über http://dnb.d-nb.de abrufbar.

© 2010 Bruckmann Verlag GmbH, München
ISBN 978-3-7654-5323-6